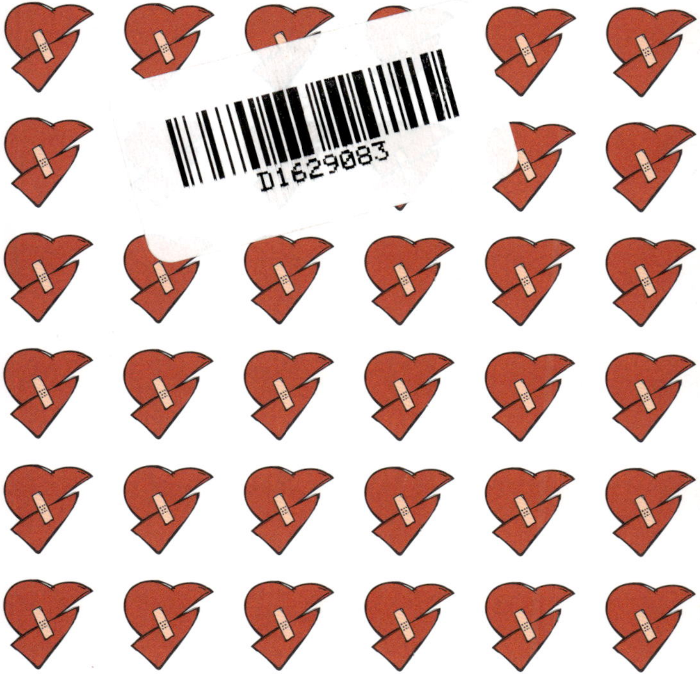

Para RAINER,
con todo mi
afecto...
    Vladdo

Berlín, 19.11.10

ALEIDA

X

10 años

Villegas editores

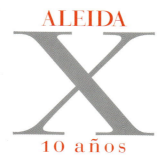

Vladdo

ALEIDA

X

10 años

Contenido

El hombre de Aleida. *Benjamín Villegas*	8
10 años juntos, *Vladdo*	12
Mujeres	17
Tipos	79
Pareja	185
Matrimonio, cuernos, divorcio	309
Reincidencias	475
Amor, decepción, olvido	559
Reflexiones	683

El hombre de Aleida
Benjamín Villegas

Aleida, ese personaje que ya es como alguien de la casa para los lectores de *Semana*, es la creación más importante de la historieta colombiana de los últimos años.

Pocos personajes han tenido tan rápida y tan fuerte empatía con sus lectores como esta mujer desparpajada que desde la pequeña esquina de una revista se ha convertido en oráculo para las mujeres y dolor de cabeza para los hombres: lo que a ellas las regocija, a ellos los enfurece; la solidaridad con ellas con frecuencia representa un reproche para ellos.

Sin embargo, lo que resulta más curioso es que pese a ese permanente contrapunteo con el 'sexo fuerte', la existencia de Aleida se debe a un hombre, Vladdo, el consagrado caricaturista que la creó y la publicó por primera vez en octubre de 1997 en su página de Internet, refundida entre sus caricaturas políticas semanales, y de donde saltó poco después a la revista.

Tras diez años de esa tímida aparición virtual, Aleida no sólo se ha convertido en el símbolo de una mujer moderna, universal e independiente, sino que también nos ha servido para conocer esa otra faceta creadora de Vladdo. Muchas personas —sobre todo mujeres— se preguntan cómo hace un hombre para expresar tan bien lo que ellas sienten, y la respuesta sólo se puede intuir cuando se conoce la capacidad observadora del autor, gracias a la cual puede asomarse al alma femenina con la misma facilidad que tiene para poner en evidencia y contra las cuerdas a los actores de la política nacional.

Para Villegas Editores este libro —que reúne casi todo el inventario de viñetas de Aleida— resultó ser el mejor pretexto para celebrar los primeros diez años de este singular personaje; pero también para hacerle un reconocimiento a Vladdo, el hombre que le dio vida a esta mujer, que con inagotable ingenio ha puesto de moda las reflexiones sobre las relaciones de pareja, el sexo, la familia y el afecto.

10 años juntos
Vladdo

Sin duda alguna la relación más larga que ha tenido Aleida es la que ha tenido conmigo desde 1997, cuando nos encontramos en el bar de un hotel en Ecuador.

Desde entonces, hemos mantenido una comunicación muy estrecha, pese a que llevamos vidas muy diferentes. Nosotros no somos lo que podría calificarse como una pareja propiamente dicha: es un vínculo profesional. Es más: a mí me resultaría agobiante una mujer como ella, y es probable que ella no se fíe mucho de un tipo que se gana la vida criticando a sus semejantes.

A pesar de eso, Aleida y yo mantenemos una relación muy especial, pues a mí no me interesa opacar su imagen y le ayudo para que todo le salga bien. Yo la traje al país, la presenté en sociedad y le he conseguido puesto en varias partes como protagonista de su propia historieta y como columnista, en varios medios dentro y fuera de Colombia.

Al comienzo, me preocupaba que la gente no creyera mucho sus historias, pero desde su primera aparición se sintonizó con el público, quizás porque, como los cantantes de tango, buscan el amor sin rendirse, aunque tropiecen una y otra vez. Estos diez años se nos han ido entre romances, desengaños, nostalgias y lecciones de amor, que son las que más pronto se olvidan. "El amor siempre gana", dije una vez, y Aleida, sin vacilar, me contestó: "Sí, el amor siempre gana; el que pierde es uno". Lapidaria.

Pero no todo pueden ser lamentos. Un día, en un restaurante del norte de Bogotá, me sorprendió una señora con este saludo: "¿Usted no es el de Aleida?" Y antes de que yo saliera de mi asombro, agregó: "¿Y cómo está ella? Dele saludes mías, hágame el favor; que esa mujer es lo máximo". Yo no pude ni reirme, pese a lo feliz que me sentí al oír esas palabras de una lectora X.

Hoy, por fin, aprovecho para darle esas saludes atrasadas a Aleida. ¿Qué mejor regalo? ¡Feliz aniversario!

16

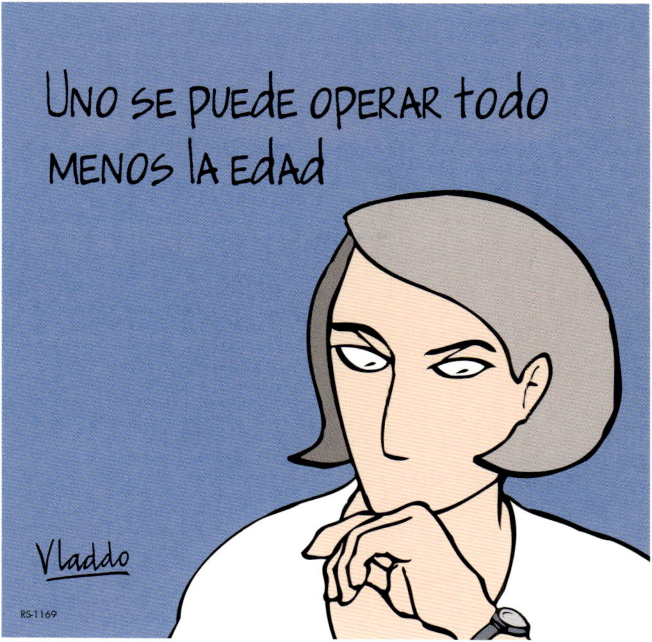
Uno se puede operar todo menos la edad
Vladdo
RS-1169

18

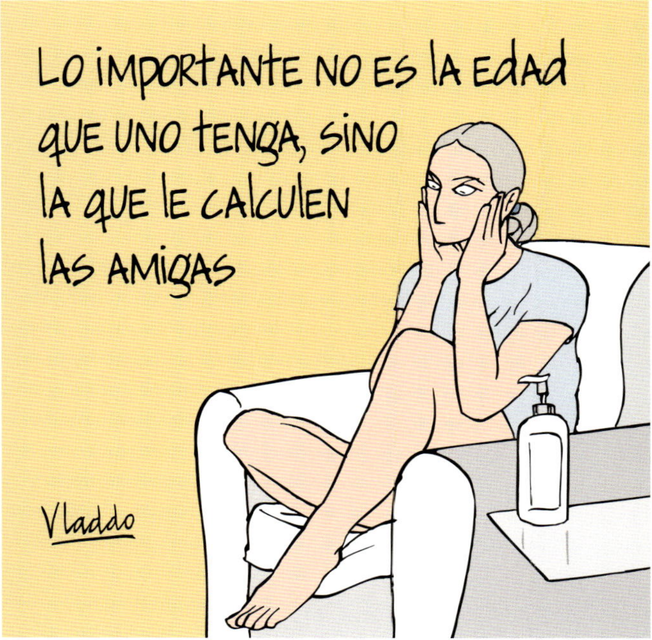
Lo importante no es la edad
que uno tenga, sino
la que le calculen
las amigas
Vladdo

20

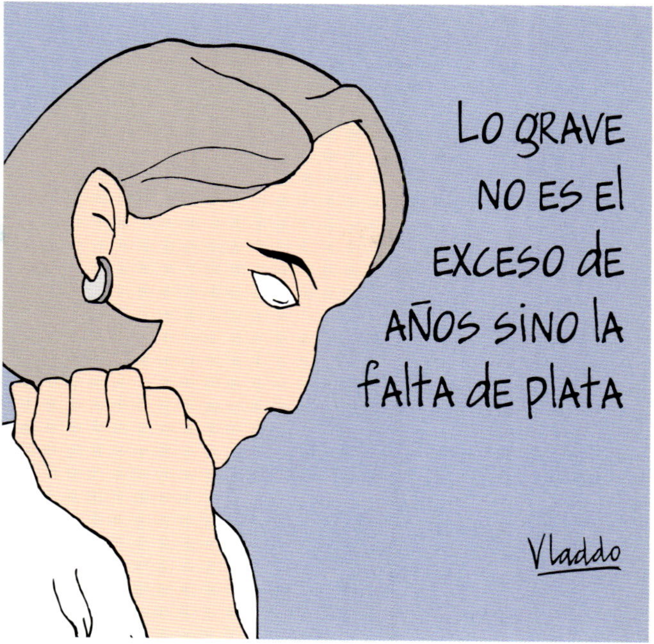
Lo grave no es el exceso de años sino la falta de plata
Vladdo

22

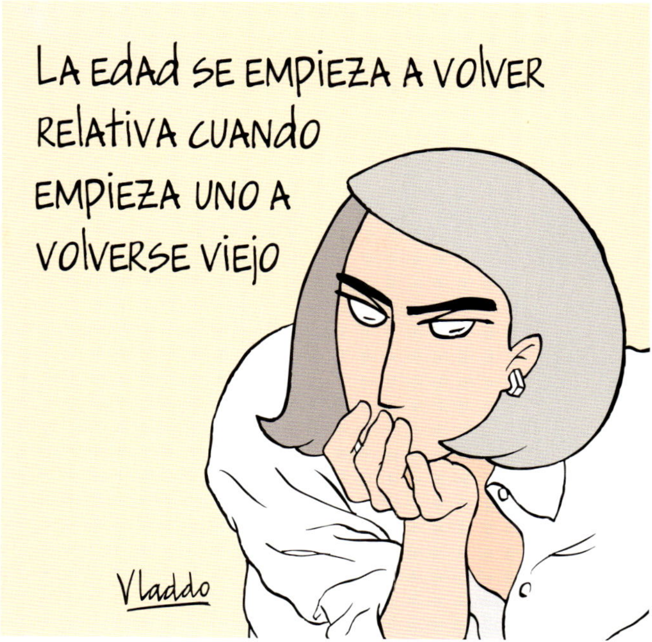
LA EDAD SE EMPIEZA A VOLVER RELATIVA CUANDO EMPIEZA UNO A VOLVERSE VIEJO
Vladdo

24

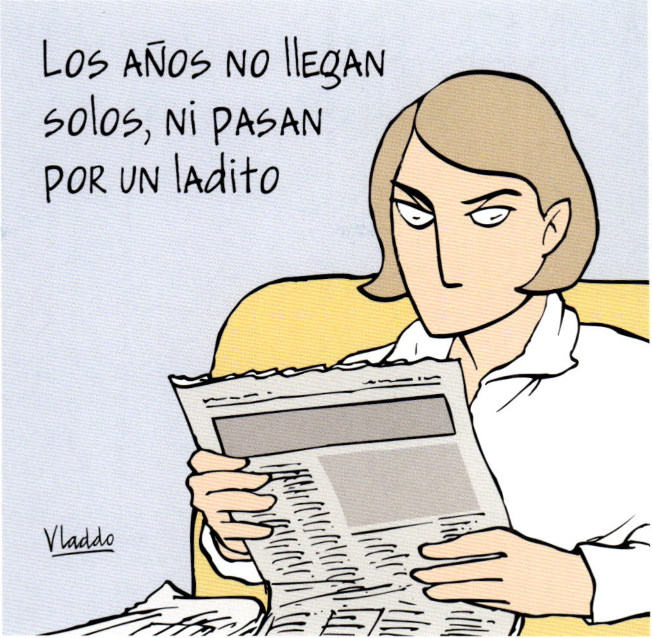
Los años no llegan solos, ni pasan por un ladito
Vladdo

26

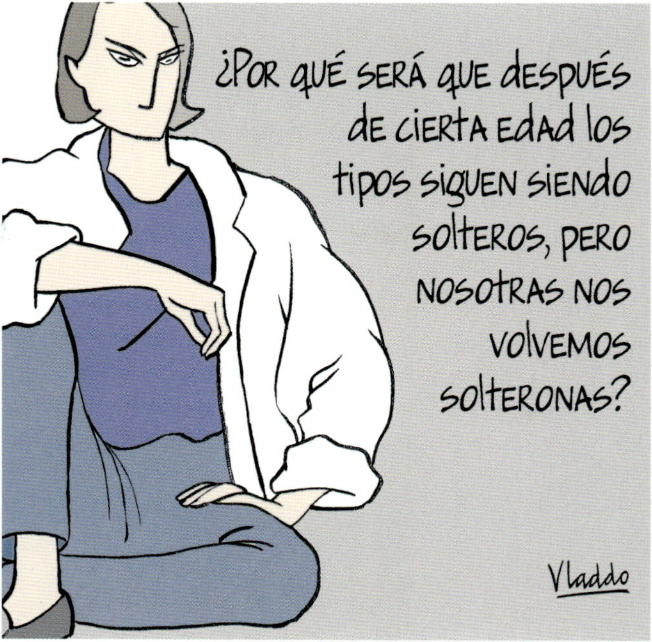
¿POR QUÉ SERÁ QUE DESPUÉS DE CIERTA EDAD LOS TIPOS SIGUEN SIENDO SOLTEROS, PERO NOSOTRAS NOS VOLVEMOS SOLTERONAS?
Vladdo

28

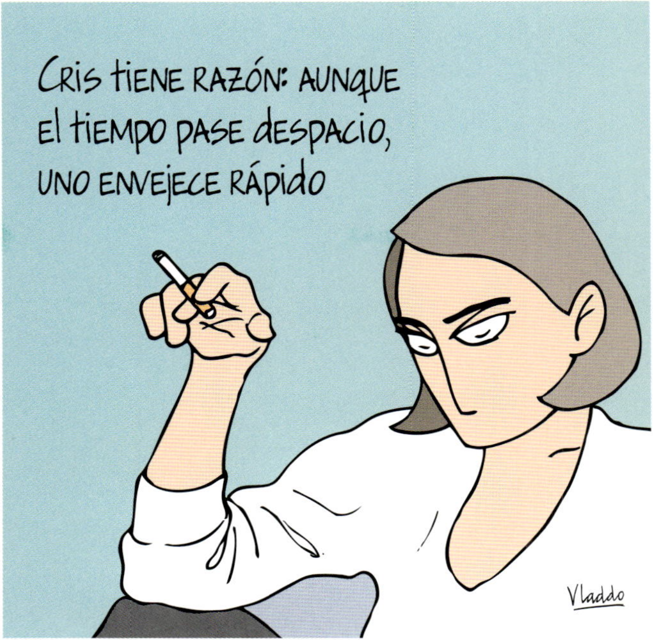
CRIS TIENE RAZÓN: AUNQUE EL TIEMPO PASE DESPACIO, UNO ENVEJECE RÁPIDO
Vladdo

30

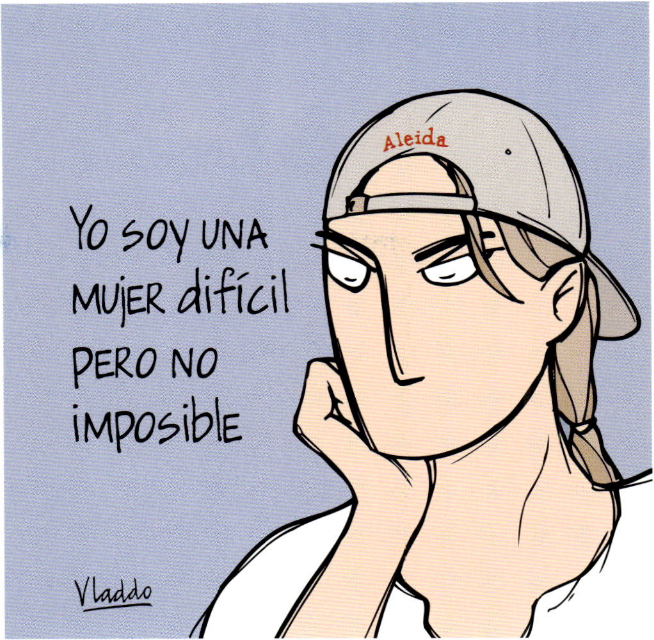
Yo soy una mujer difícil pero no imposible
Aleida
Vladdo

32

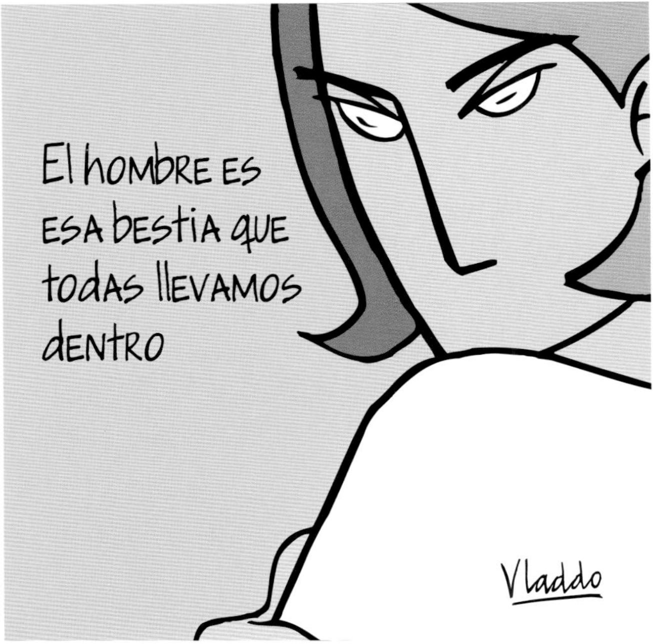
El hombre es esa bestia que todas llevamos dentro
Vladdo

34

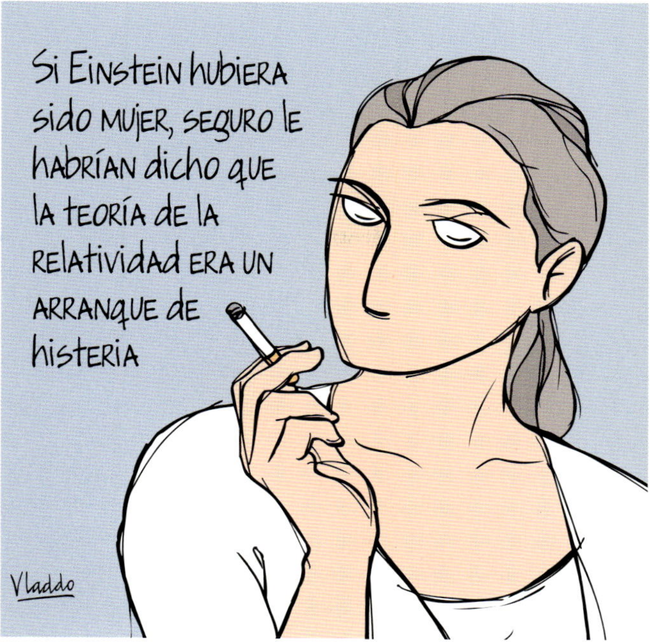
Si Einstein hubiera sido mujer, seguro le habrían dicho que la teoría de la relatividad era un arranque de histeria
Vladdo

36

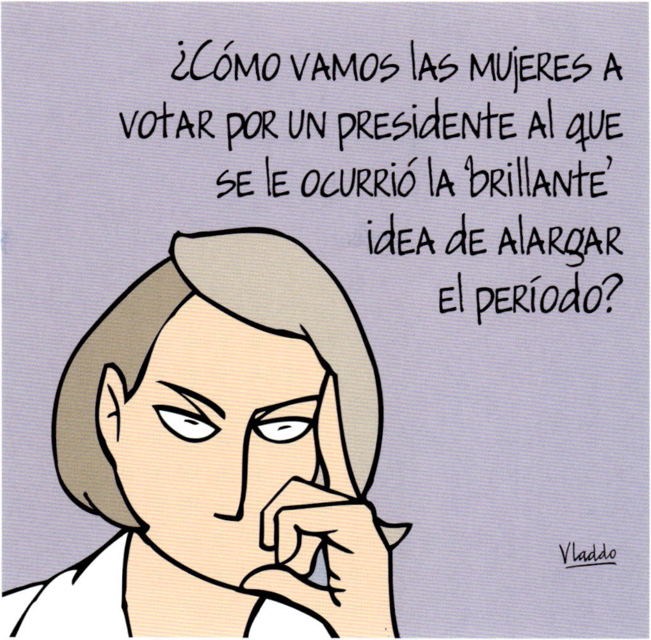
¿CÓMO VAMOS LAS MUJERES A VOTAR POR UN PRESIDENTE AL QUE SE LE OCURRIÓ LA 'BRILLANTE' IDEA DE ALARGAR EL PERÍODO?
Vladdo

38

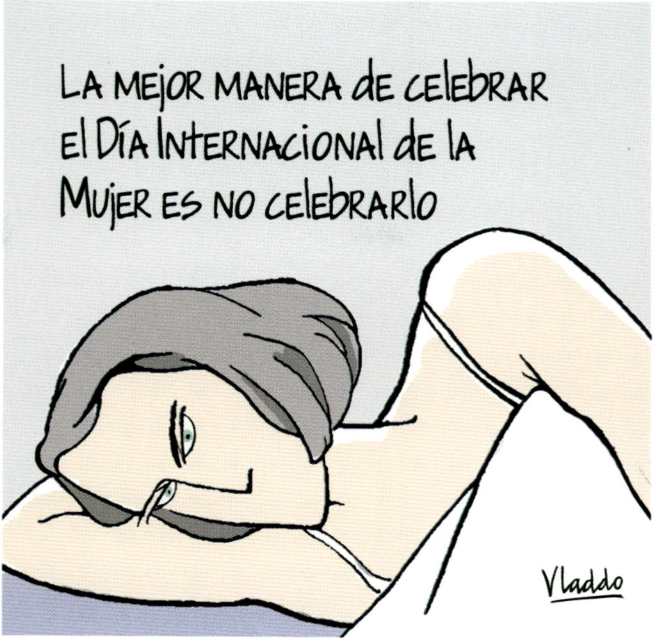
LA MEJOR MANERA DE CELEBRAR
EL DÍA INTERNACIONAL DE LA
MUJER ES NO CELEBRARLO
Vladdo

40

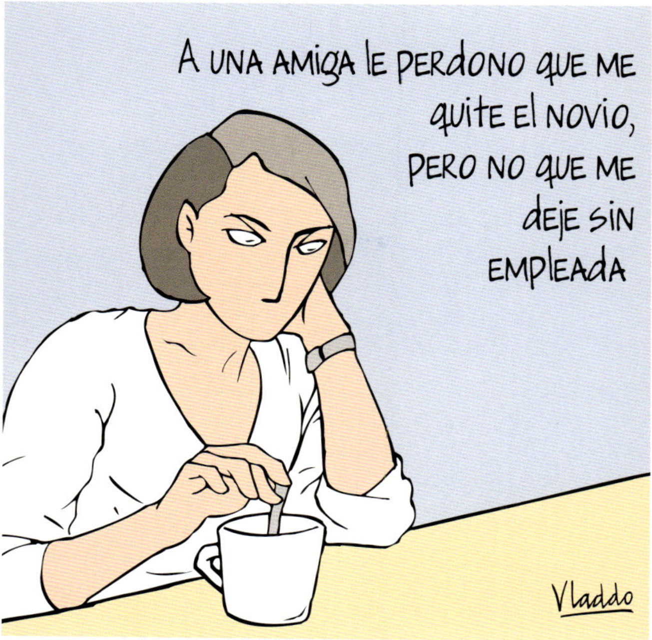
A UNA AMIGA LE PERDONO QUE ME QUITE EL NOVIO, PERO NO QUE ME DEJE SIN EMPLEADA
Vladdo

42

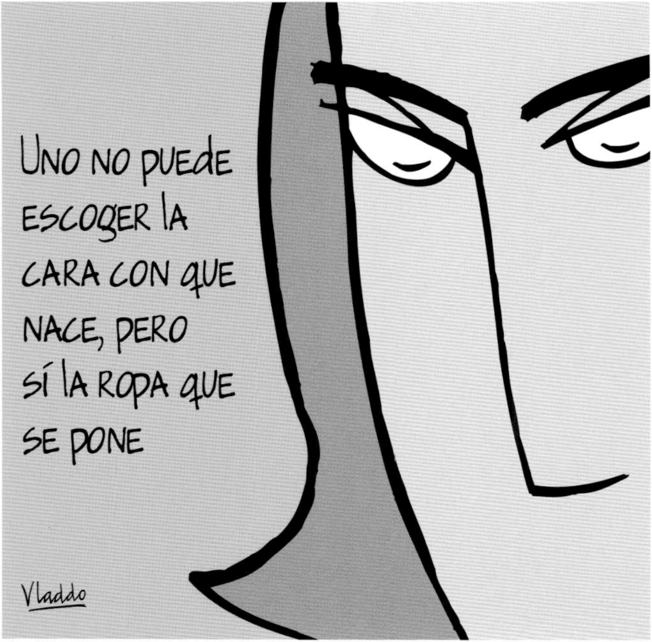
UNO NO PUEDE
ESCOGER LA
CARA CON QUE
NACE, PERO
SÍ LA ROPA QUE
SE PONE
Vladdo

44

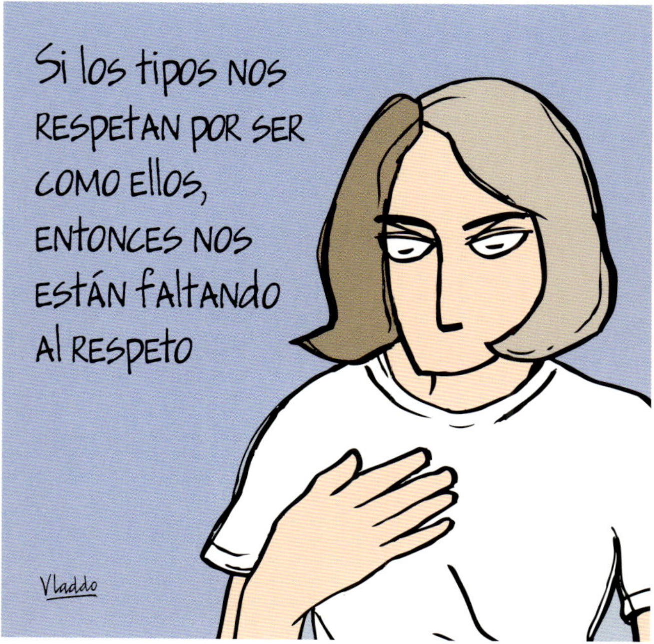
Si los tipos nos respetan por ser como ellos, entonces nos están faltando al respeto
Vladdo

46

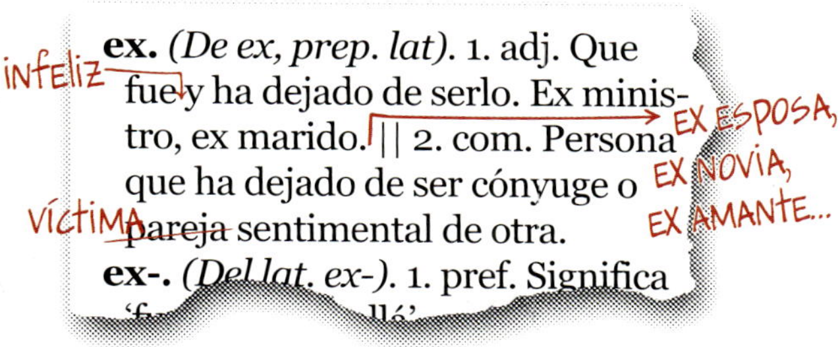
ex. *(De ex, prep. lat)*. 1. adj. Que fue y ha dejado de serlo. Ex ministro, ex marido. || 2. com. Persona que ha dejado de ser cónyuge o ~~pareja~~ sentimental de otra.
ex-. *(Del lat. ex-)*. 1. pref. Significa

infeliz
EX ESPOSA,
EX NOVIA,
EX AMANTE...
VÍCTIMA

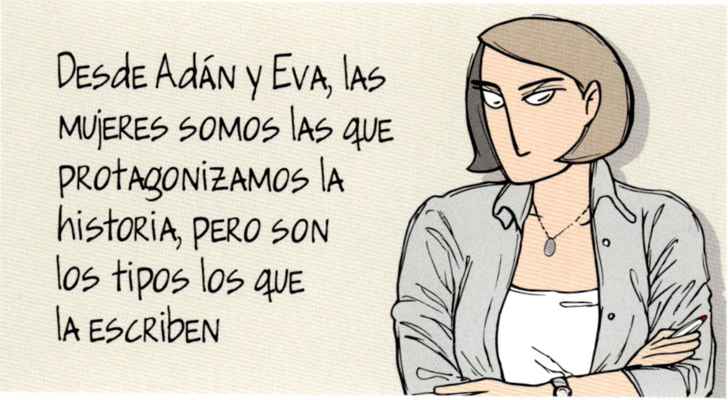

DESDE ADÁN Y EVA, LAS MUJERES SOMOS LAS QUE PROTAGONIZAMOS LA HISTORIA, PERO SON LOS TIPOS LOS QUE LA ESCRIBEN

48

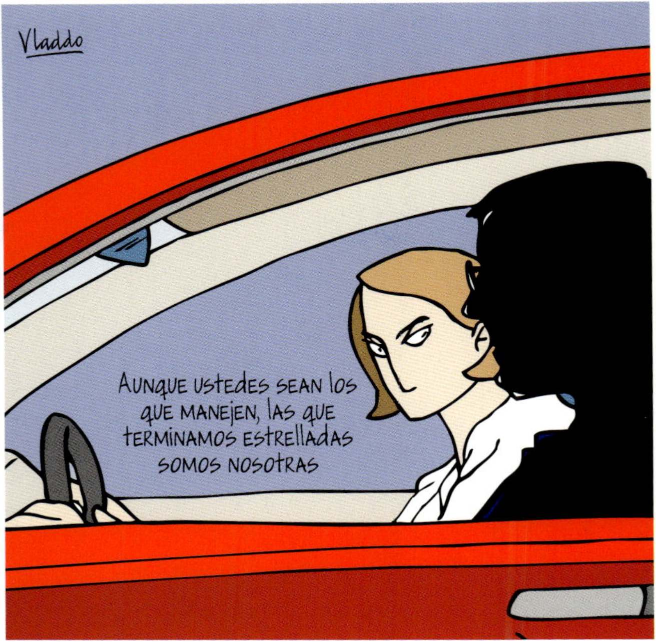
Vladdo
AUNQUE USTEDES SEAN LOS QUE MANEJEN, LAS QUE TERMINAMOS ESTRELLADAS SOMOS NOSOTRAS

50

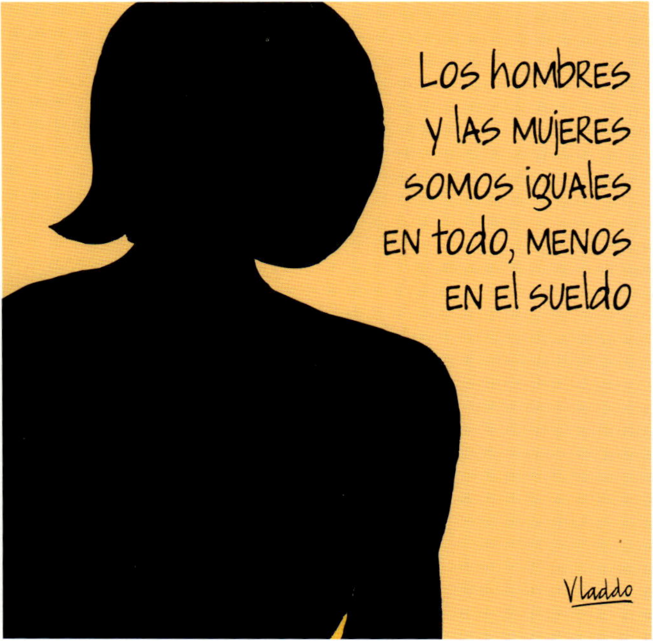
Los hombres
y las mujeres
somos iguales
en todo, menos
en el sueldo
Vladdo

52

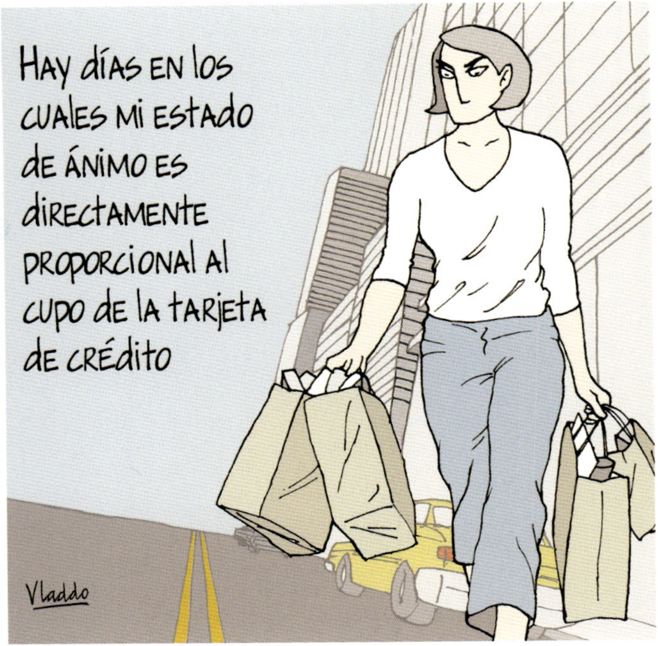
HAY DÍAS EN LOS CUALES MI ESTADO DE ÁNIMO ES DIRECTAMENTE PROPORCIONAL AL CUPO DE LA TARJETA DE CRÉDITO
Vladdo

54

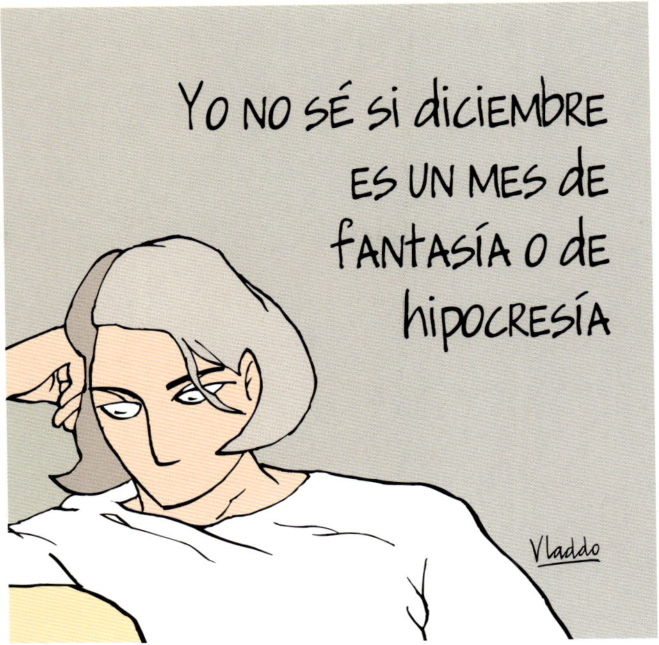
Yo no sé si diciembre es un mes de fantasía o de hipocresía
Vladdo

56

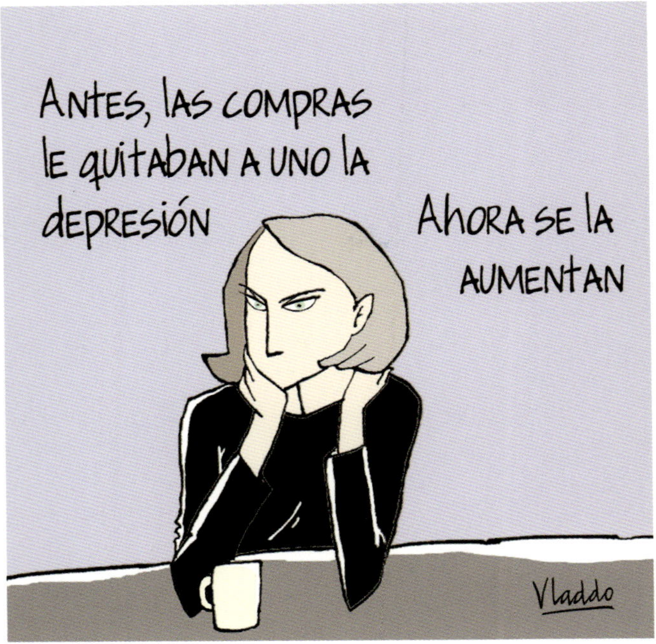
Antes, las compras le quitaban a uno la depresión
Ahora se la aumentan
Vladdo

58

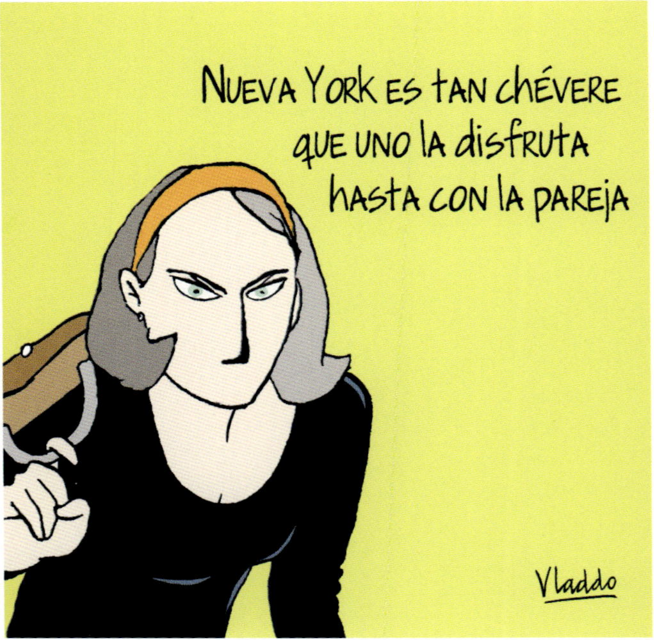
Nueva York es tan chévere
que uno la disfruta
hasta con la pareja
Vladdo

60

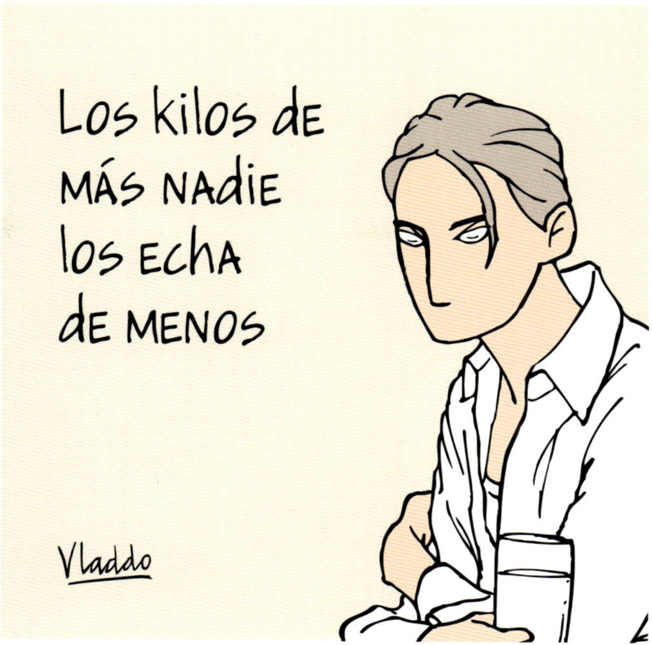
Los kilos de
MÁS NAdiE
los EchA
dE MENOS
Vladdo

62

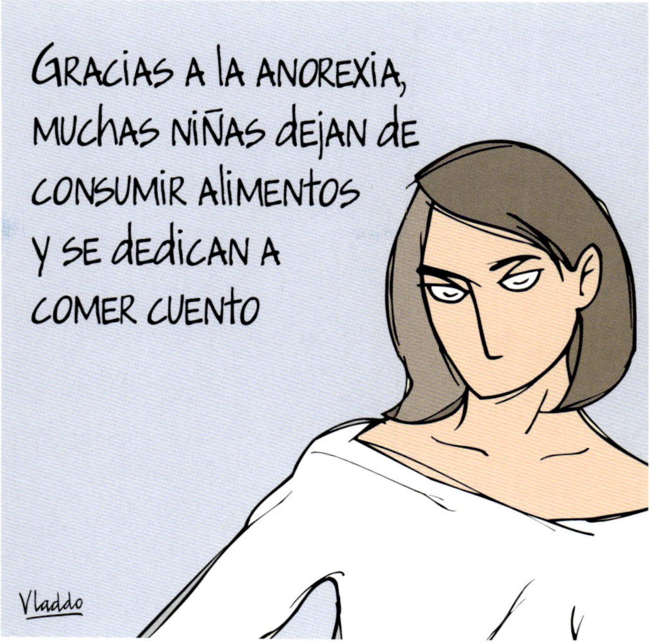
GRACIAS A LA ANOREXIA, MUCHAS NIÑAS DEJAN DE CONSUMIR ALIMENTOS Y SE DEDICAN A COMER CUENTO
Vladdo

64

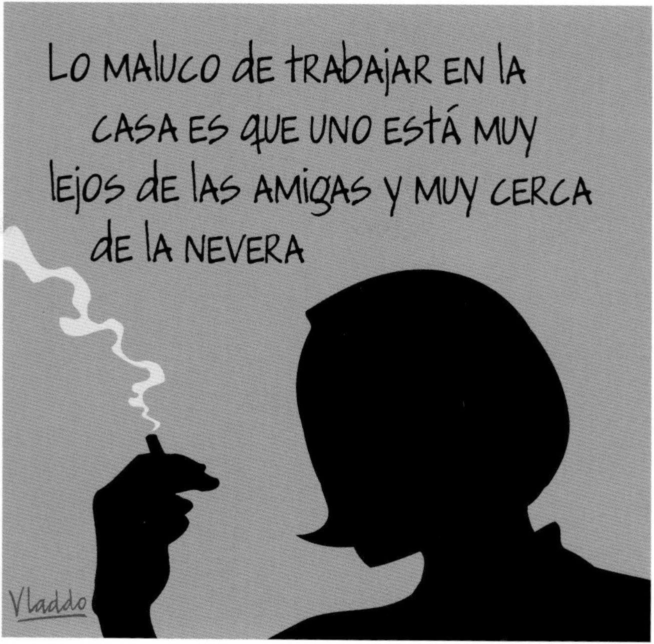
LO MALUCO DE TRABAJAR EN LA CASA ES QUE UNO ESTÁ MUY LEJOS DE LAS AMIGAS Y MUY CERCA DE LA NEVERA
Vladdo

66

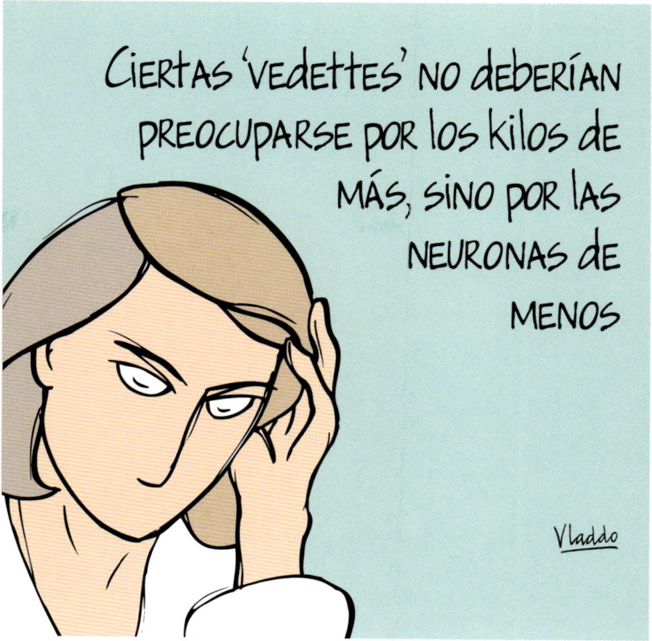
Ciertas 'vedettes' no deberían preocuparse por los kilos de más, sino por las neuronas de menos
Vladdo

68

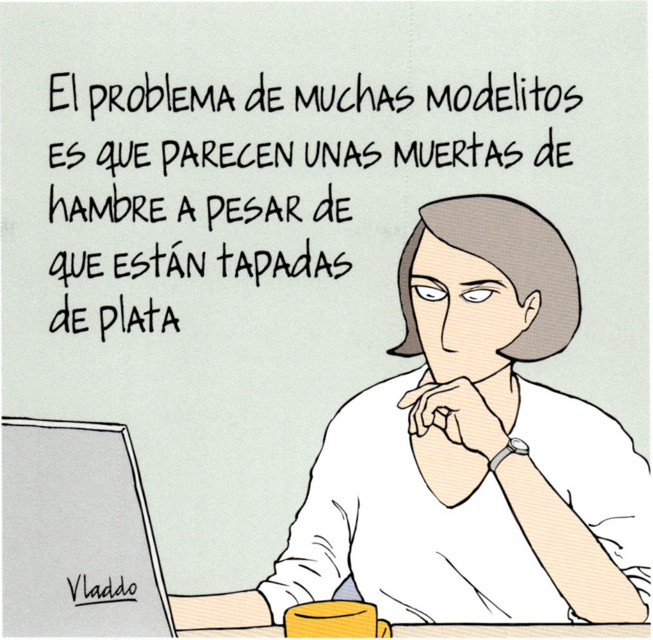
El problema de muchas modelitos es que parecen unas muertas de hambre a pesar de que están tapadas de plata
Vladdo

70

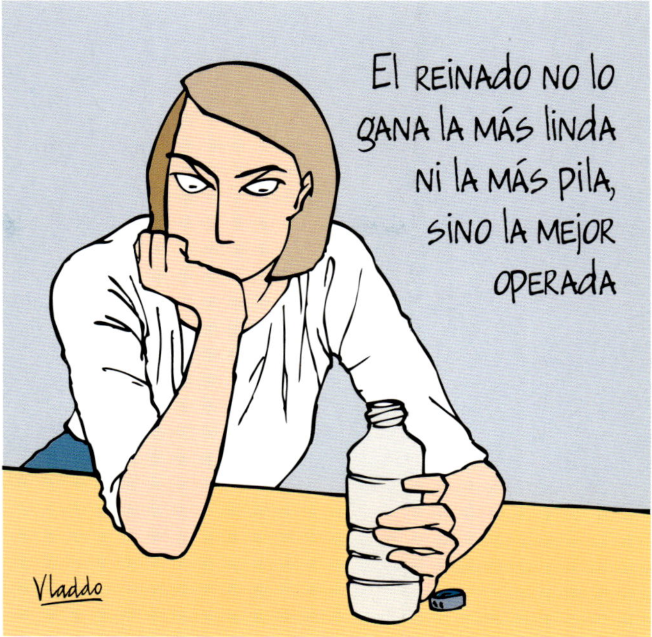
El reinado no lo gana la más linda ni la más pila, sino la mejor operada
Vladdo

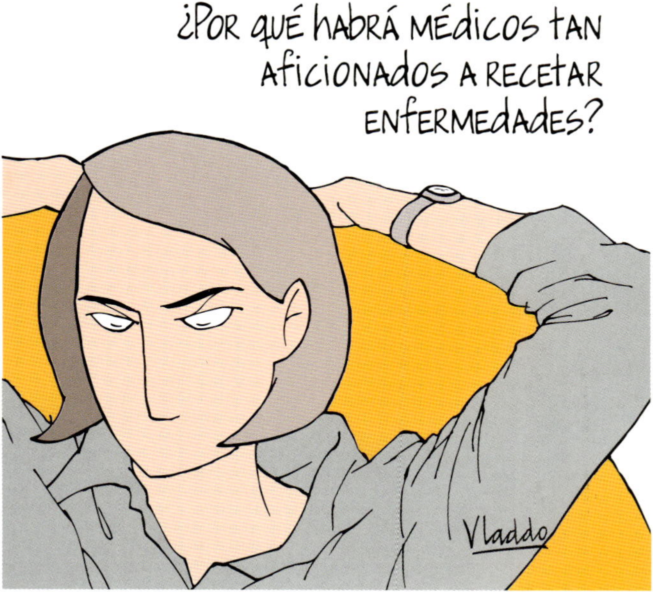
¿POR QUÉ HABRÁ MÉDICOS TAN
AFICIONADOS A RECETAR
ENFERMEDADES?
Vladdo

74

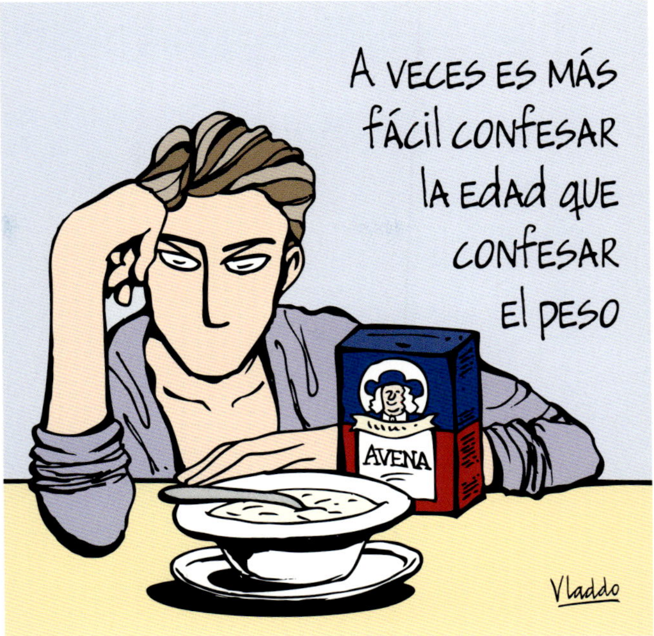
A VECES ES MÁS fácil CONFESAR lA EdAd QUE CONFESAR El PESO
AVENA
Vladdo

76

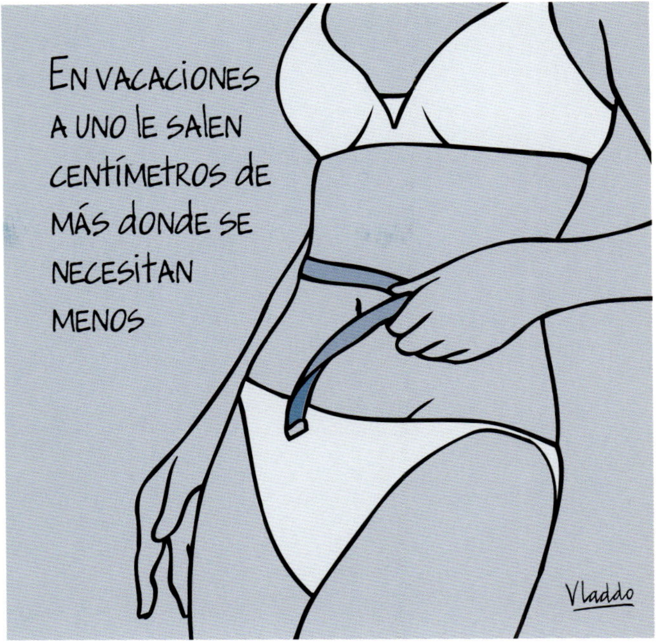
En vacaciones a uno le salen centímetros de más donde se necesitan menos
Vladdo

78

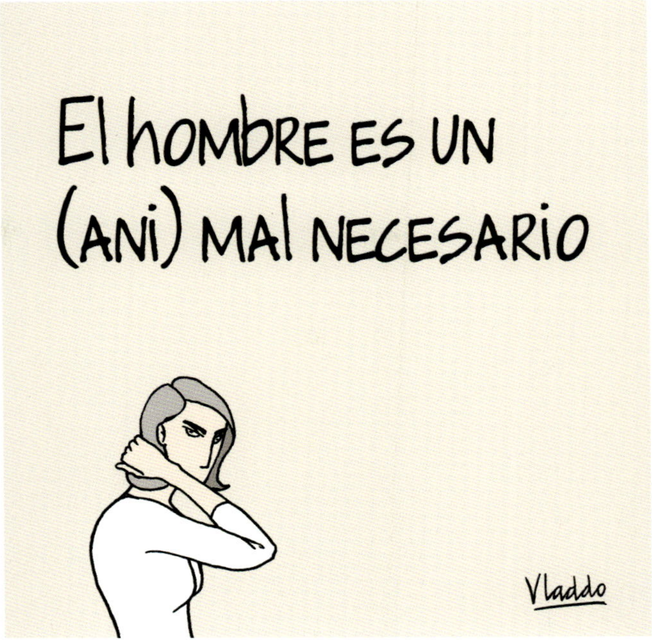
El hombre es un
(ani) mal necesario
Vladdo

80

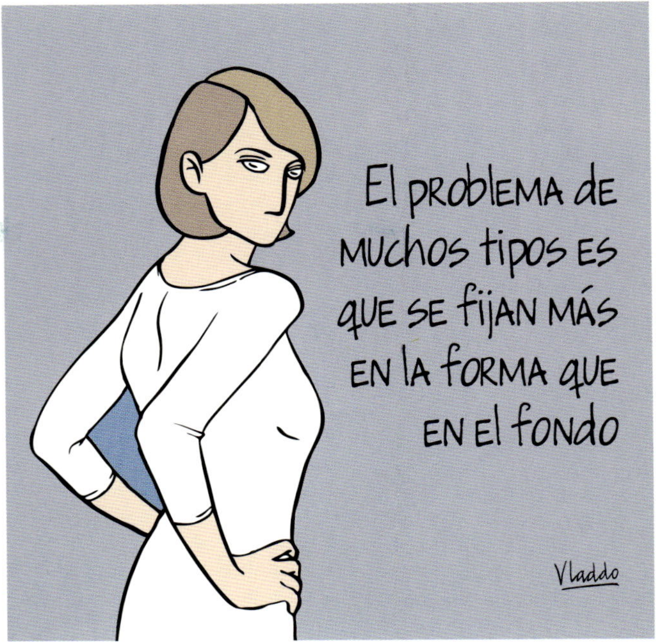
El problema de muchos tipos es que se fijan más en la forma que en el fondo
Vladdo

82

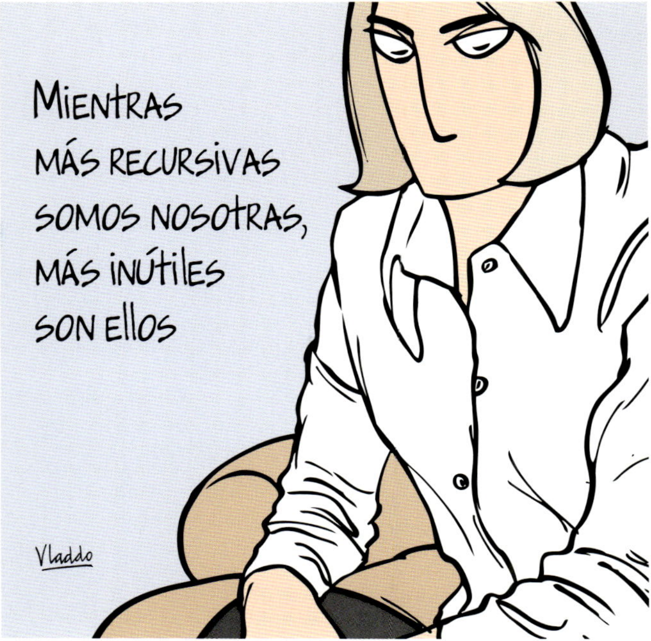
Mientras
más recursivas
somos nosotras,
más inútiles
son ellos
Vladdo

84

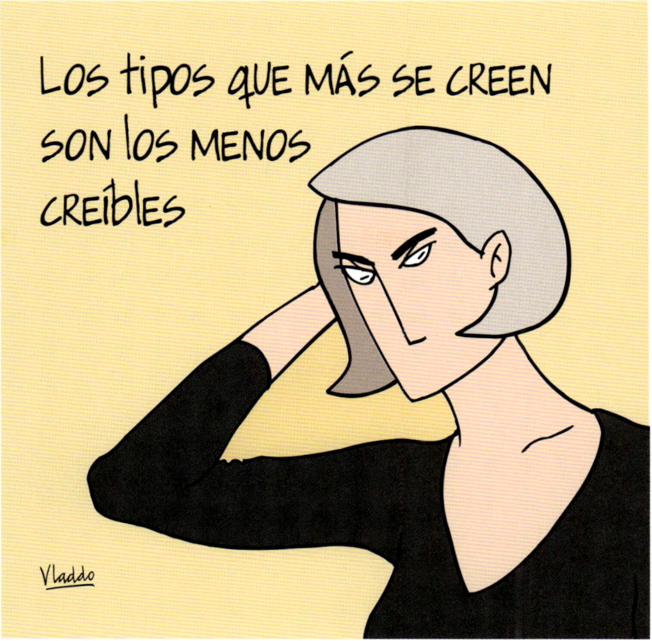
Los tipos que más se creen son los menos creíbles
Vladdo

86

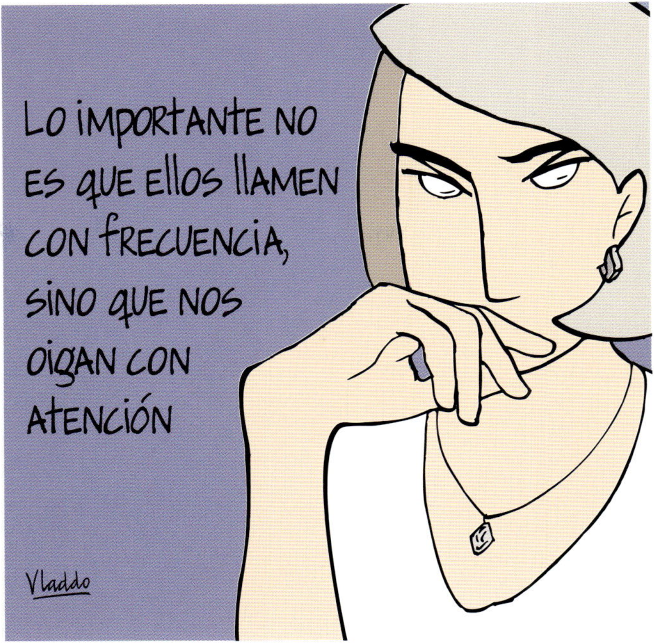
Lo importante no es que ellos llamen con frecuencia, sino que nos oigan con atención
Vladdo

88

SE BUSCA UN HOMBRE

varonil, pero no machista; sociable, pero no gallinazo; confiado, pero no desinteresado; simple, pero no simplista; serio, pero no iracundo; calmado, pero no idiota; generoso, pero no pantallero; original, pero no llamativo; fresco, pero no frío; reservado, pero no hermético; cariñoso, pero no intenso; simpático, pero no charlatán; dulce, pero no empalagoso; idealista, pero no iluso; sencillo, pero no ordinario; curioso, pero no morboso; pilo, pero no erudito; tranquilo, pero no irresponsable...

...y que tenga mamá, pero no complejo de Edipo.

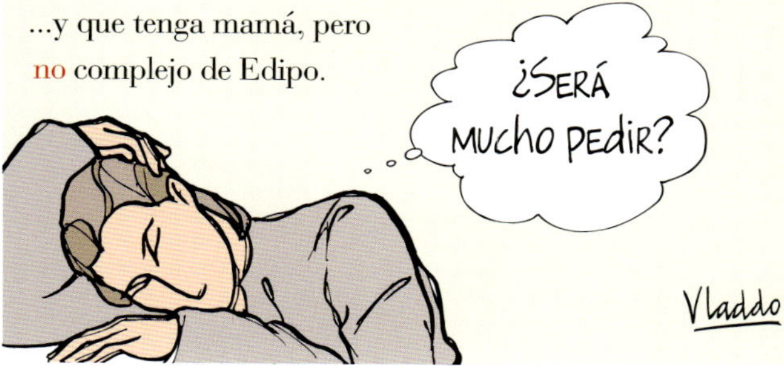
¿SERÁ MUCHO PEDIR?
Vladdo

90

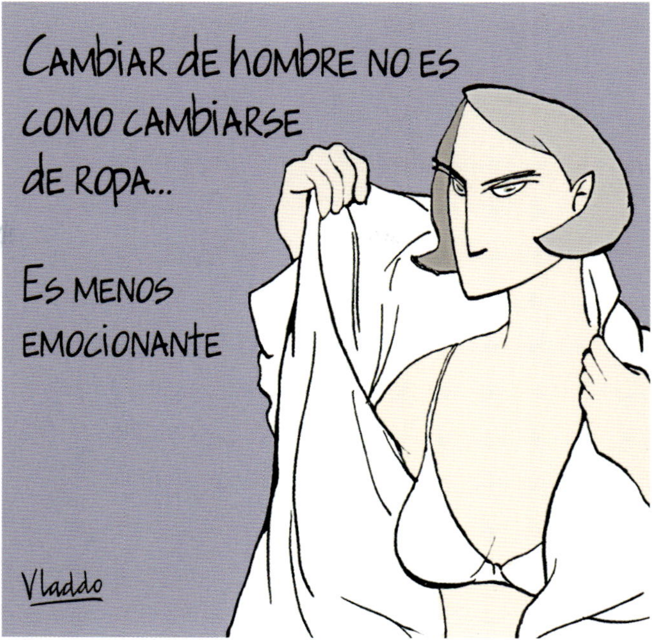
CAMBIAR DE HOMBRE NO ES COMO CAMBIARSE DE ROPA...
ES MENOS EMOCIONANTE
Vladdo

92

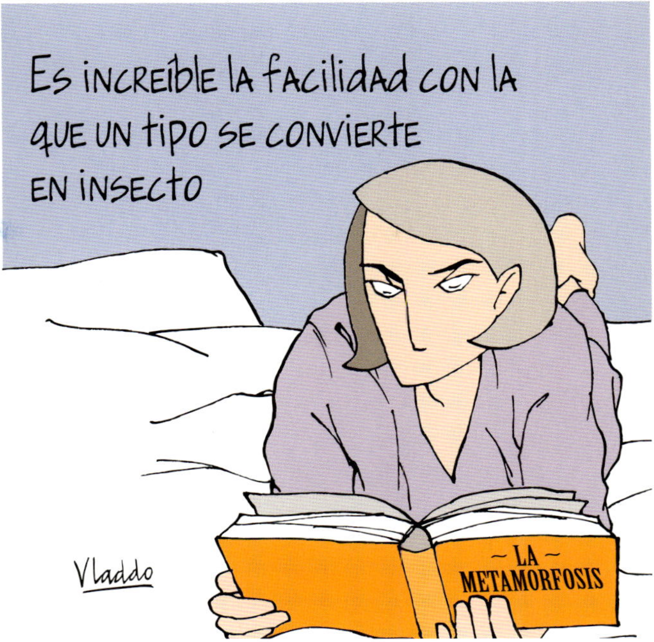
Es increíble la facilidad con la que un tipo se convierte en insecto
— LA —
METAMORFOSIS
Vladdo

94

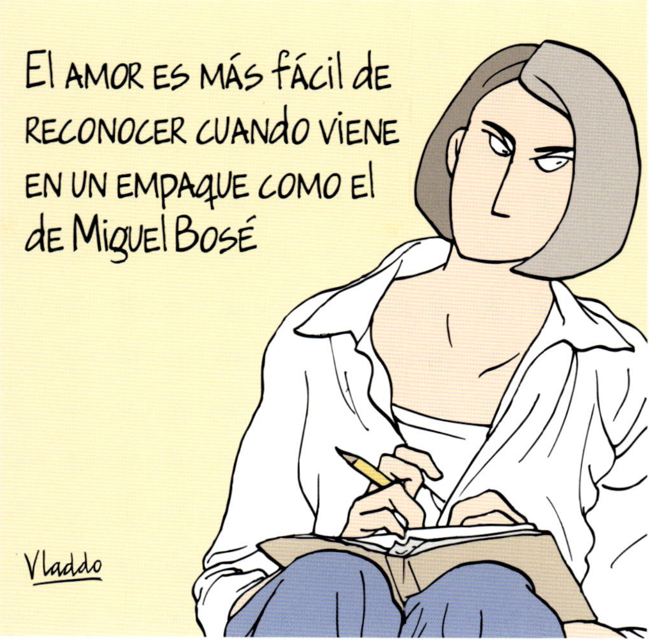
El amor es más fácil de reconocer cuando viene en un empaque como el de Miguel Bosé
Vladdo

96

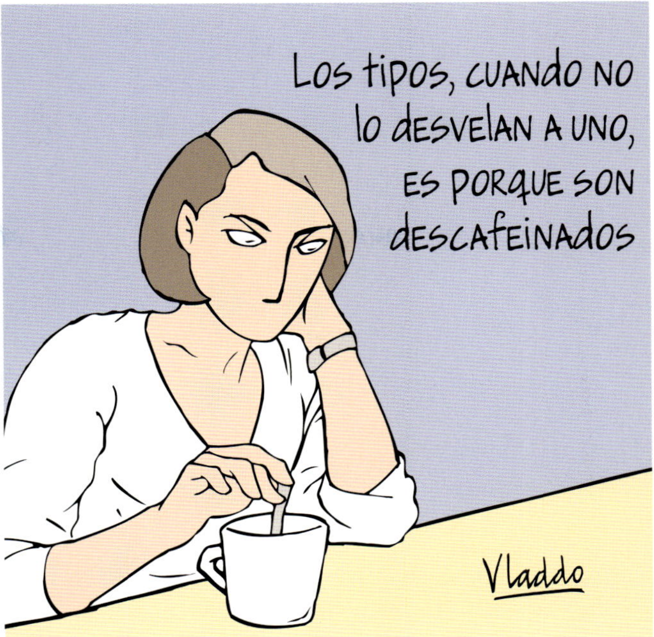
Los tipos, cuando no
lo desvelan a uno,
es porque son
descafeinados
Vladdo

98

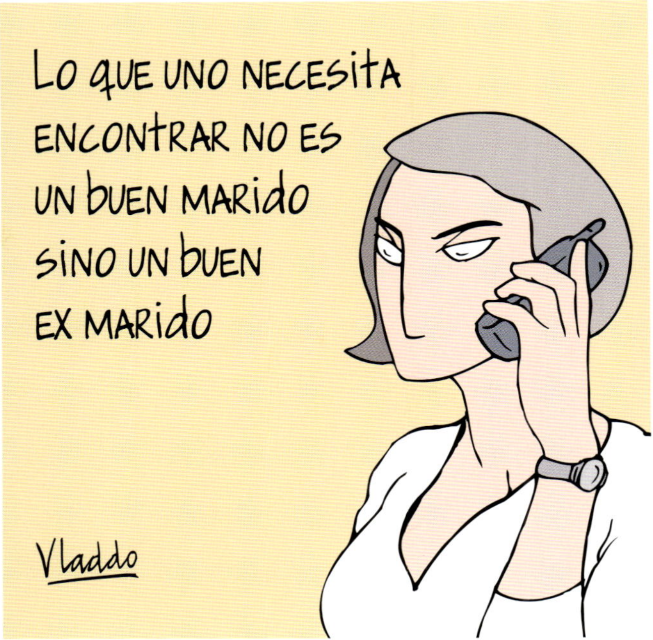
LO QUE UNO NECESITA ENCONTRAR NO ES UN BUEN MARIDO SINO UN BUEN EX MARIDO
Vladdo

100

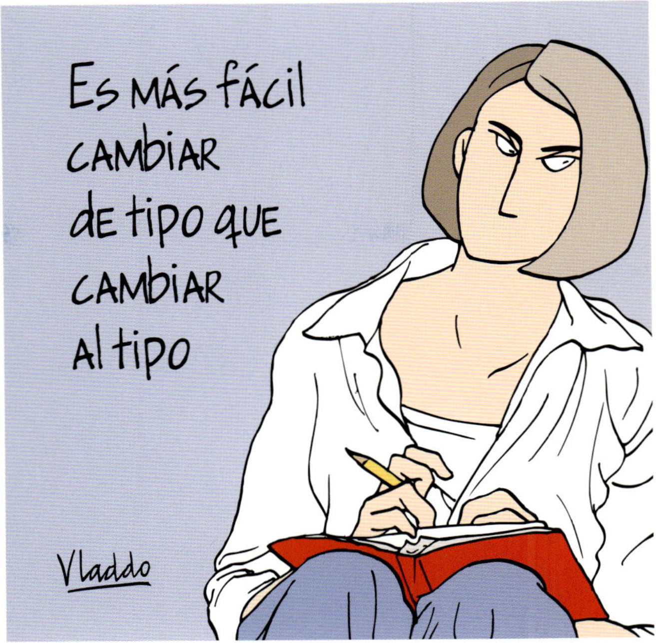
Es más fácil
cambiar
de tipo que
cambiar
al tipo
Vladdo

102

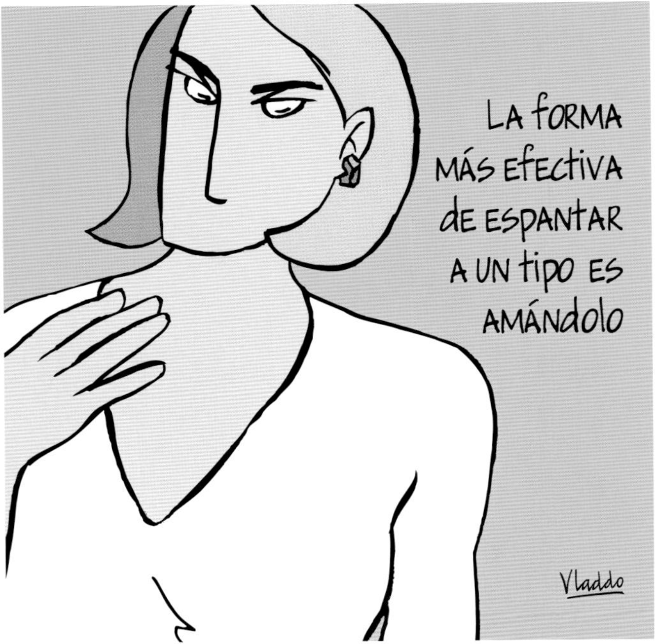
LA forma
MÁS EfECtiVA
dE ESPANTAR
A UN tipo ES
AMÁNdolo
Vladdo

104

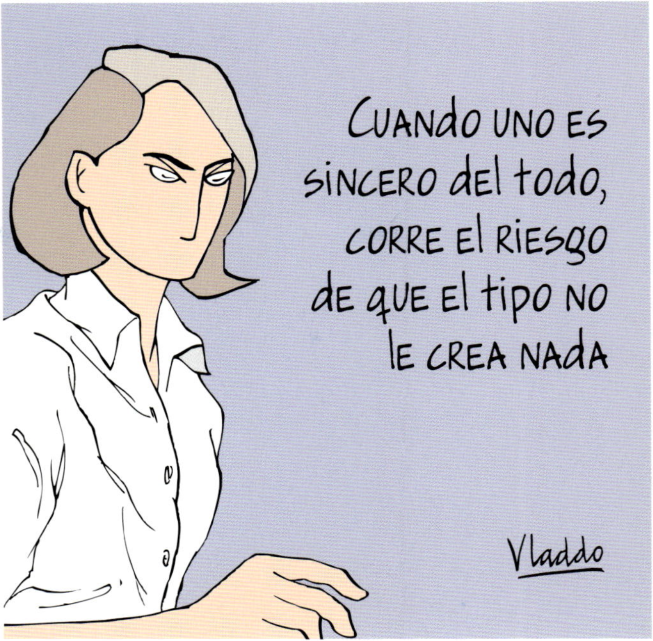
CUANDO UNO ES sINCERO del todo, CORRE El RIESGO dE QUE El tipo NO lE CREA NADA
Vladdo

106

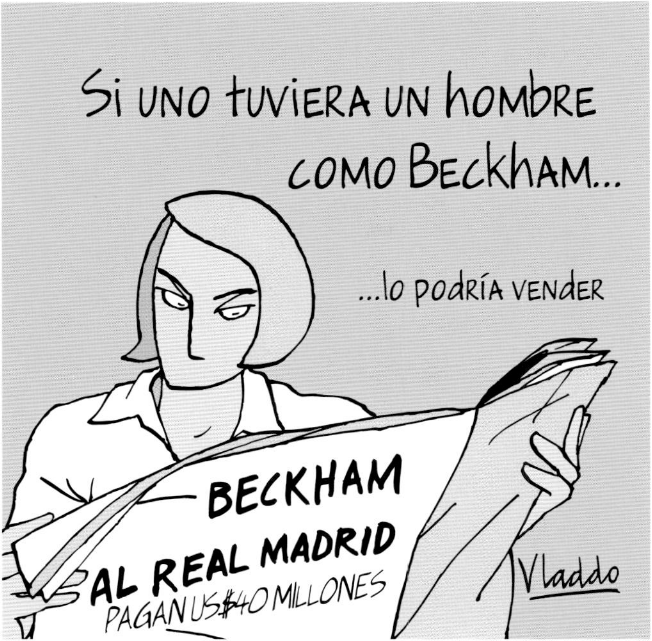
Si uno tuviera un hombre como Beckham...
...lo podría vender
BECKHAM AL REAL MADRID
PAGAN US$40 MILLONES
Vladdo

108

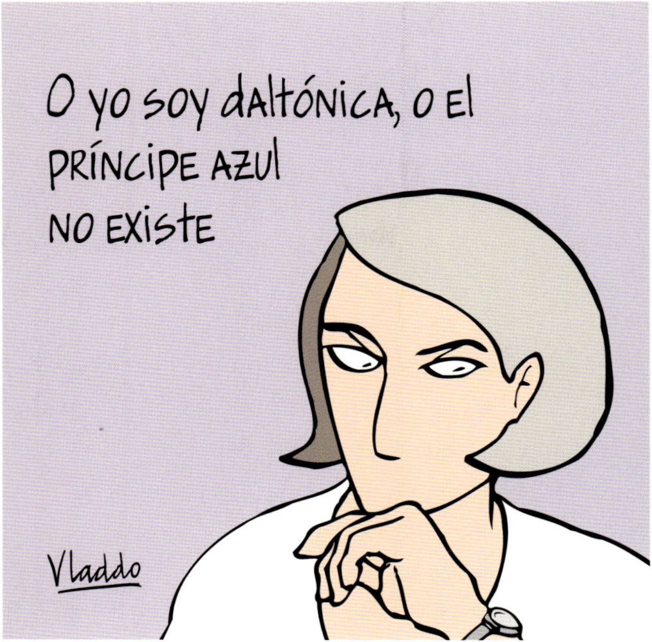
O yo soy daltónica, o el
príncipe azul
no existe
Vladdo

110

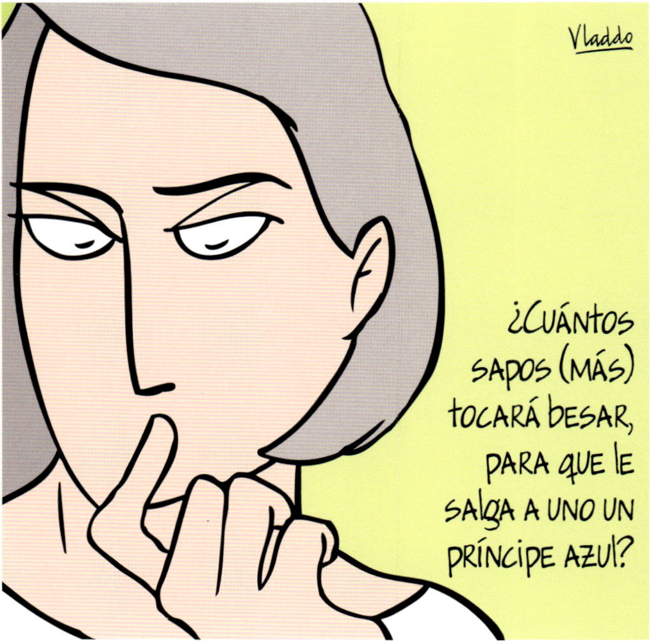
Vladdo
¿CUÁNTOS
SAPOS (MÁS)
TOCARÁ BESAR,
PARA QUE LE
SALGA A UNO UN
PRÍNCIPE AZUL?

112

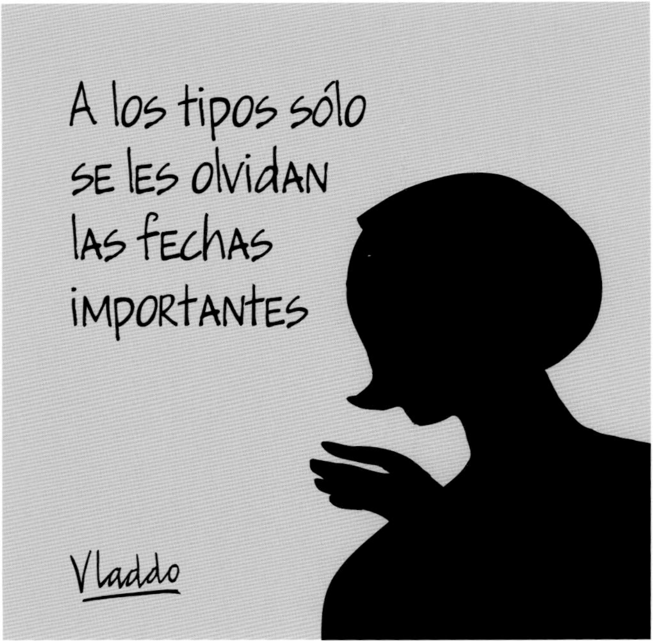
A los tipos sólo se les olvidan las fechas importantes
Vladdo

114

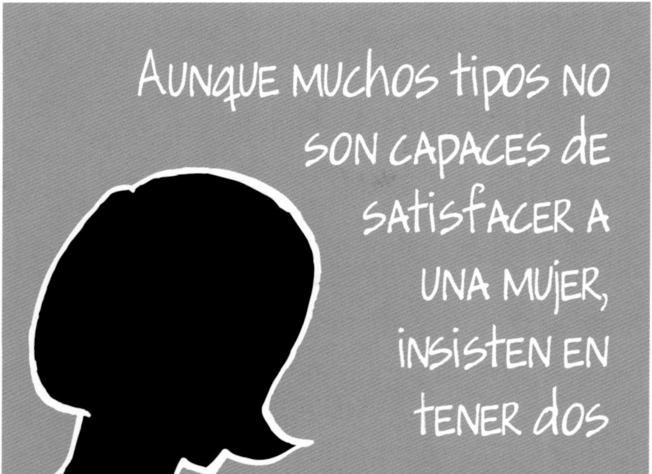

Aunque muchos tipos no son capaces de satisfacer a una mujer, insisten en tener dos
Vladdo

116

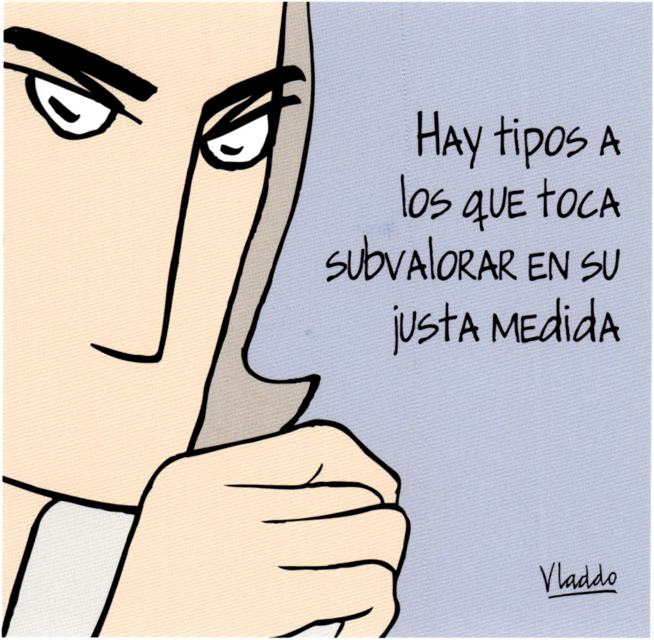
Hay tipos a los que toca subvalorar en su justa medida
Vladdo

118

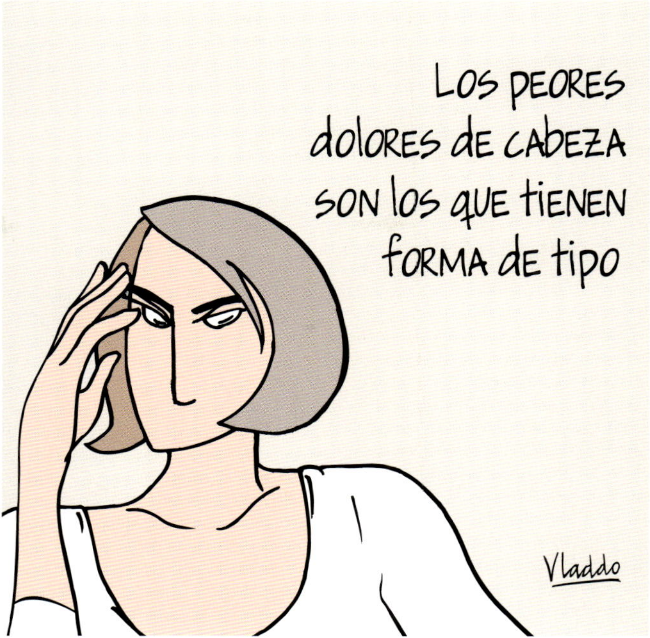
Los peores
dolores de cabeza
son los que tienen
forma de tipo
Vladdo

120

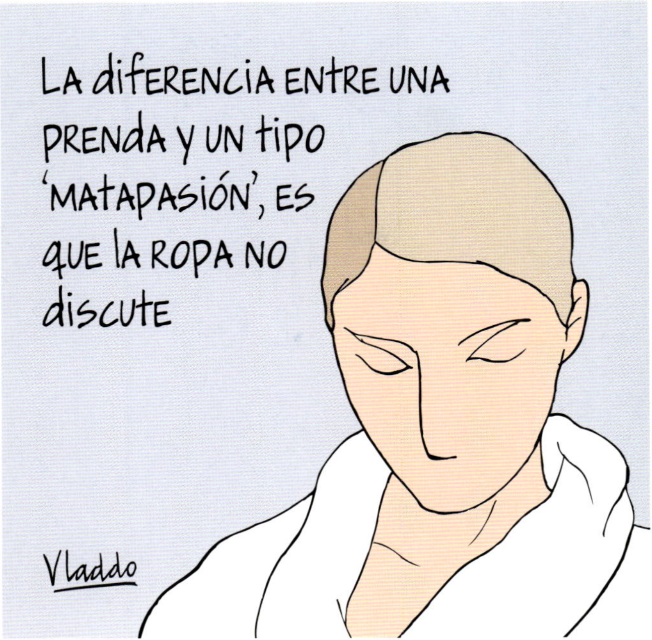
La diferencia entre una prenda y un tipo 'matapasión', es que la ropa no discute
Vladdo

122

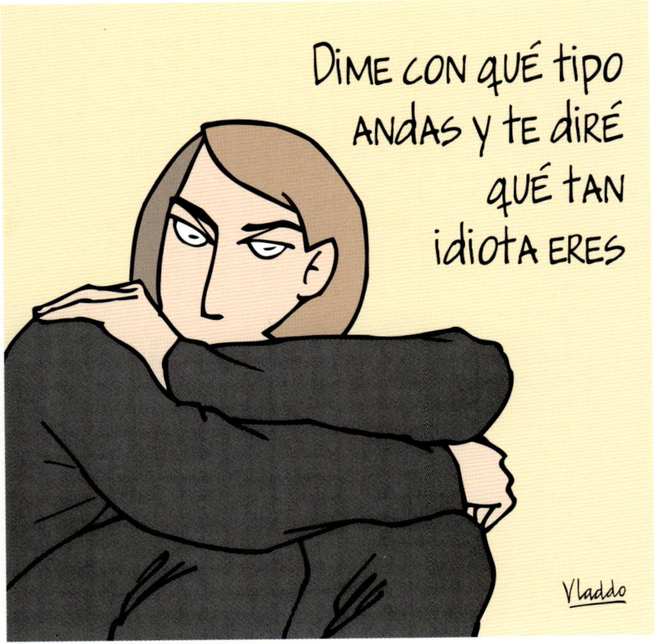
Dime con qué tipo andas y te diré qué tan idiota eres
Vladdo

124

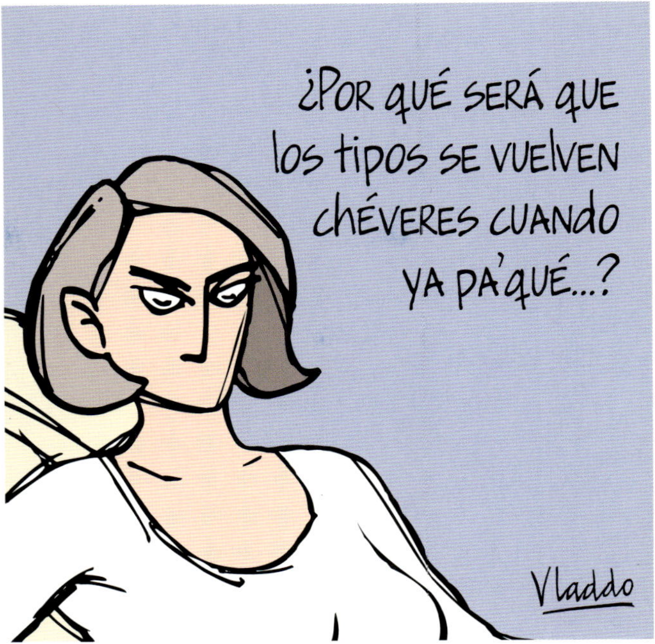
¿POR QUÉ SERÁ QUE los tipos SE VUELVEN CHÉVERES CUANDO YA PA'QUÉ...?
Vladdo

126

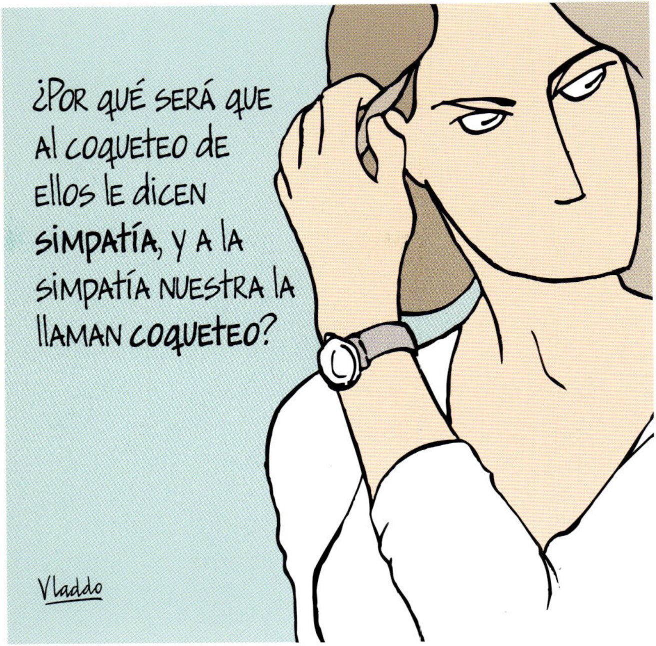
¿Por qué será que al coqueteo de ellos le dicen simpatía, y a la simpatía nuestra la llaman coqueteo?
Vladdo

128

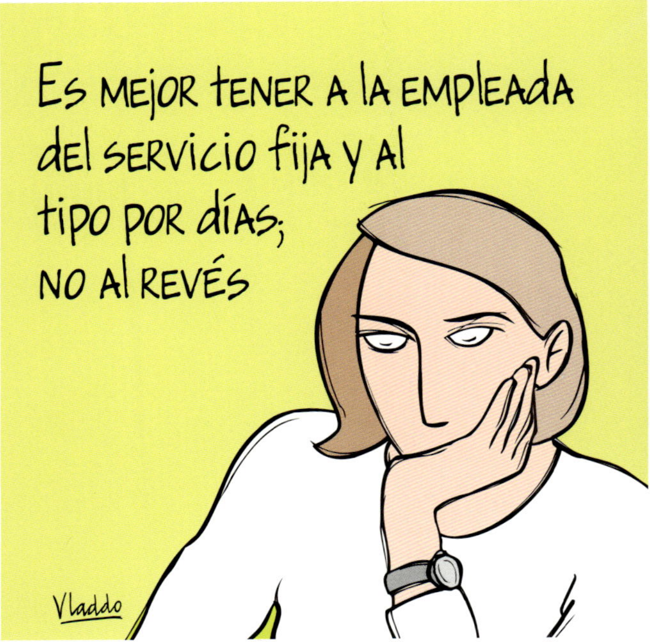
Es mejor tener a la empleada del servicio fija y al tipo por días; no al revés
Vladdo

130

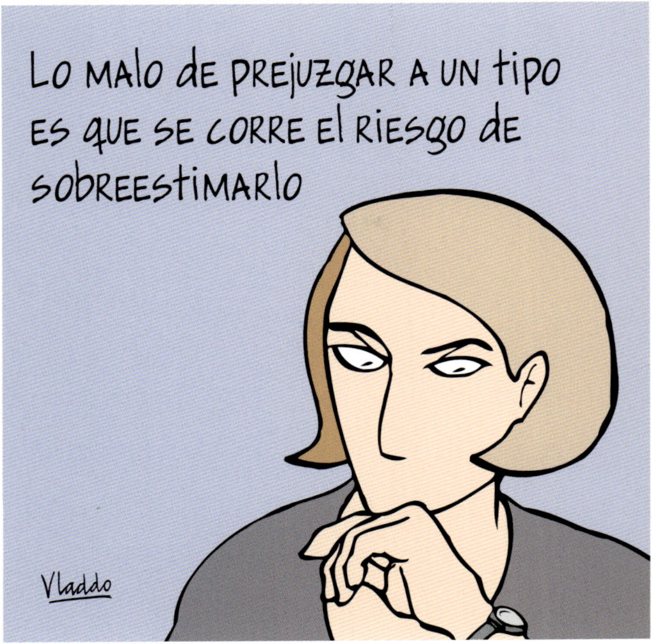
Lo malo de prejuzgar a un tipo es que se corre el riesgo de sobreestimarlo
Vladdo

132

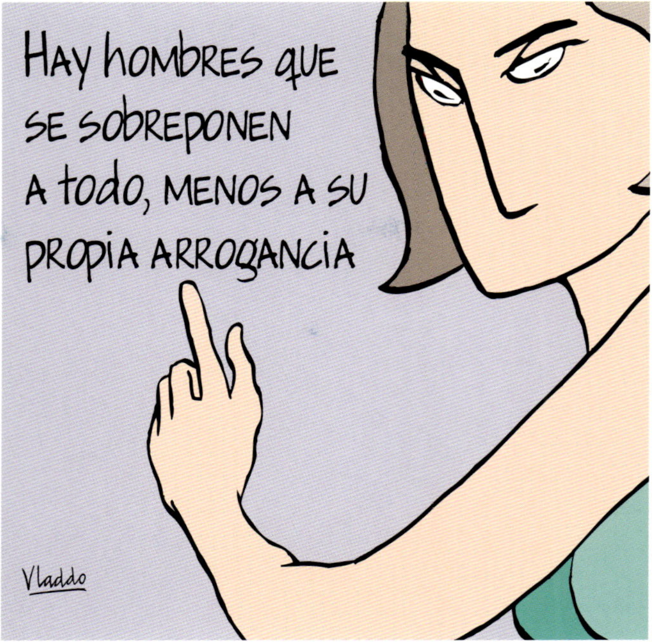
Hay hombres que se sobreponen a todo, menos a su propia arrogancia
Vladdo

134

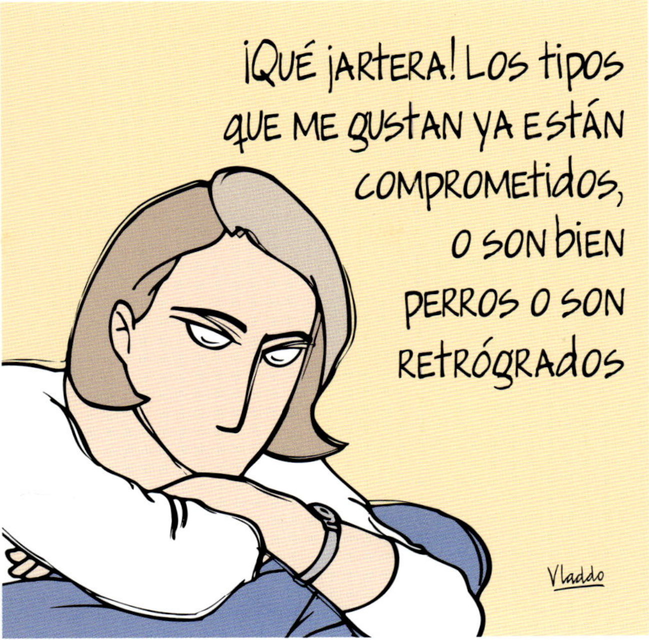
¡QUÉ JARTERA! LOS TIPOS QUE ME GUSTAN YA ESTÁN COMPROMETIDOS, O SON BIEN PERROS O SON RETRÓGRADOS
Vladdo

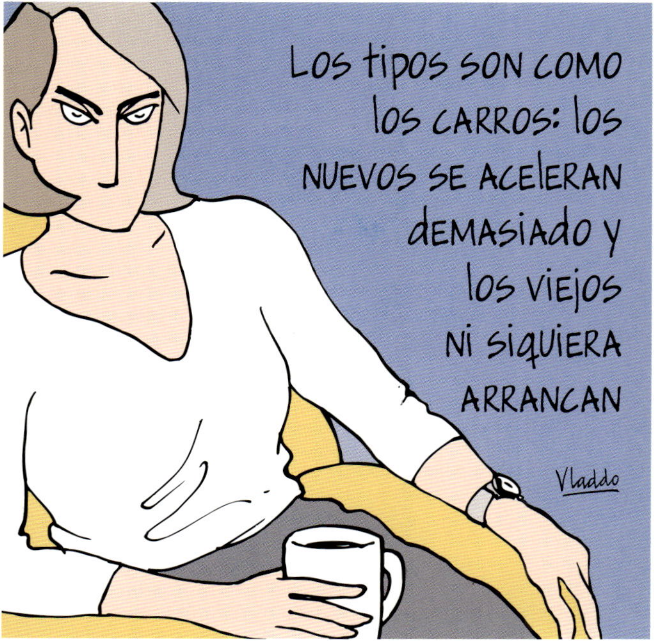
Los tipos son como los carros: los nuevos se aceleran demasiado y los viejos ni siquiera arrancan
Vladdo

138

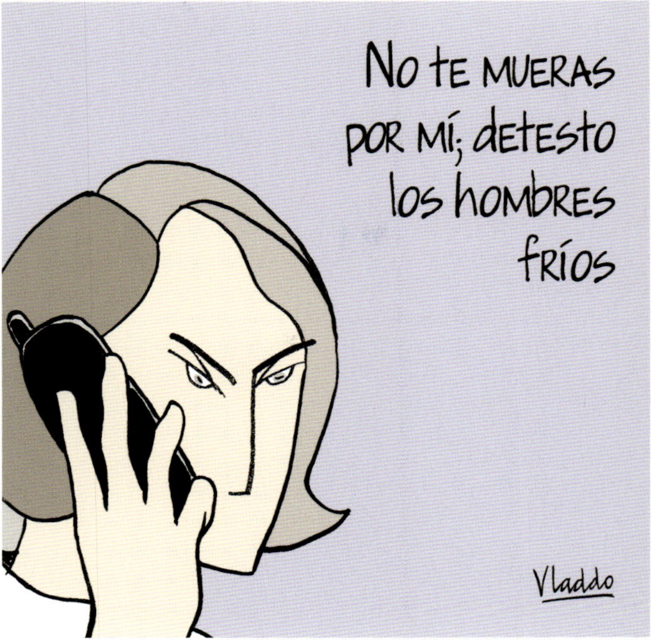
No te mueras por mí; detesto los hombres fríos
Vladdo

140

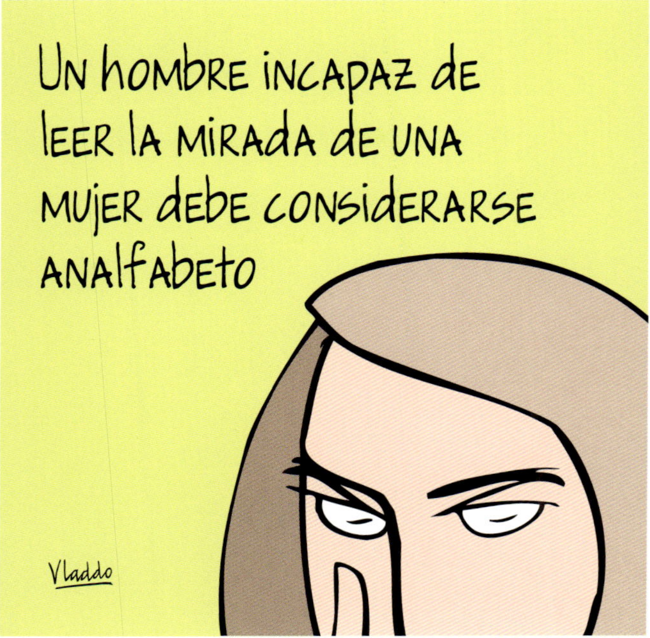
Un hombre incapaz de
leer la mirada de una
mujer debe considerarse
analfabeto
Vladdo

142

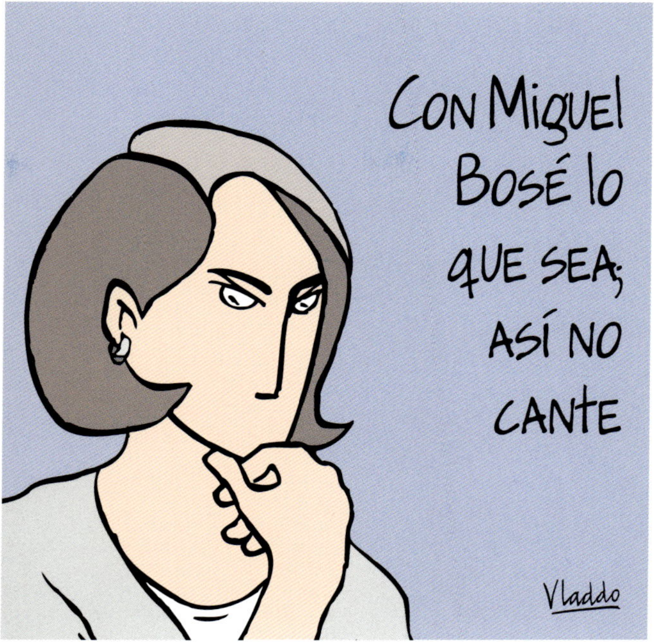
Con Miguel Bosé lo que sea; así no cante
Vladdo

144

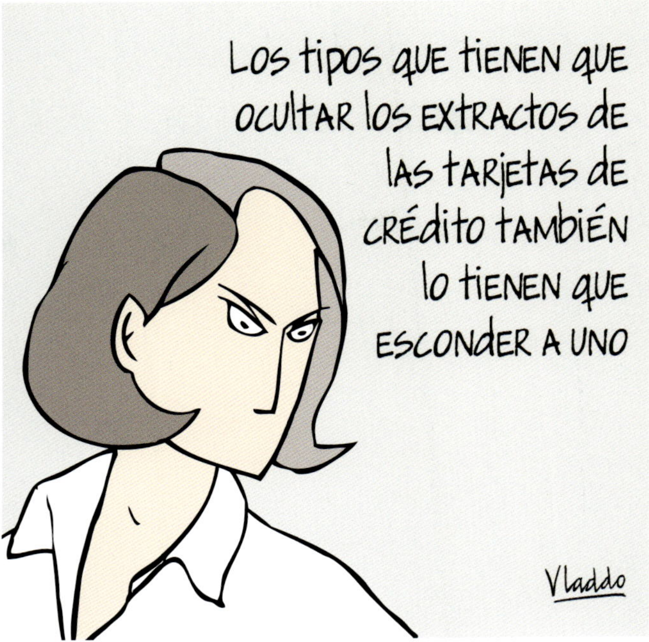
Los tipos que tienen que ocultar los extractos de las tarjetas de crédito también lo tienen que esconder a uno
Vladdo

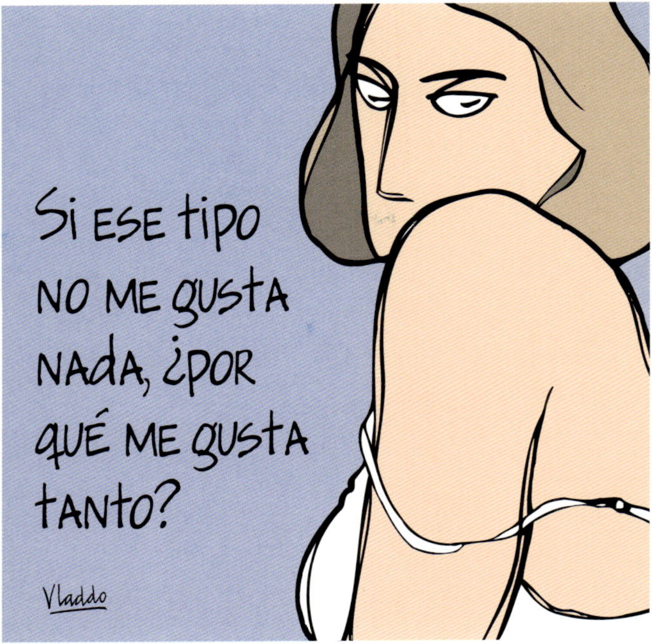
Si ESE tipo NO ME gusta NAdA, ¿POR qUÉ ME gusta tANtO?
Vladdo

148

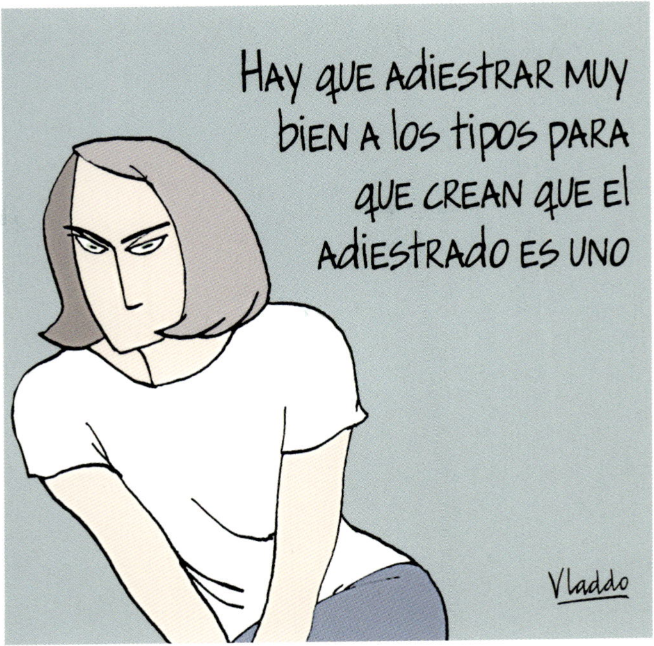
Hay que adiestrar muy bien a los tipos para que crean que el adiestrado es uno
Vladdo

150

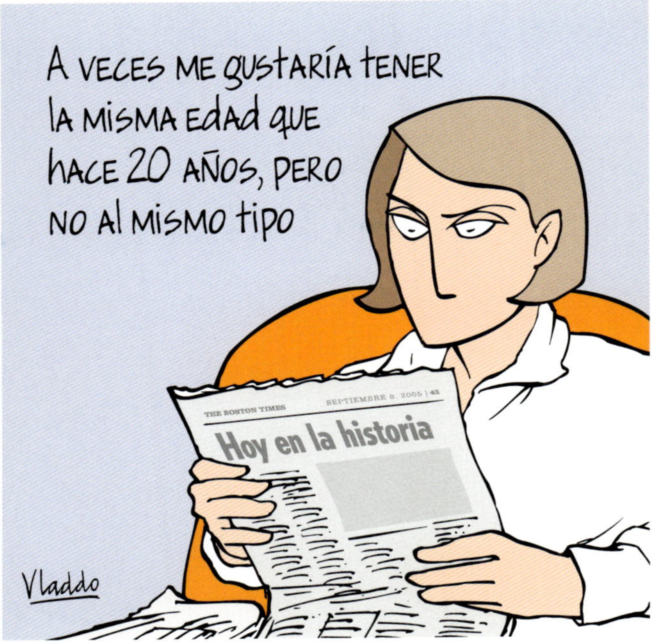
A VECES ME GUSTARÍA TENER LA MISMA EDAD QUE HACE 20 AÑOS, PERO NO AL MISMO TIPO
THE BOSTON TIMES
SEPTIEMBRE 8, 2005 | 43
Hoy en la historia
Vladdo

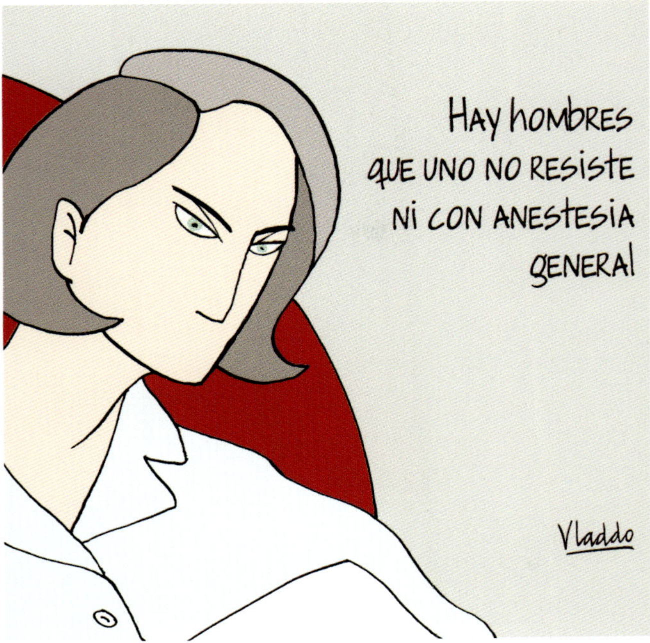
Hay hombres que uno no resiste ni con anestesia general
Vladdo

154

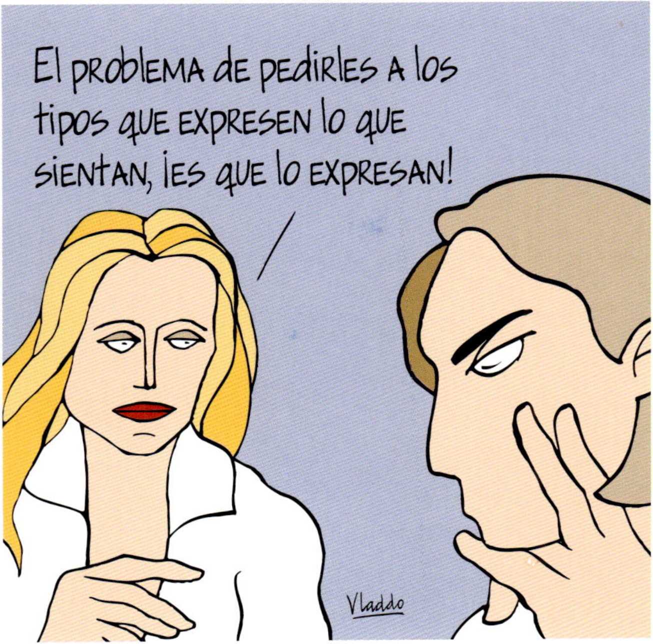
El problema de pedirles a los tipos que expresen lo que sientan, ¡es que lo expresan!
Vladdo

156

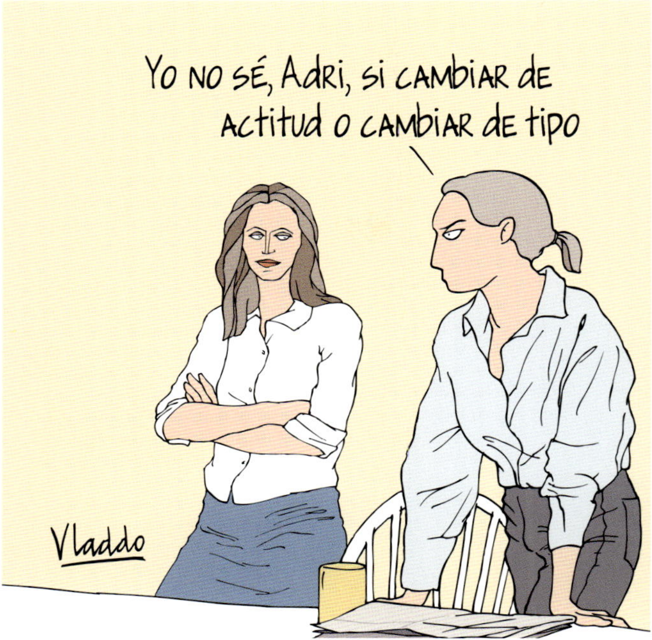
Yo no sé, Adri, si cambiar de actitud o cambiar de tipo
Vladdo

158

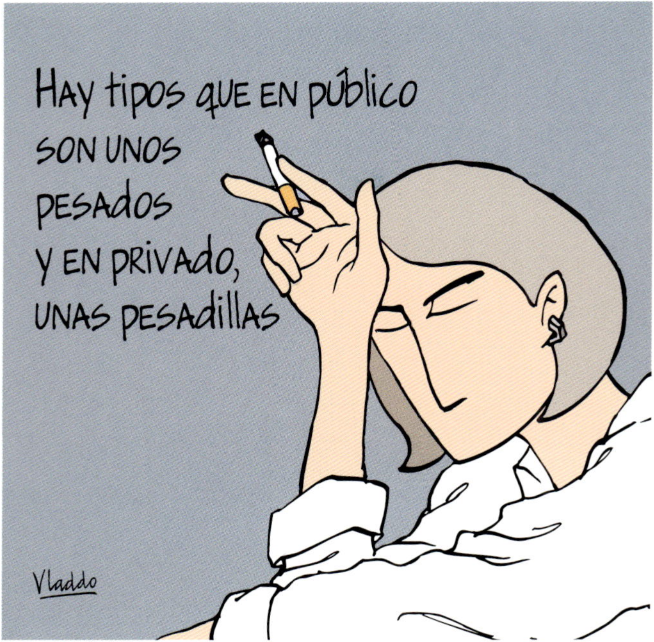
Hay tipos que en público
son unos
pesados
y en privado,
unas pesadillas
Vladdo

160

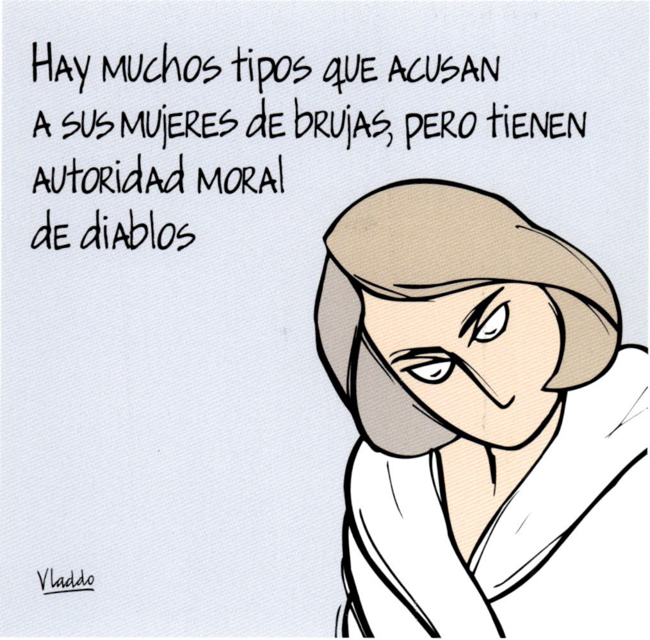
HAY MUCHOS TIPOS QUE ACUSAN
A SUS MUJERES DE BRUJAS, PERO TIENEN
AUTORIDAD MORAL
DE DIABLOS
Vladdo

162

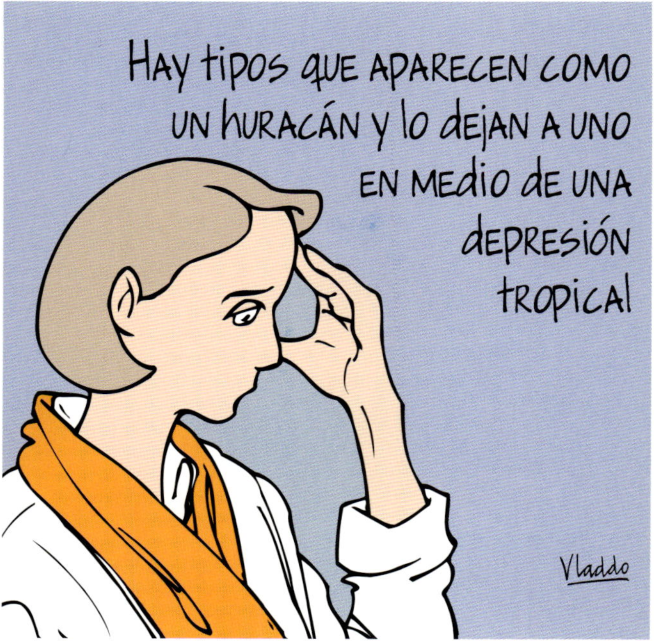
Hay tipos que aparecen como un huracán y lo dejan a uno en medio de una depresión tropical
Vladdo

164

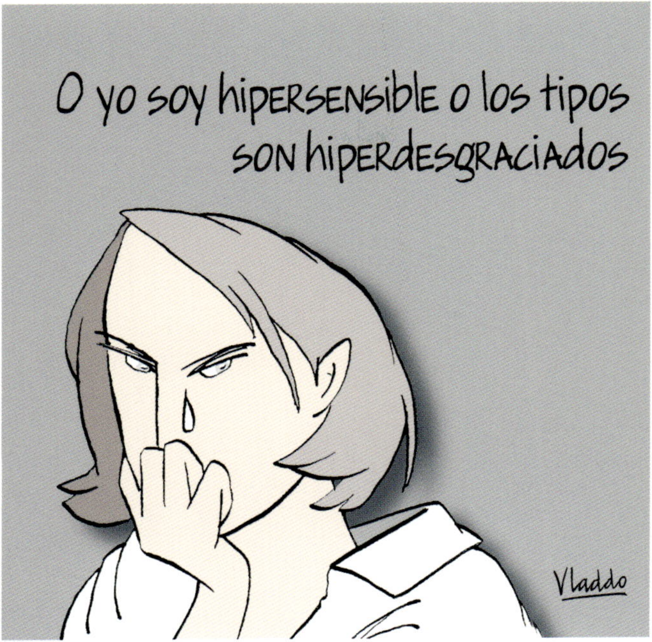
O yo soy hipersensible o los tipos son hiperdesgraciados
Vladdo

166

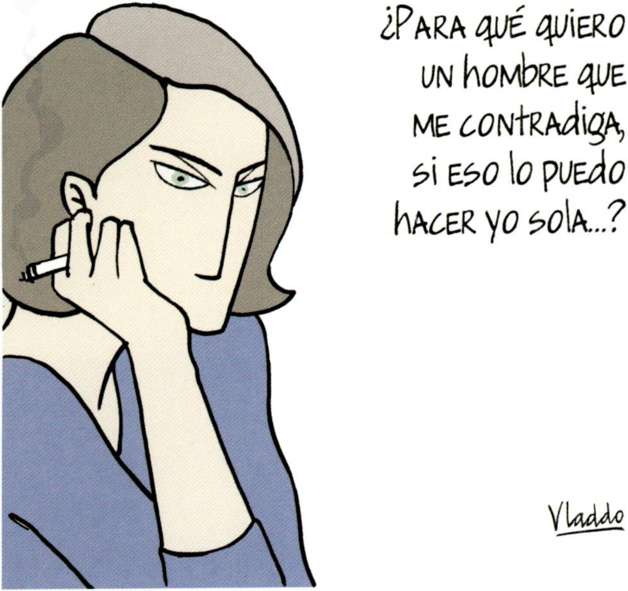
¿Para qué quiero
un hombre que
me contradiga,
si eso lo puedo
hacer yo sola...?
Vladdo

168

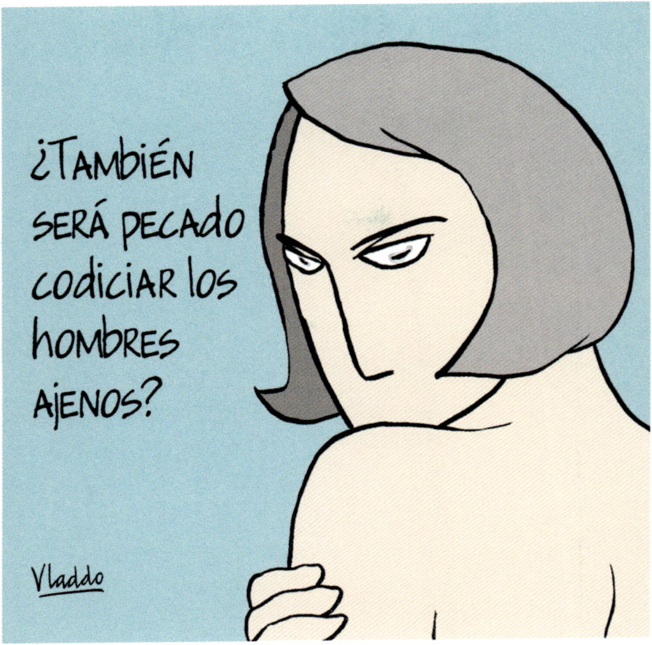
¿También será pecado codiciar los hombres ajenos?
Vladdo

170

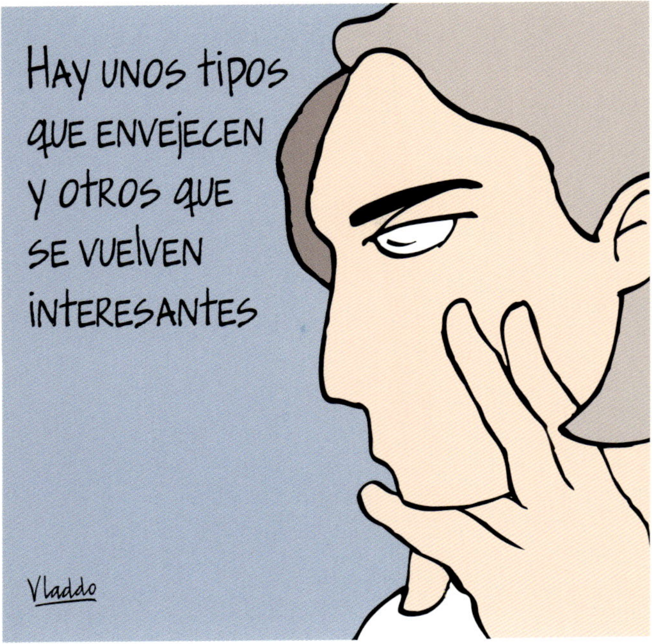
Hay unos tipos que envejecen y otros que se vuelven interesantes
Vladdo

172

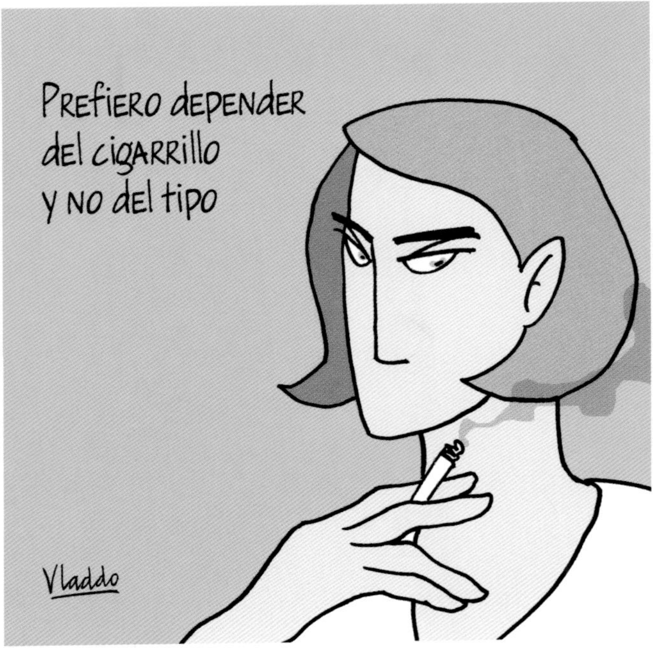
Prefiero depender
del cigarrillo
y no del tipo
Vladdo

174

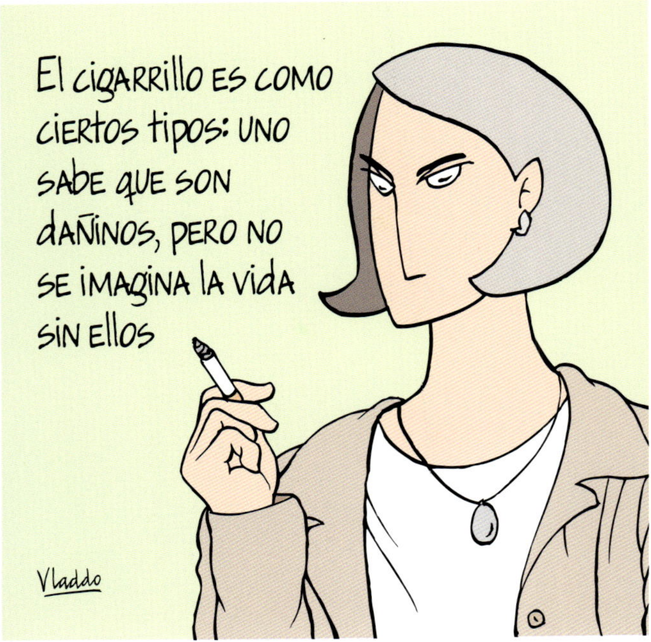
El cigarrillo es como ciertos tipos: uno sabe que son dañinos, pero no se imagina la vida sin ellos
Vladdo

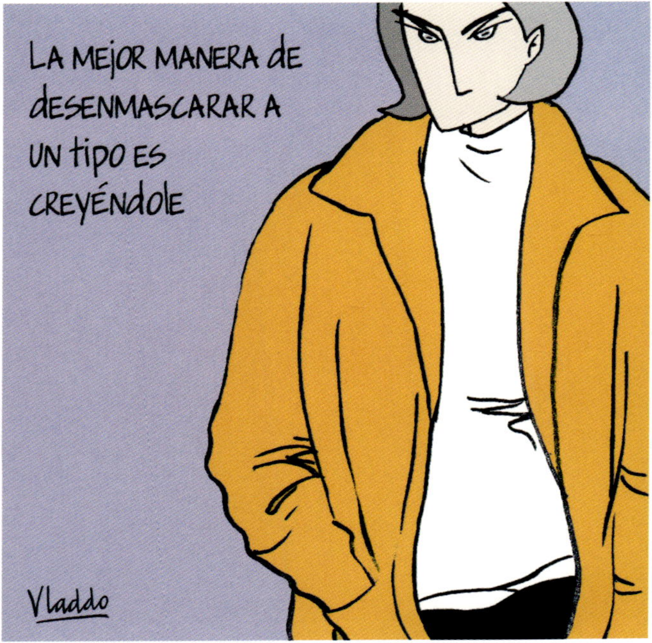
LA MEJOR MANERA de desenmascarar a un tipo es creyéndole
Vladdo

178

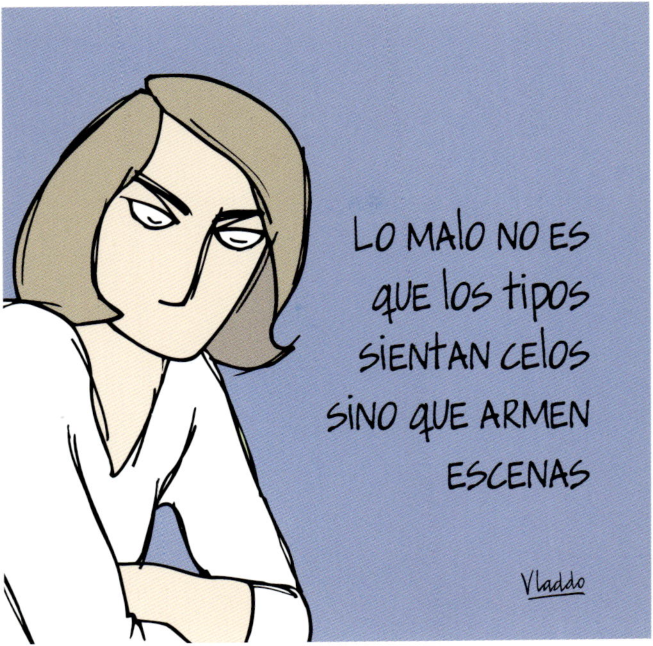
LO MALO NO ES
QUE LOS TIPOS
SIENTAN CELOS
SINO QUE ARMEN
ESCENAS
Vladdo

180

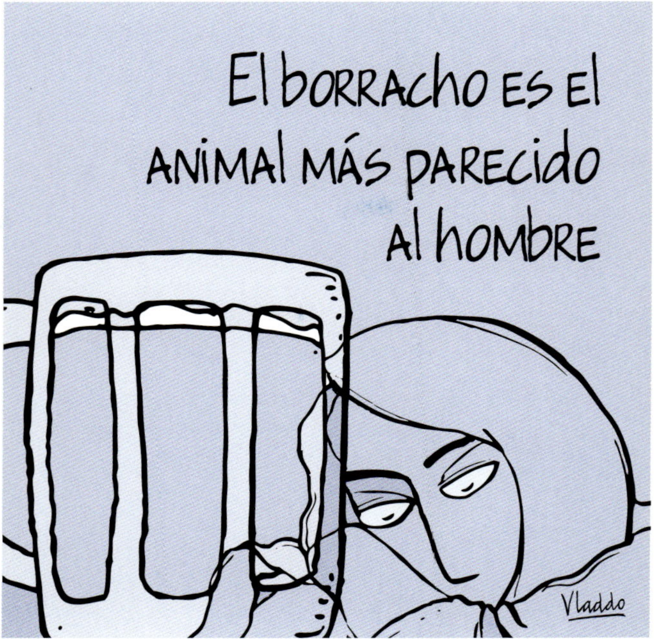
El borracho es el animal más parecido al hombre
Vladdo

182

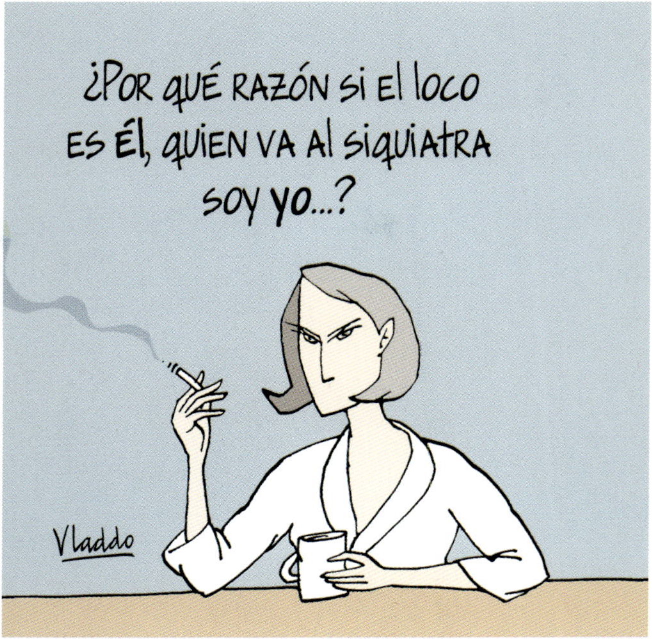
¿POR QUÉ RAZÓN SI EL LOCO ES ÉL, QUIEN VA AL SIQUIATRA SOY YO...?
Vladdo

184

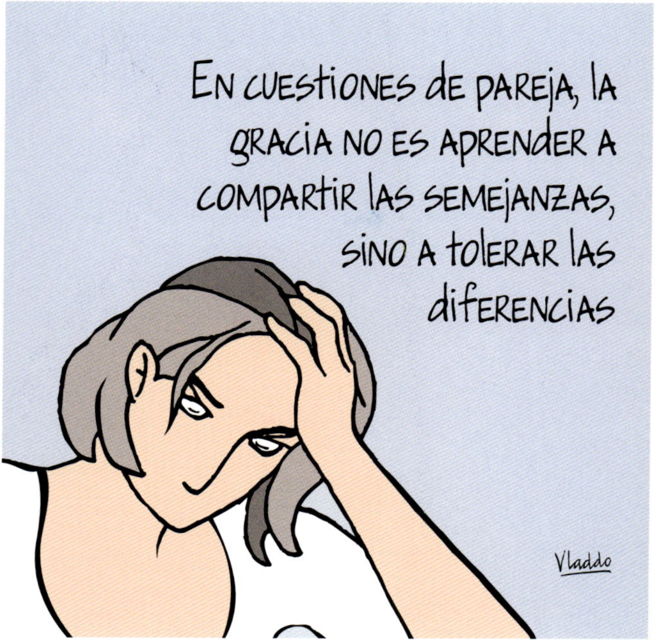
En cuestiones de pareja, la gracia no es aprender a compartir las semejanzas, sino a tolerar las diferencias
Vladdo

186

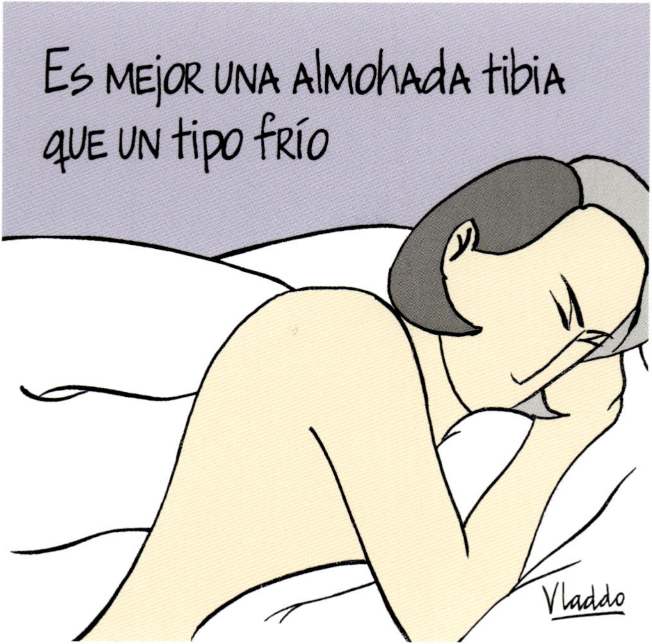
Es mejor una almohada tibia
que un tipo frío
Vladdo

188

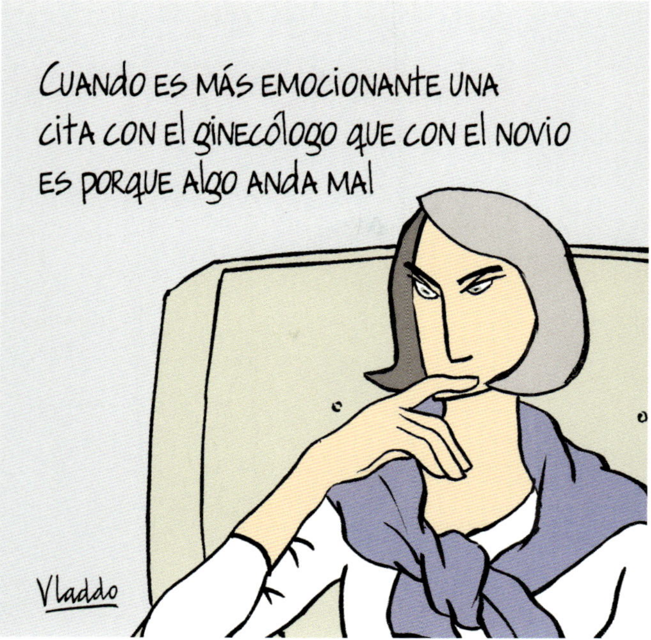
CUANDO ES MÁS EMOCIONANTE UNA CITA CON EL GINECÓLOGO QUE CON EL NOVIO ES PORQUE ALGO ANDA MAL
Vladdo

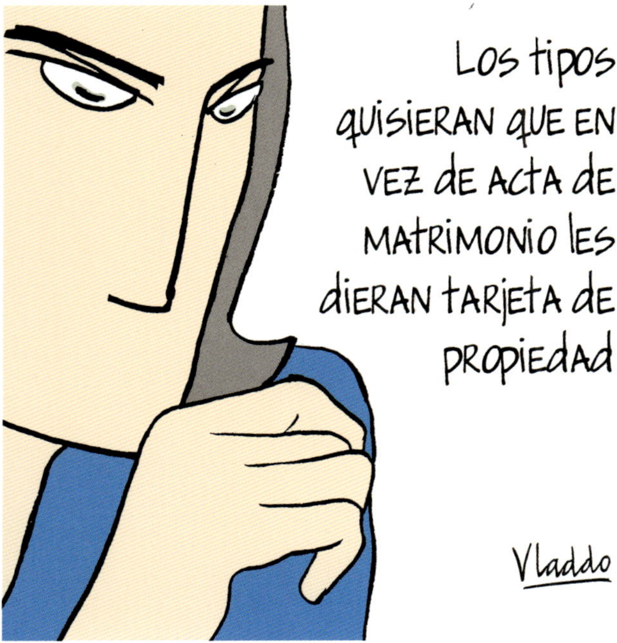
Los tipos quisieran que en vez de acta de matrimonio les dieran tarjeta de propiedad
Vladdo

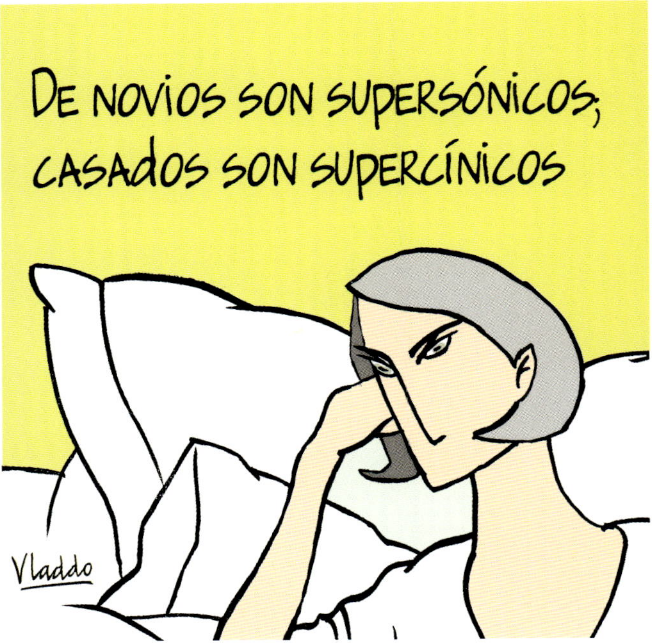
De novios son supersónicos;
casados son supercínicos
Vladdo

194

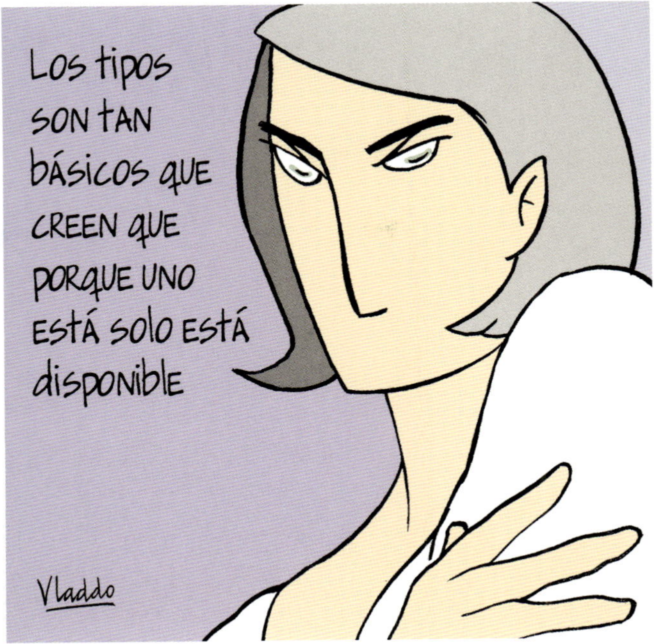
Los tipos son tan básicos que creen que porque uno está solo está disponible
Vladdo

196

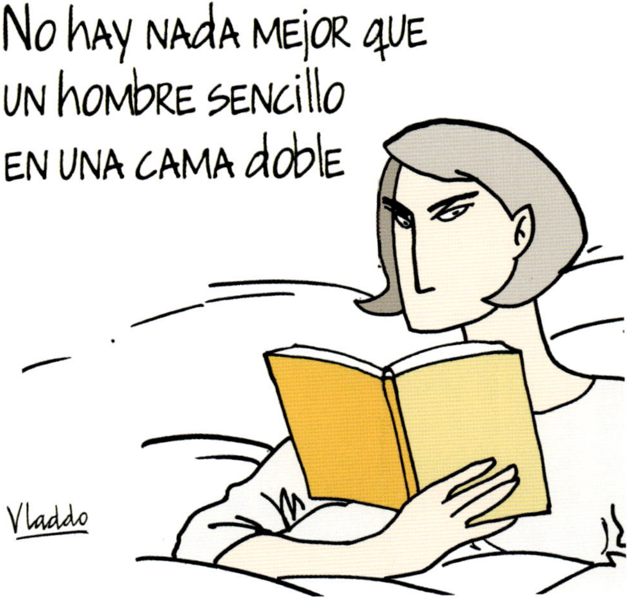
No hay nada mejor que
un hombre sencillo
en una cama doble
Vladdo

198

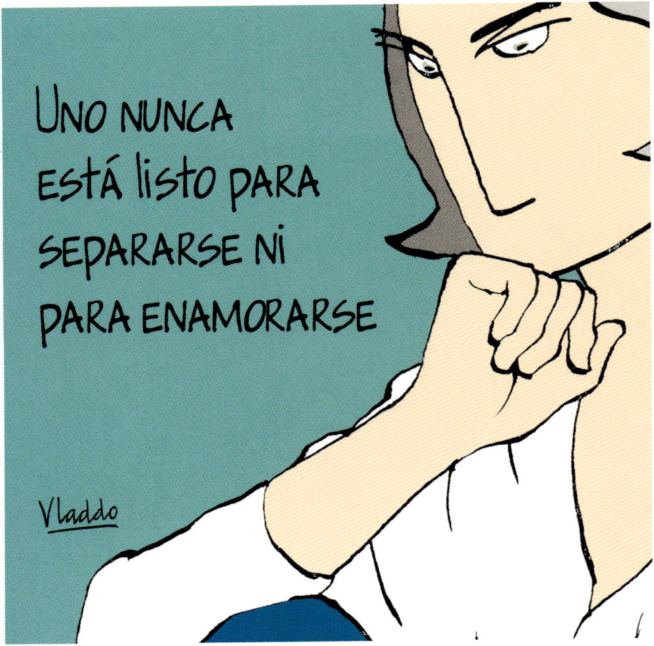
UNO NUNCA
ESTÁ listo PARA
SEPARARSE NI
PARA ENAMORARSE
Vladdo

200

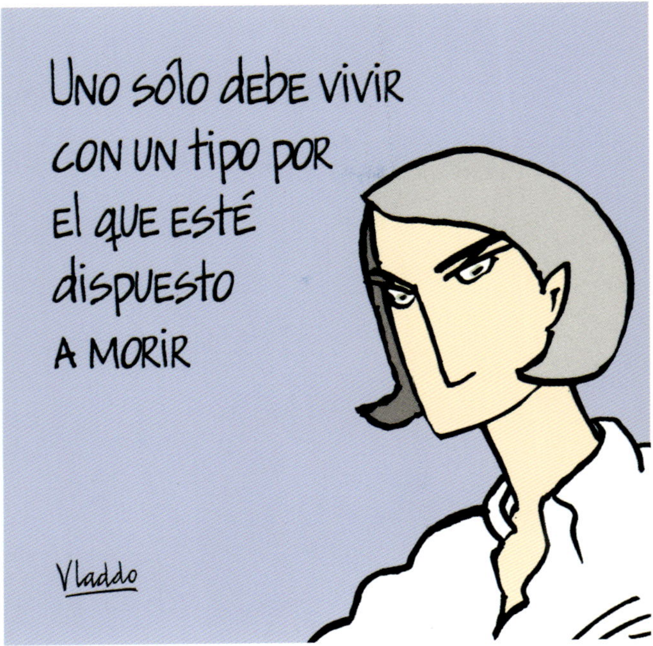
Uno sólo debe vivir con un tipo por el que esté dispuesto a morir
Vladdo

202

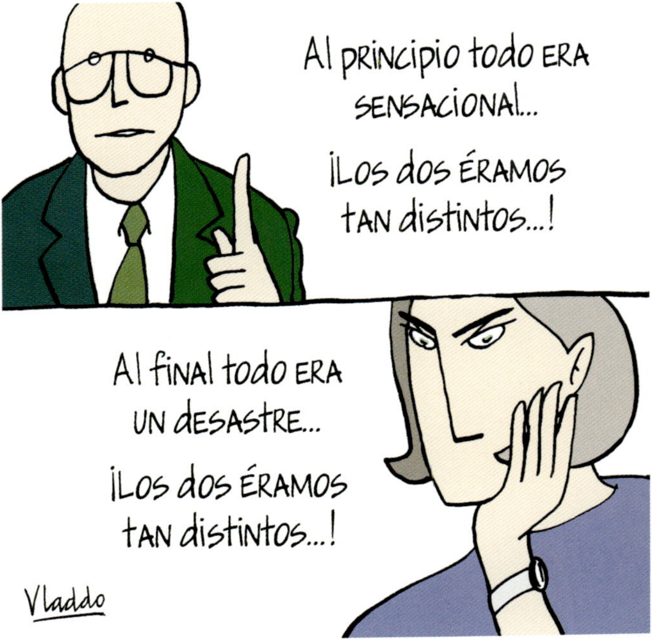
Al principio todo ERA SENSACIONAL...
¡Los dos ÉRAMOS TAN distintos...!
Al final todo ERA UN DESASTRE...
¡Los dos ÉRAMOS TAN distintos...!
Vladdo

204

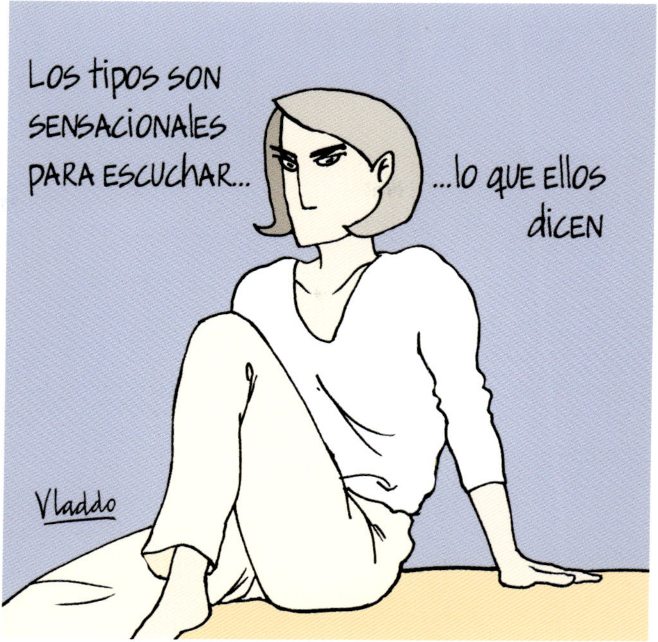
Los tipos son sensacionales para escuchar...
...lo que ellos dicen
Vladdo

206

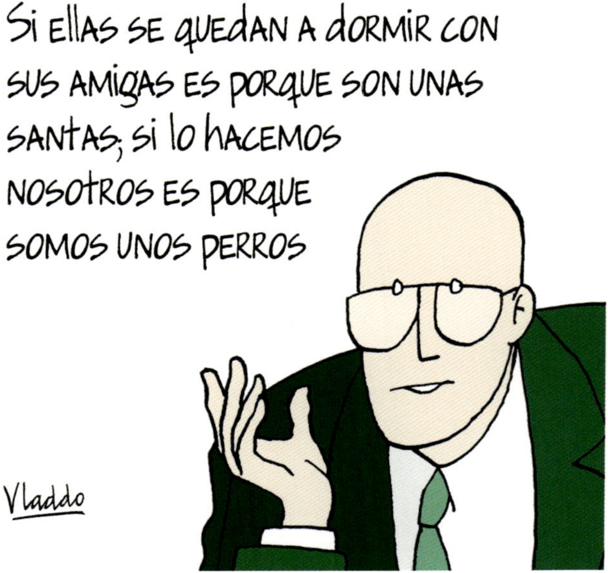
Si ellas se quedan a dormir con sus amigas es porque son unas santas; si lo hacemos nosotros es porque somos unos perros
Vladdo

208

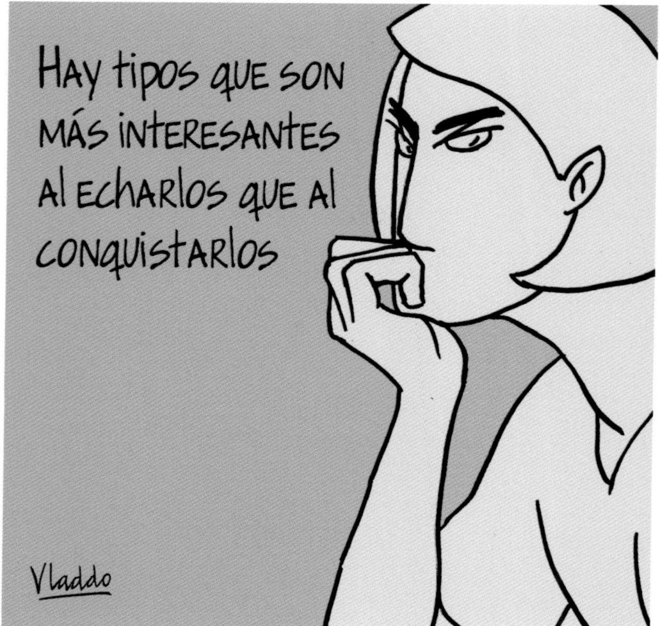
HAY tipos QUE SON MÁS INTERESANTES Al ECHARlos QUE Al CONQUISTARlos
Vladdo

210

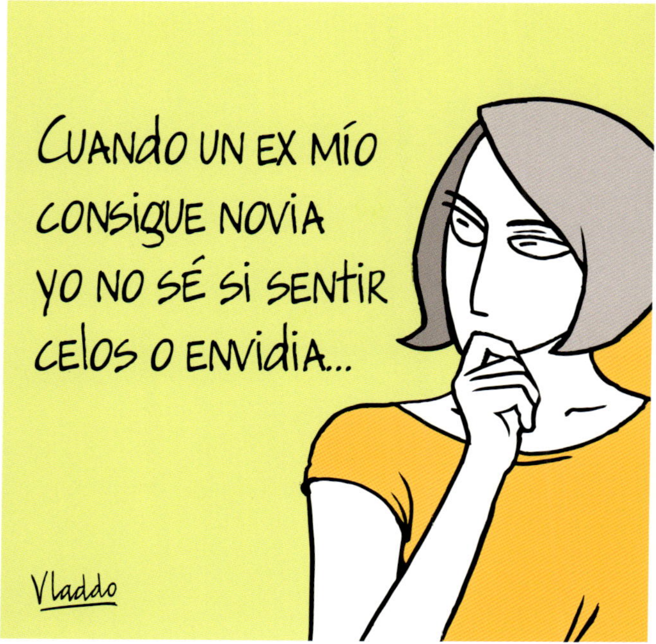
CUANDO UN EX MÍO CONSIGUE NOVIA YO NO SÉ SI SENTIR CELOS O ENVIDIA...
Vladdo

212

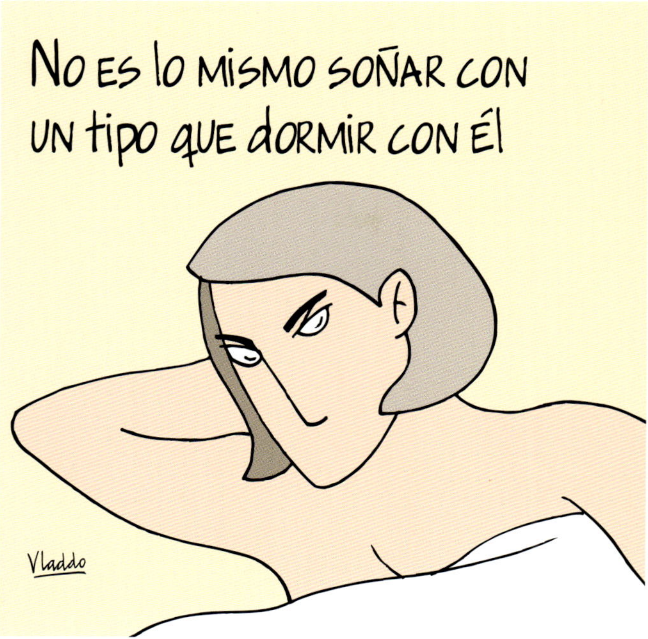
No es lo mismo soñar con
un tipo que dormir con él
Vladdo

214

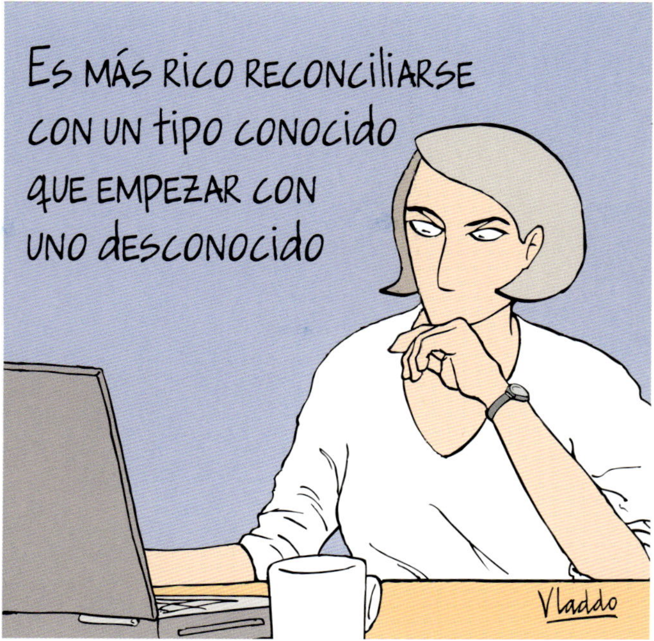
Es más rico reconciliarse con un tipo conocido que empezar con uno desconocido
Vladdo

216

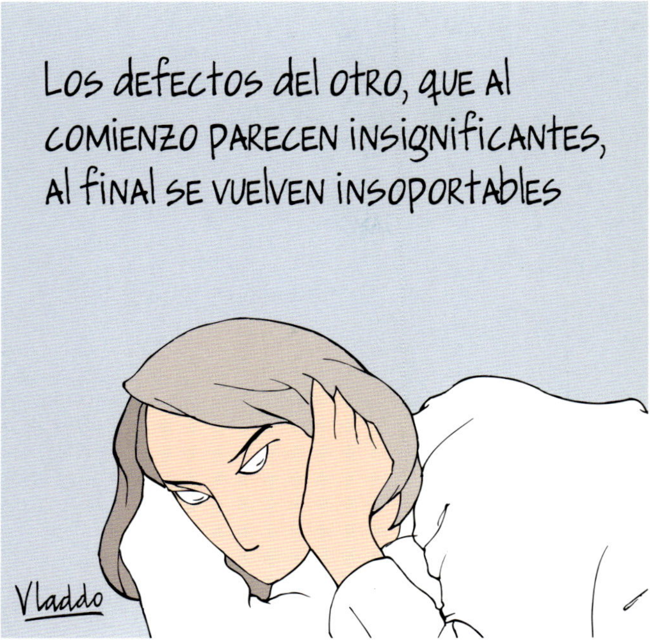
Los defectos del otro, que al comienzo parecen insignificantes, al final se vuelven insoportables
Vladdo

218

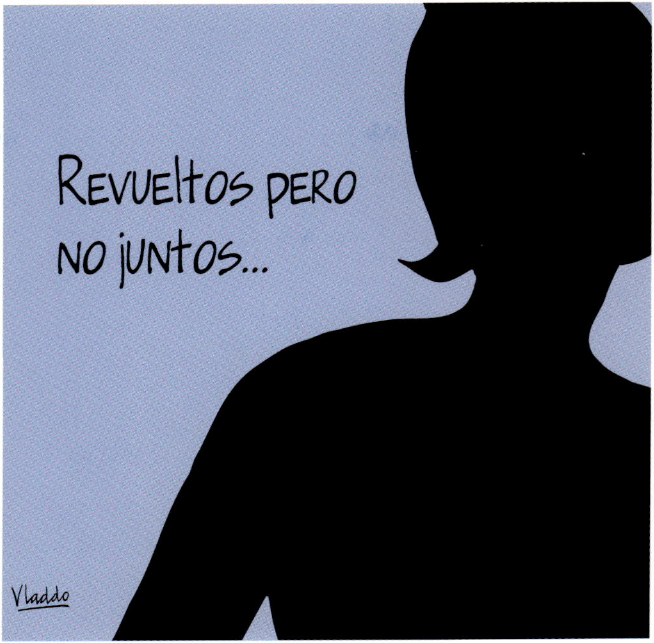
REVUELTOS PERO NO JUNTOS...
Vladdo

220

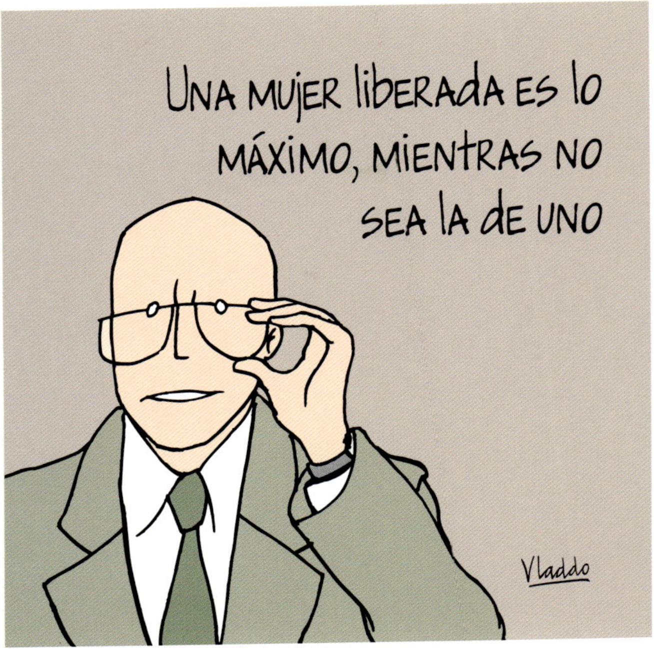
Una mujer liberada es lo máximo, mientras no sea la de uno
Vladdo

222

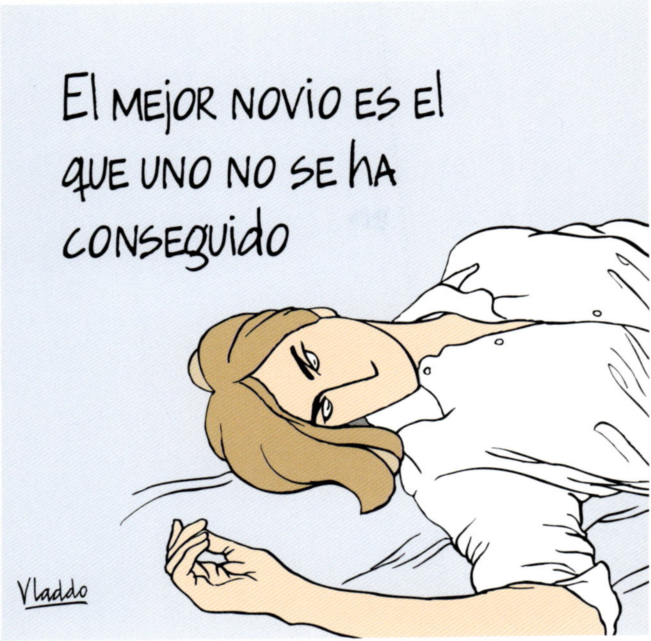
El mejor novio es el que uno no se ha conseguido
Vladdo

224

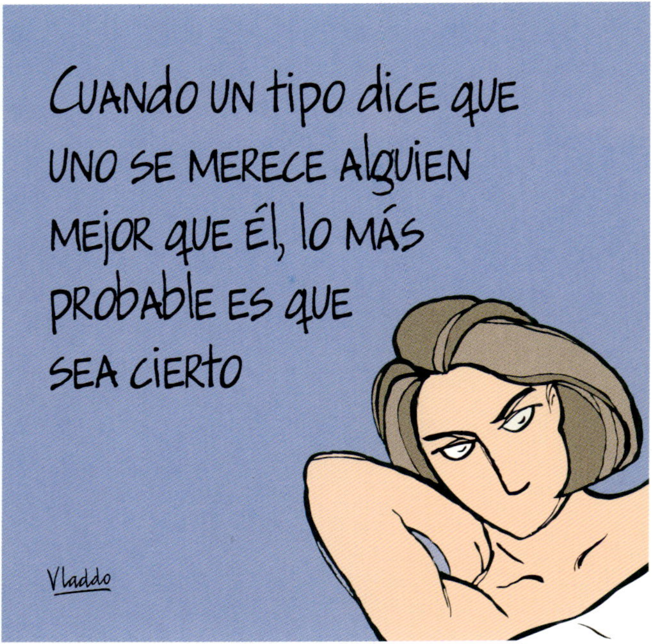
Cuando un tipo dice que uno se merece alguien mejor que él, lo más probable es que sea cierto
Vladdo

226

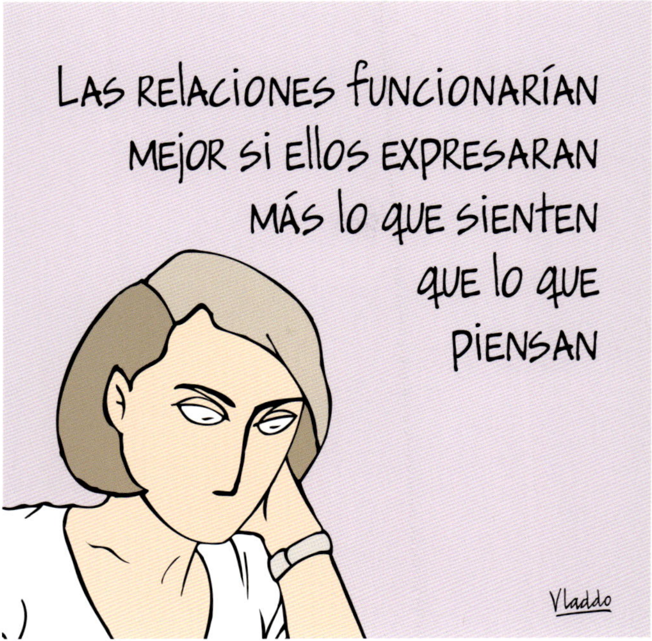
LAS RELACIONES FUNCIONARÍAN MEJOR SI ELLOS EXPRESARAN MÁS LO QUE SIENTEN QUE LO QUE PIENSAN
Vladdo

228

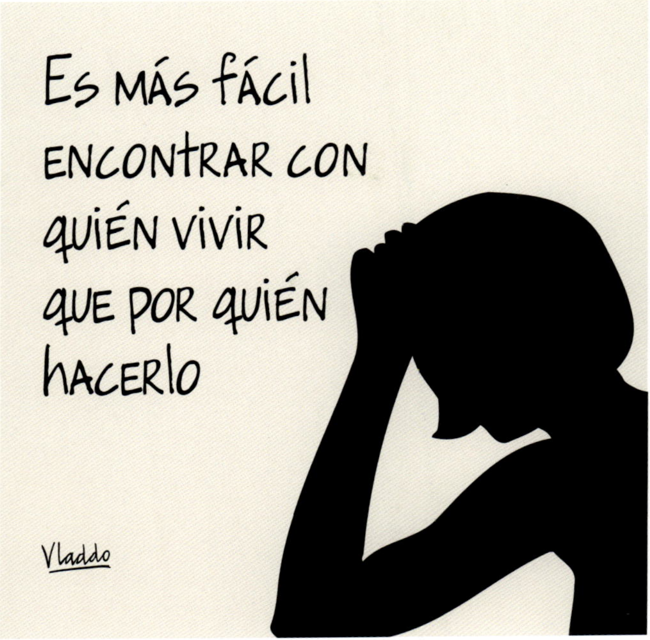
Es más fácil encontrar con quién vivir que por quién hacerlo
Vladdo

230

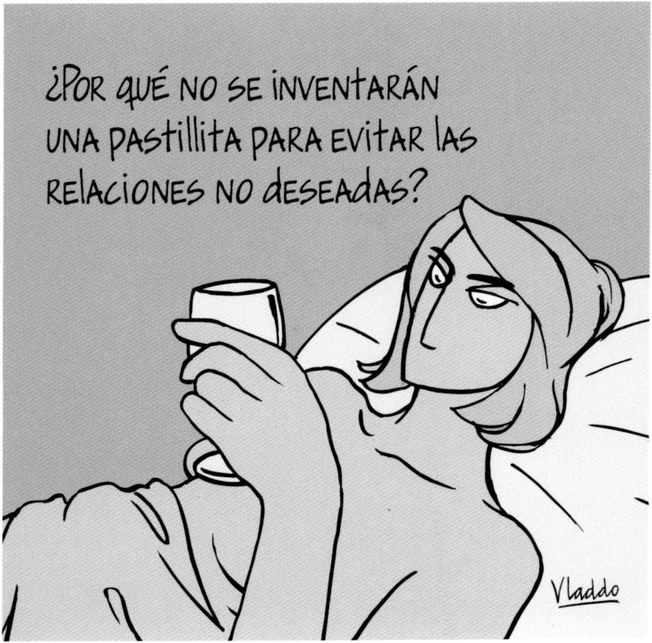
¿Por qué no se inventarán una pastillita para evitar las relaciones no deseadas?
Vladdo

232

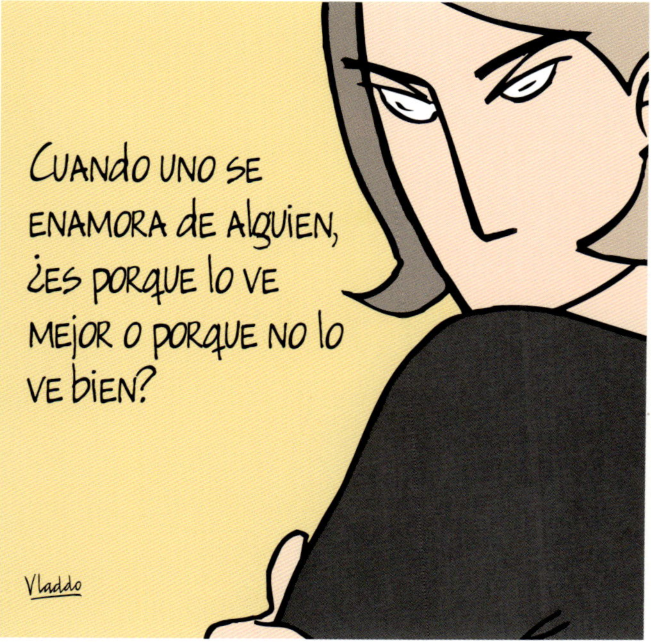
Cuando uno se enamora de alguien, ¿es porque lo ve mejor o porque no lo ve bien?
Vladdo

234

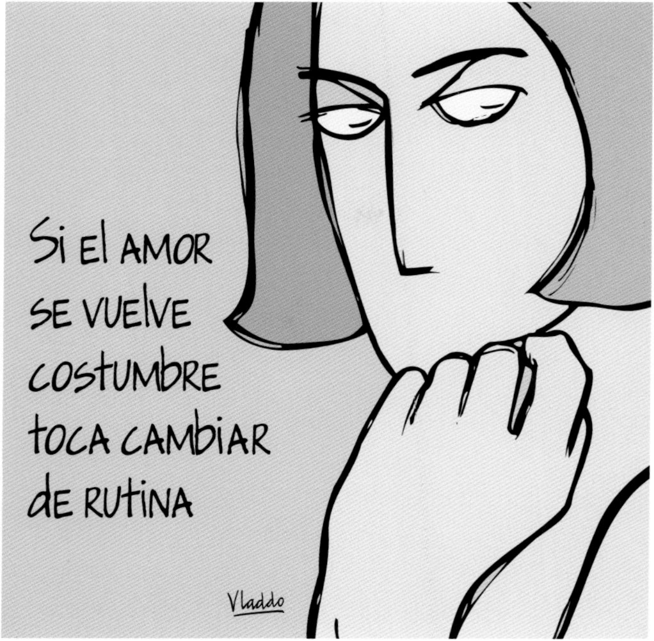
Si el AMOR
SE VUElVE
COStUMbRE
toCA CAMbiAR
dE RUtiNA
Vladdo

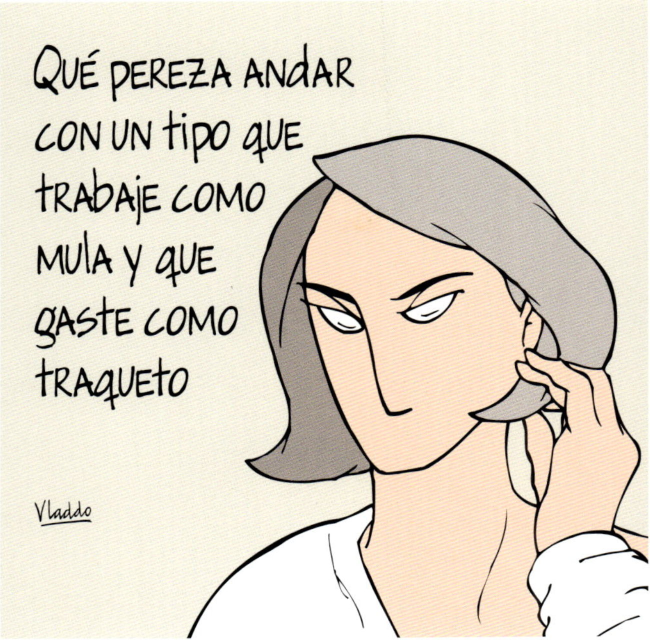
QUÉ PEREZA ANDAR CON UN tipo QUE TRABAJE COMO MULA Y QUE GASTE COMO TRAQUETO
Vladdo

238

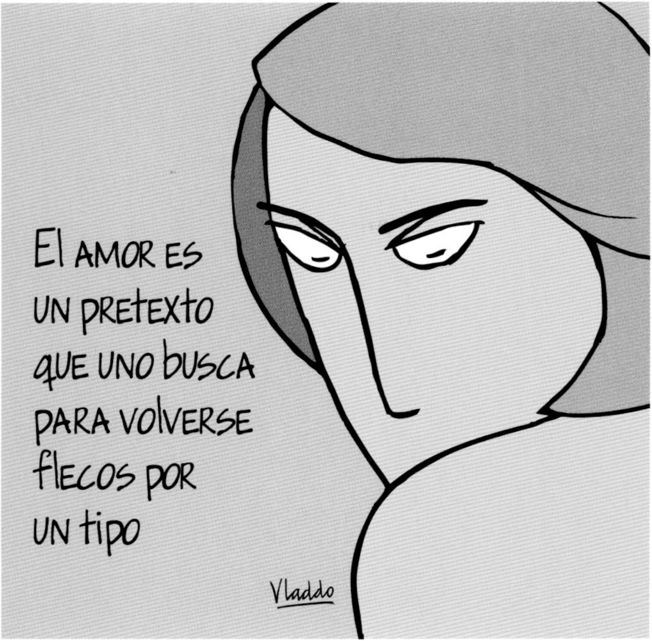
El AMOR ES
UN PRETEXTO
QUE UNO BUSCA
PARA VOLVERSE
flECOS POR
UN tipo
Vladdo

240

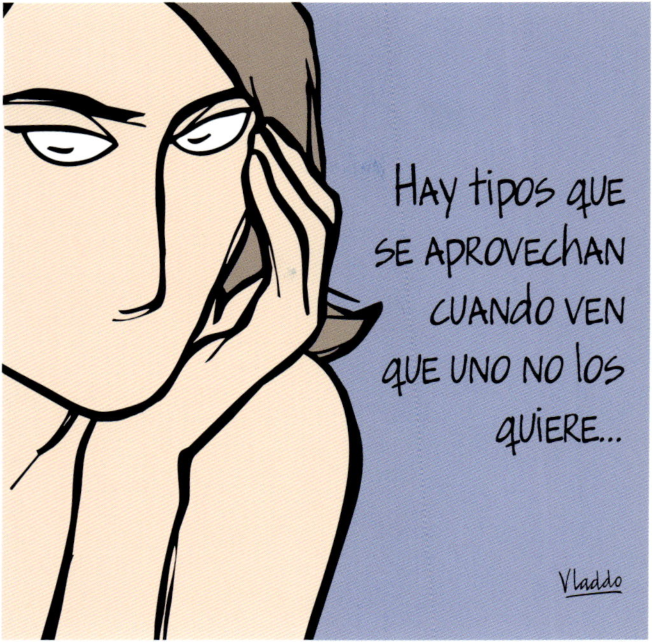
Hay tipos que se aprovechan cuando ven que uno no los quiere...
Vladdo

242

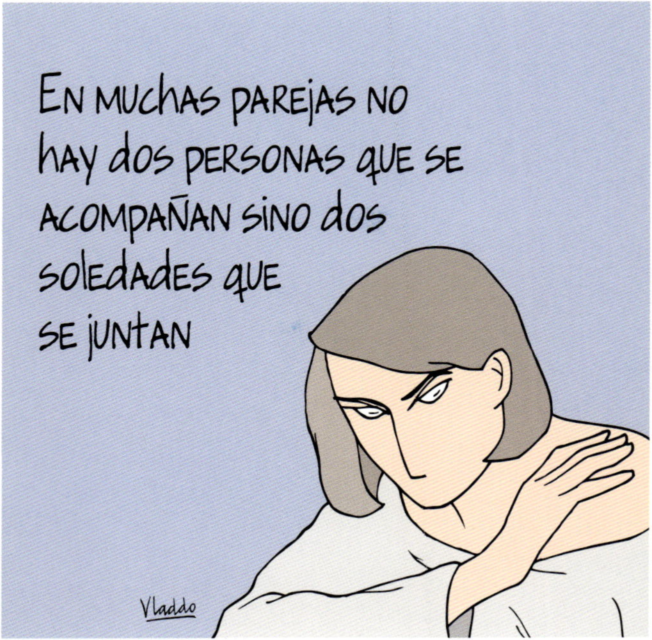

En muchas parejas no hay dos personas que se acompañan sino dos soledades que se juntan
Vladdo

244

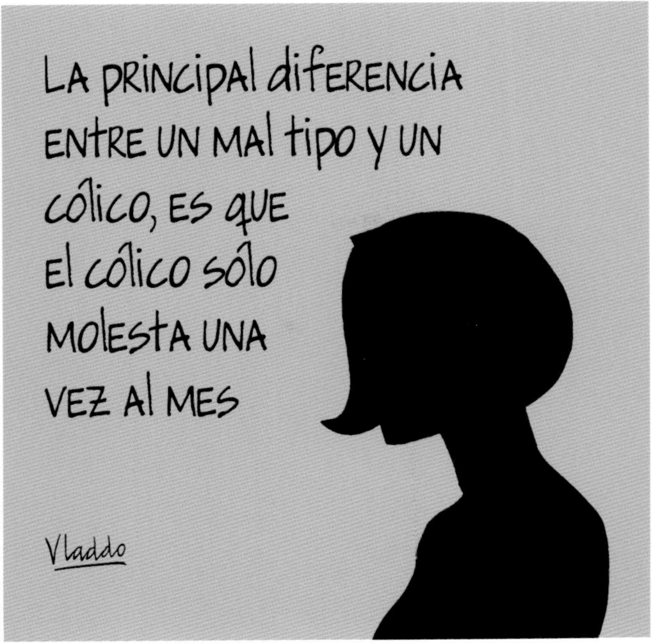
LA PRINCIPAL DIFERENCIA ENTRE UN MAL TIPO Y UN CÓLICO, ES QUE EL CÓLICO SÓLO MOLESTA UNA VEZ AL MES
Vladdo

246

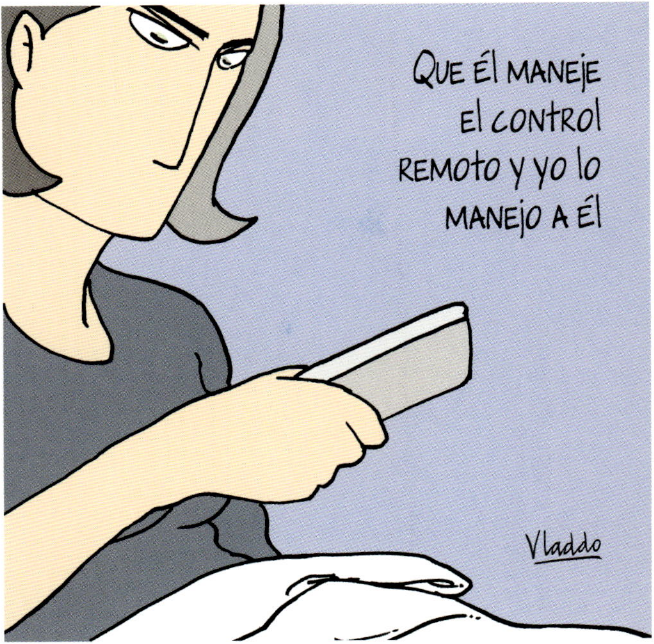
Que él maneje el control remoto y yo lo manejo a él
Vladdo

248

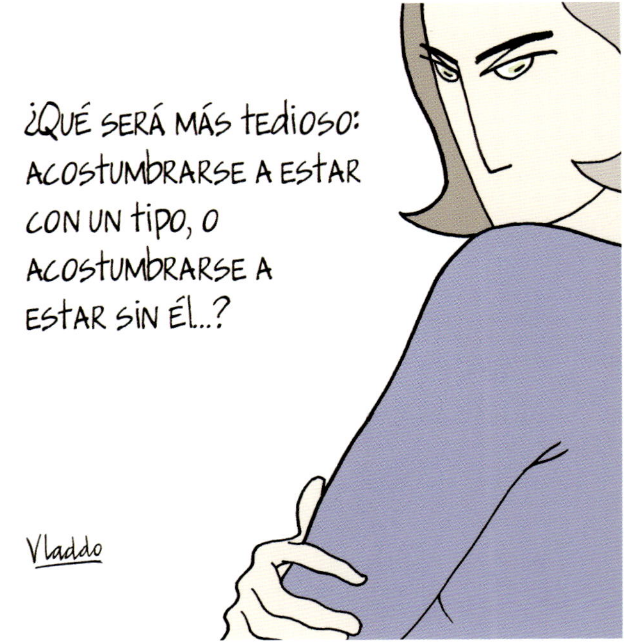
¿QUÉ SERÁ MÁS TEDIOSO: ACOSTUMBRARSE A ESTAR CON UN TIPO, O ACOSTUMBRARSE A ESTAR SIN ÉL...?
Vladdo

250

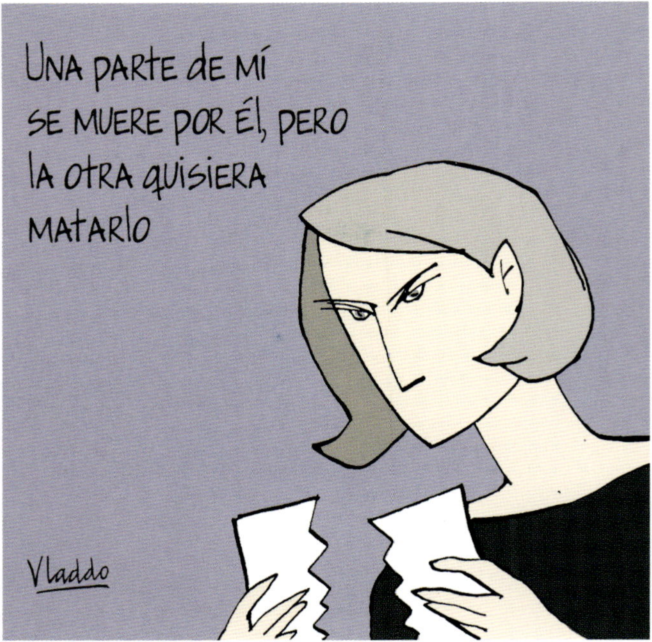
UNA PARTE DE MÍ SE MUERE POR ÉL, PERO LA OTRA QUISIERA MATARLO
Vladdo

252

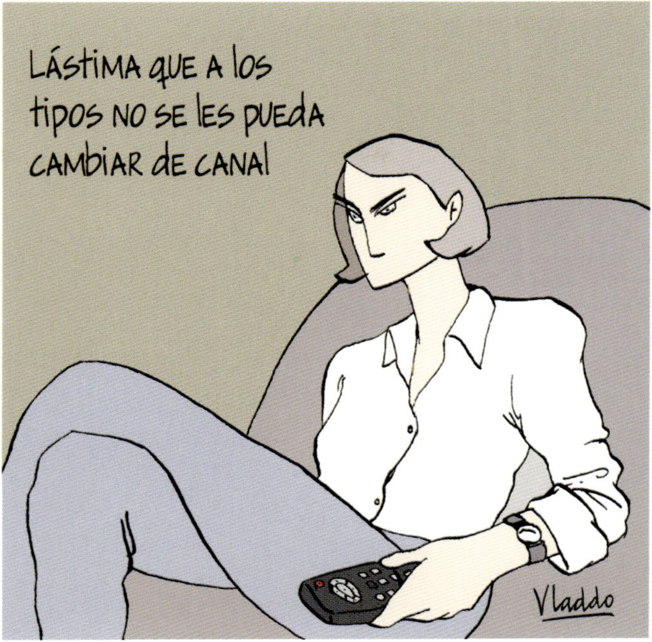
LÁSTIMA QUE A LOS TIPOS NO SE LES PUEDA CAMBIAR DE CANAL
Vladdo

254

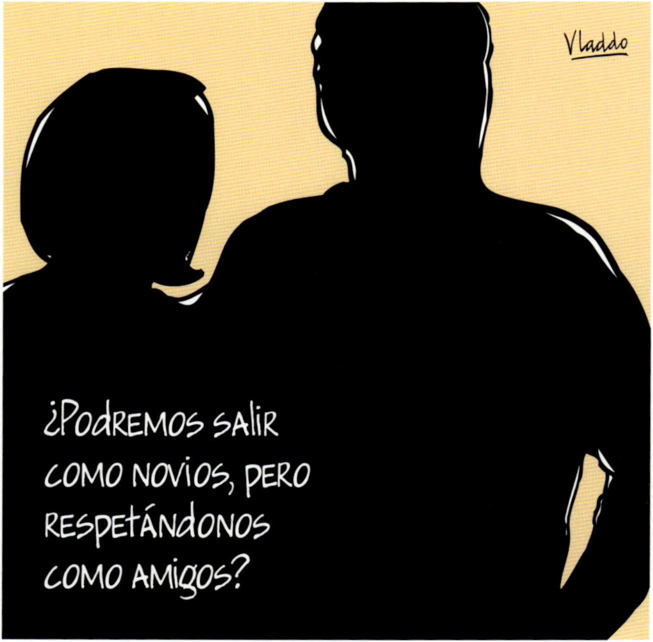
Vladdo
¿Podremos salir como novios, pero respetándonos como amigos?

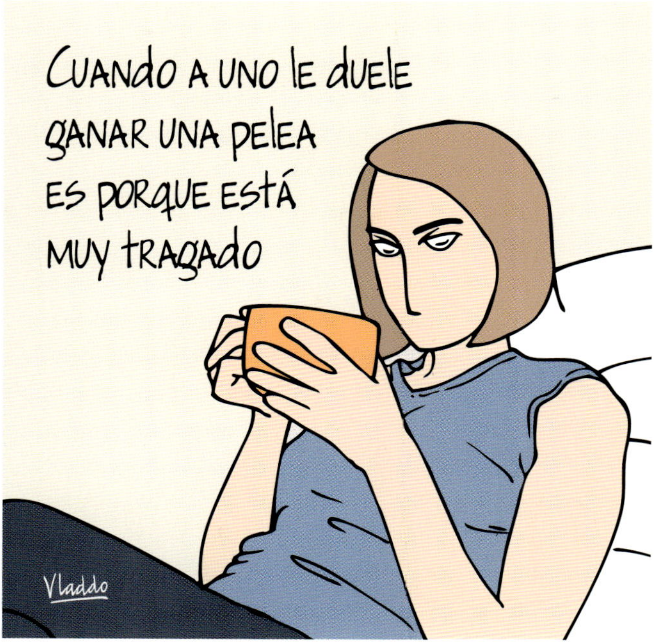
CUANDO A UNO LE DUELE
GANAR UNA PELEA
ES PORQUE ESTÁ
MUY TRAGADO
Vladdo

258

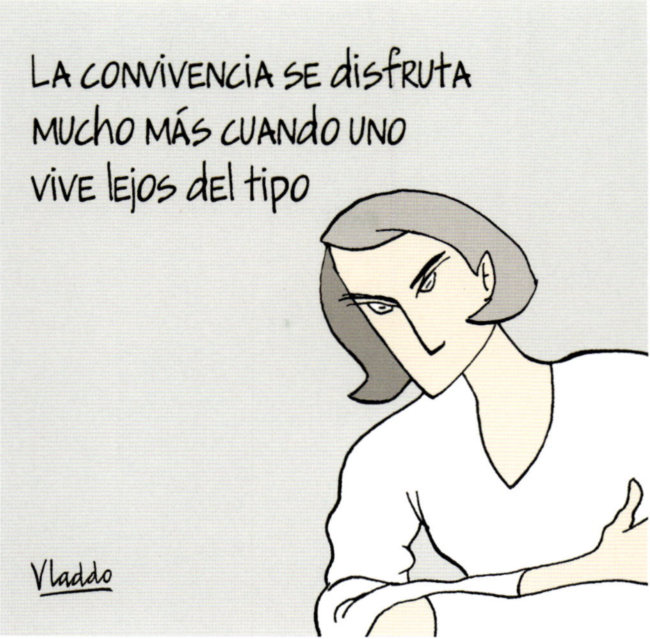
LA CONVIVENCIA SE disfruta MUCho MÁS CUANdo UNO VIVE lejos del tipo
Vladdo

260

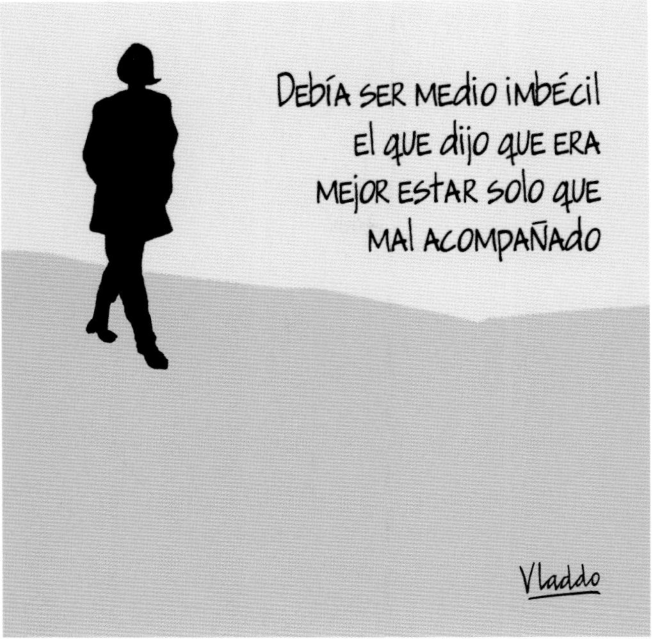
Debía ser medio imbécil el que dijo que era mejor estar solo que mal acompañado
Vladdo

262

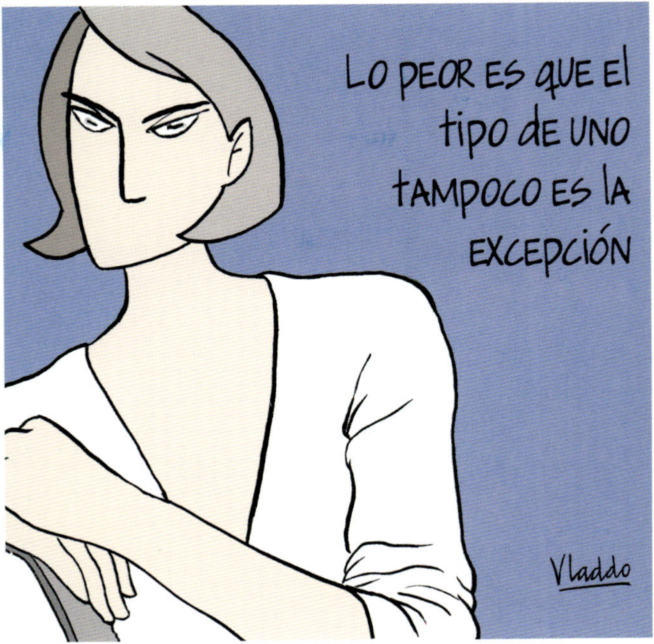
Lo peor es que el tipo de uno tampoco es la excepción
Vladdo

264

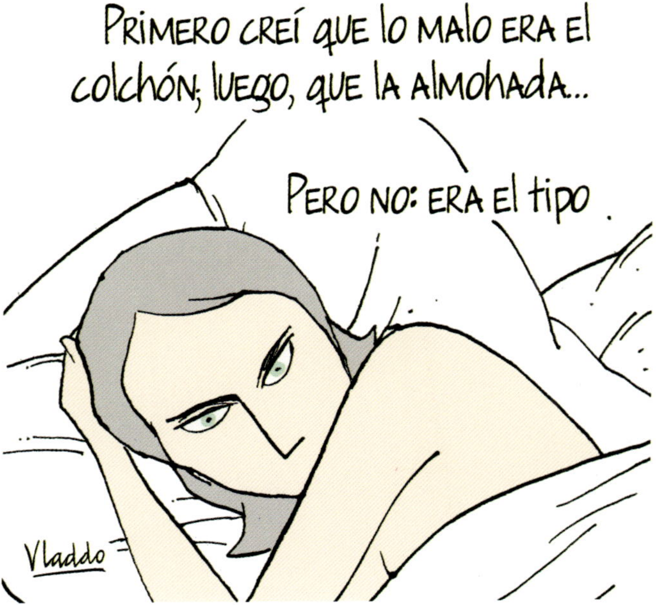
PRIMERO CREÍ QUE LO MALO ERA EL COLCHÓN; LUEGO, QUE LA ALMOHADA...
PERO NO: ERA EL TIPO.
Vladdo

266

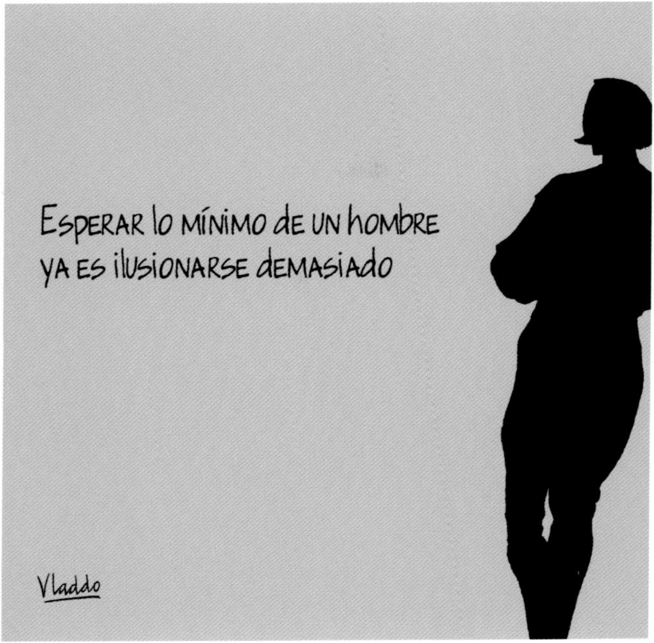
Esperar lo mínimo de un hombre
ya es ilusionarse demasiado
Vladdo

268

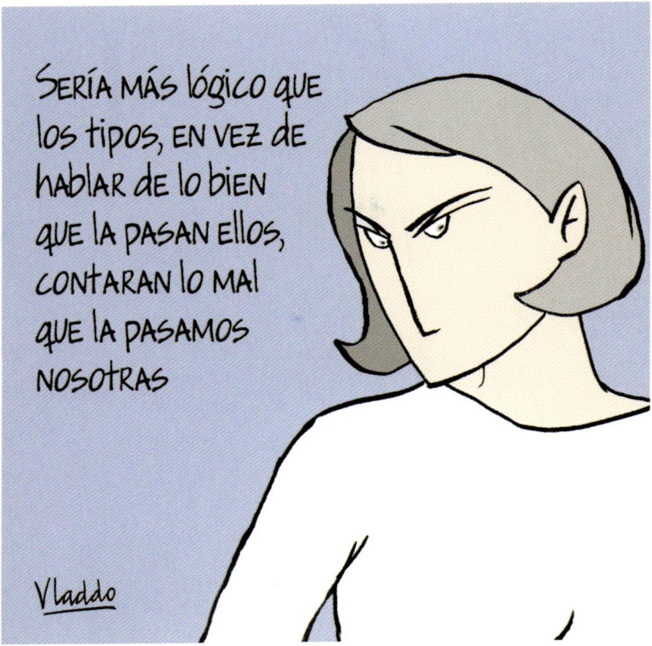
Sería más lógico que los tipos, en vez de hablar de lo bien que la pasan ellos, contaran lo mal que la pasamos nosotras
Vladdo

270

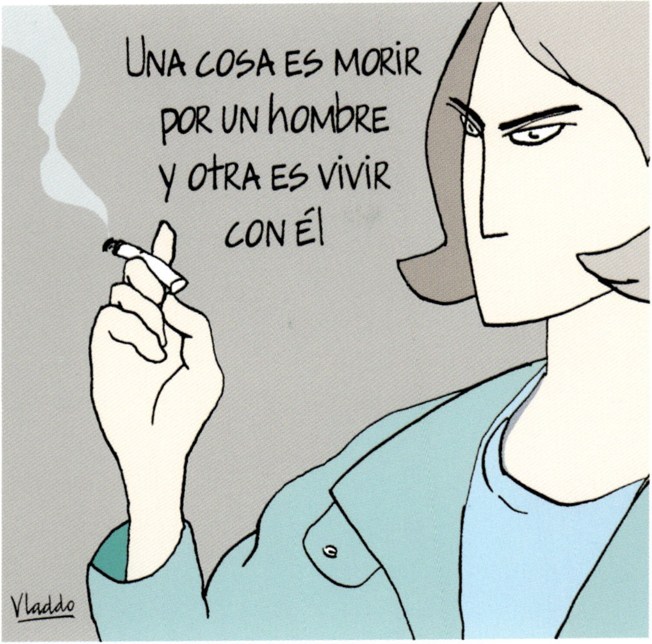
Una cosa es morir por un hombre y otra es vivir con él
Vladdo

272

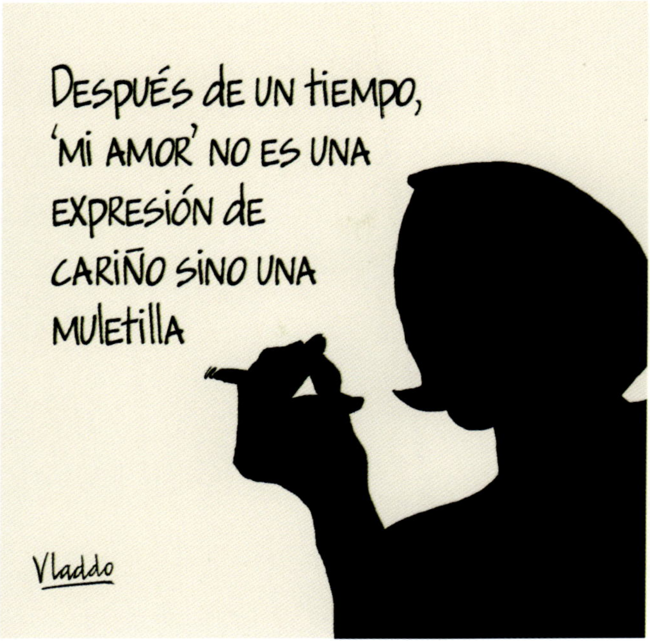
DESPUÉS DE UN TIEMPO, 'MI AMOR' NO ES UNA EXPRESIÓN DE CARIÑO SINO UNA MULETILLA
Vladdo

274

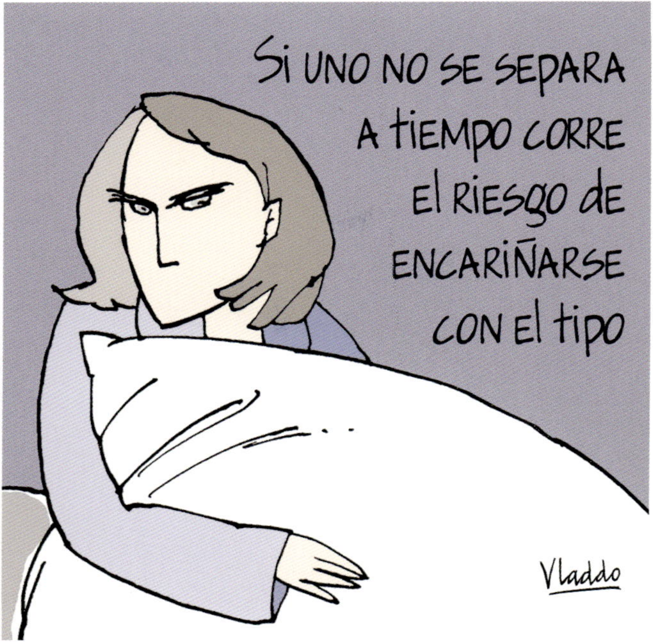
Si UNO NO SE SEPARA A tiEMPO CORRE El RiESgO dE ENCARIÑARSE CON El tipo
Vladdo

276

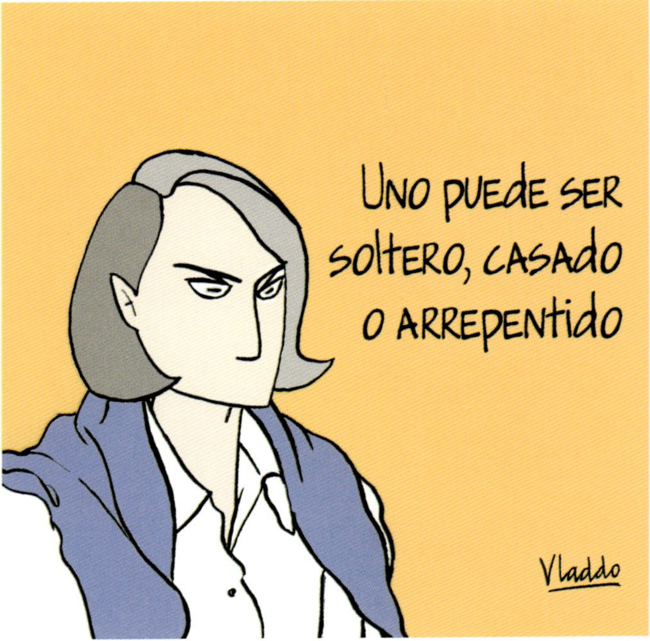
UNO PUEDE SER SOLTERO, CASADO O ARREPENTIDO
Vladdo

278

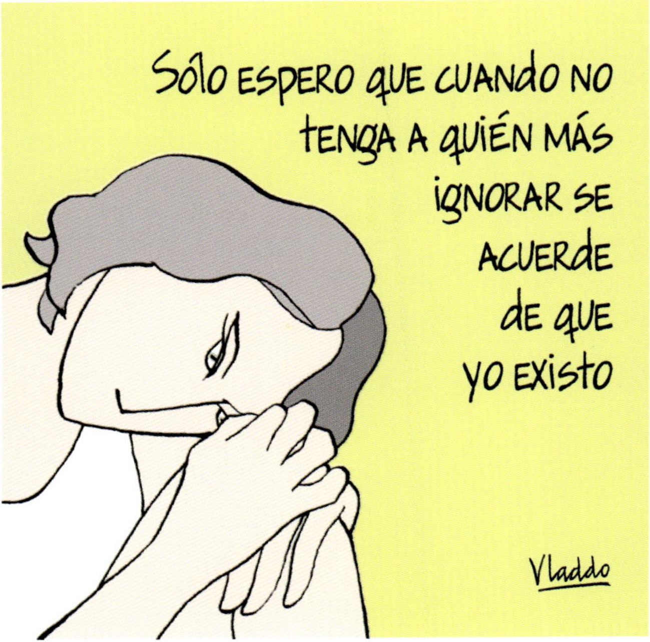
Sólo espero que cuando no tenga a quién más ignorar se acuerde de que yo existo
Vladdo

280

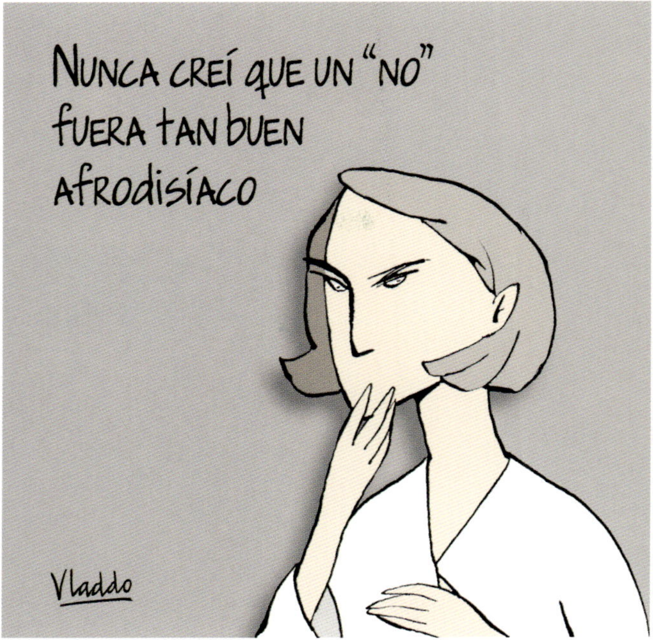
Nunca creí que un "no" fuera tan buen afrodisíaco
Vladdo

282

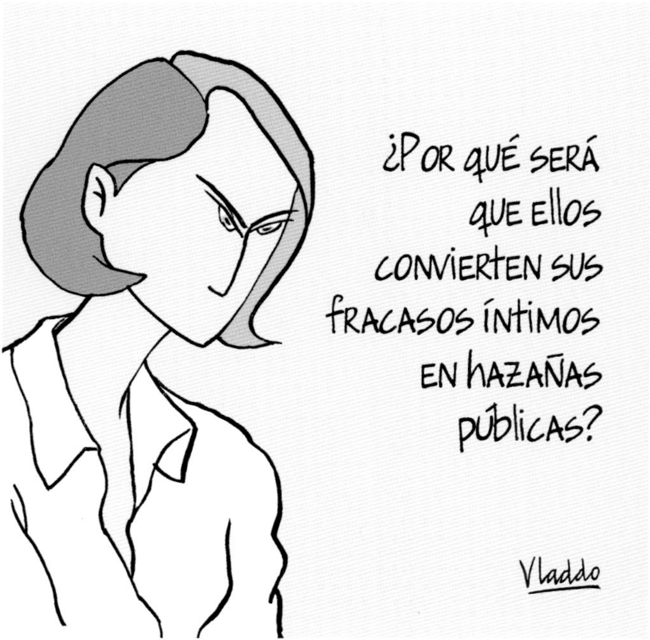
¿POR QUÉ SERÁ QUE ELLOS CONVIERTEN SUS FRACASOS ÍNTIMOS EN HAZAÑAS PÚBLICAS?
Vladdo

284

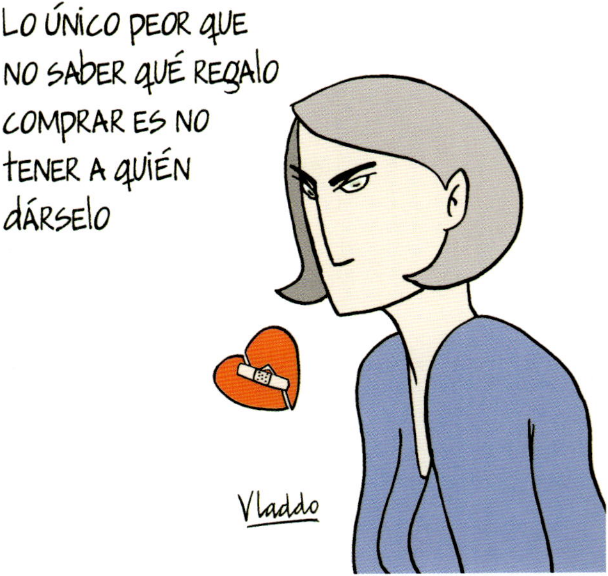
LO ÚNICO PEOR QUE NO SABER QUÉ REGALO COMPRAR ES NO TENER A QUIÉN DÁRSELO
Vladdo

286

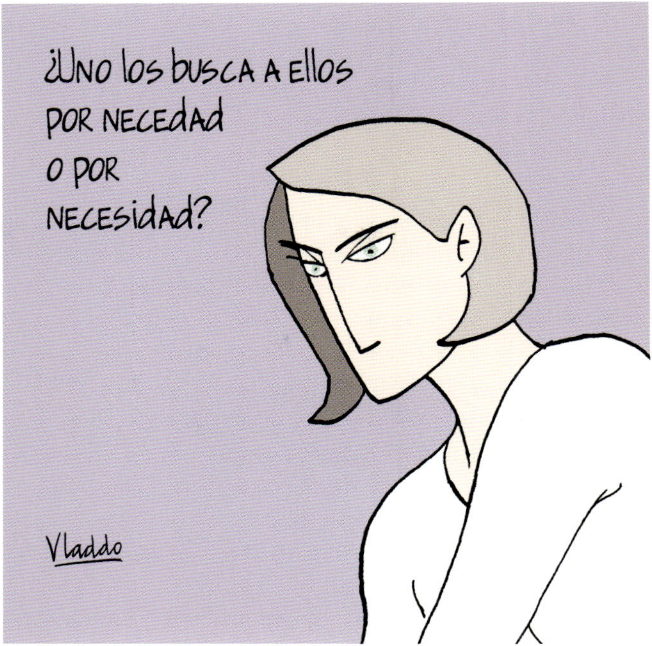
¿Uno los busca a ellos
por necedad
o por
necesidad?
Vladdo

288

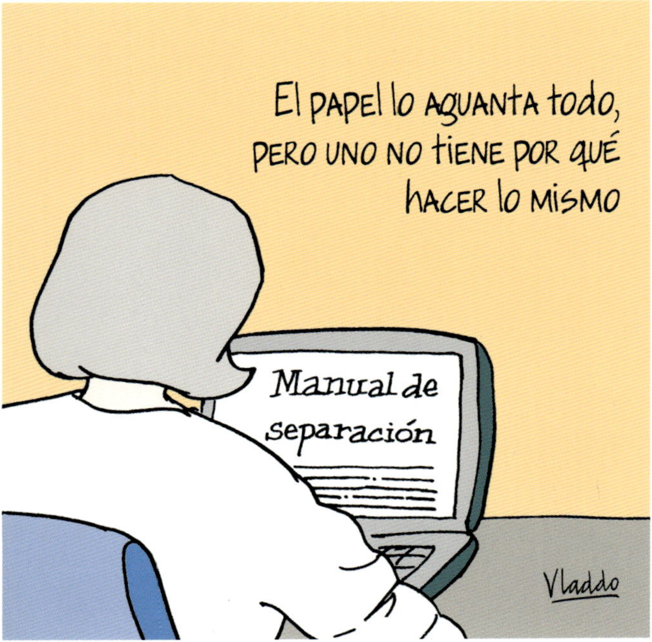
El papel lo aguanta todo, pero uno no tiene por qué hacer lo mismo
Manual de separación
Vladdo

290

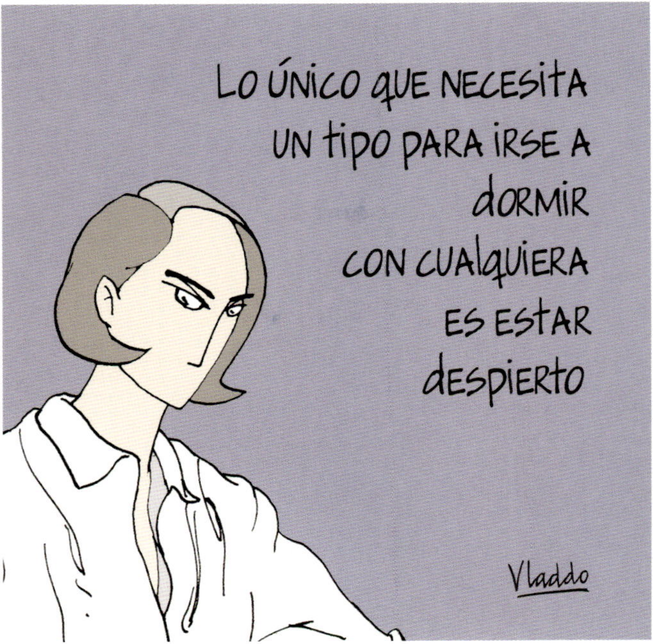
LO ÚNICO QUE NECESITA
UN tipo PARA IRSE A
dORMIR
CON CUAlQUIERA
ES EStAR
dESPIERto
Vladdo

292

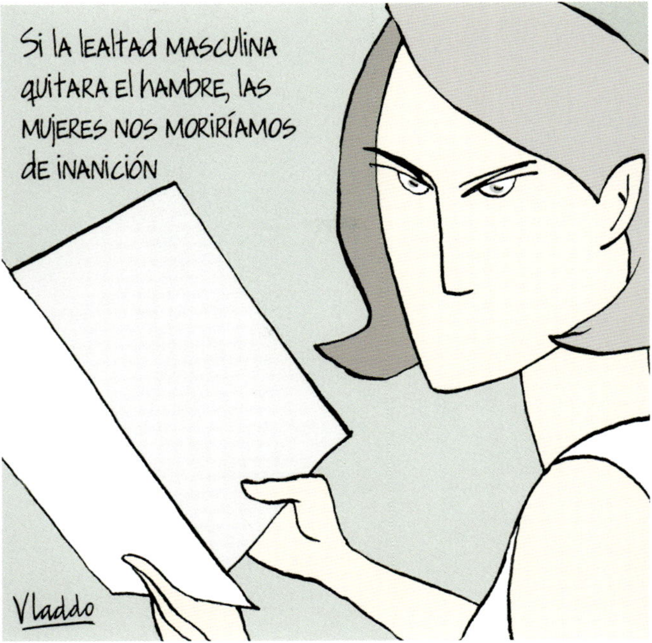
Si la lealtad masculina quitara el hambre, las mujeres nos moriríamos de inanición
Vladdo

294

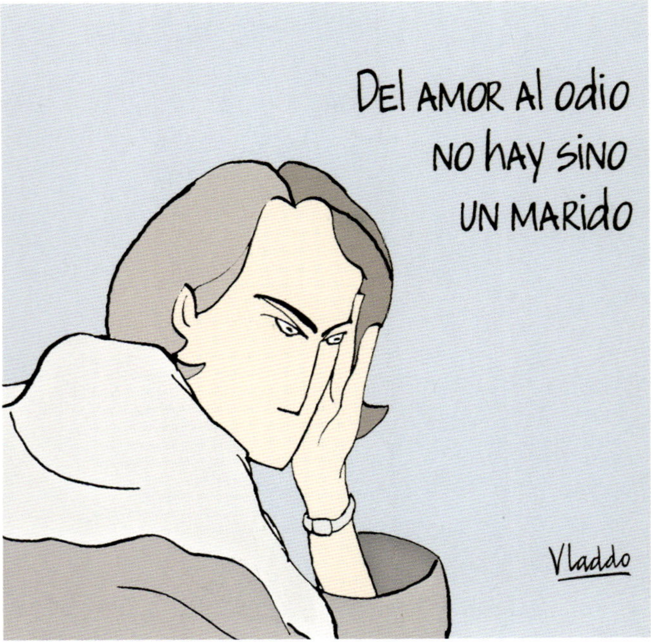
Del amor al odio
no hay sino
un marido
Vladdo

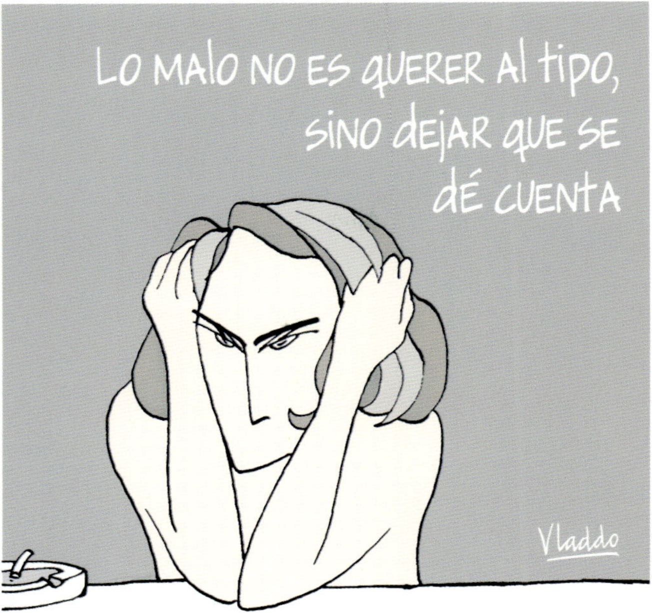
LO MALO NO ES QUERER Al tipo,
sino dejAR QUE SE
dÉ CUENTA
Vladdo

298

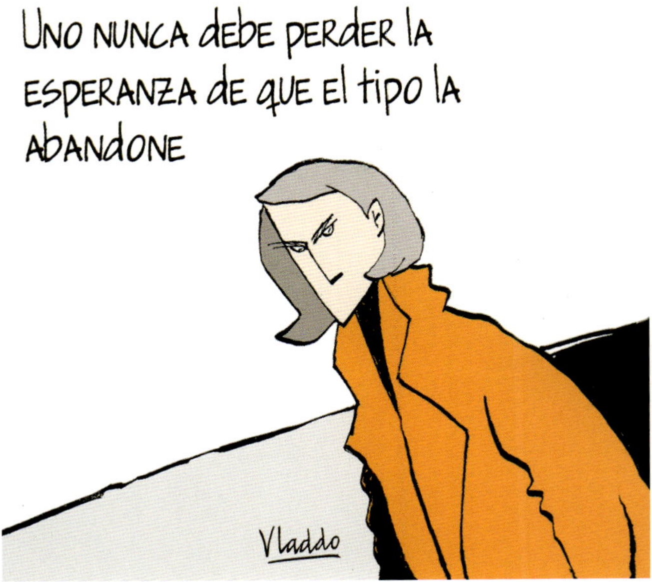
Uno nunca debe perder la esperanza de que el tipo la abandone
Vladdo

300

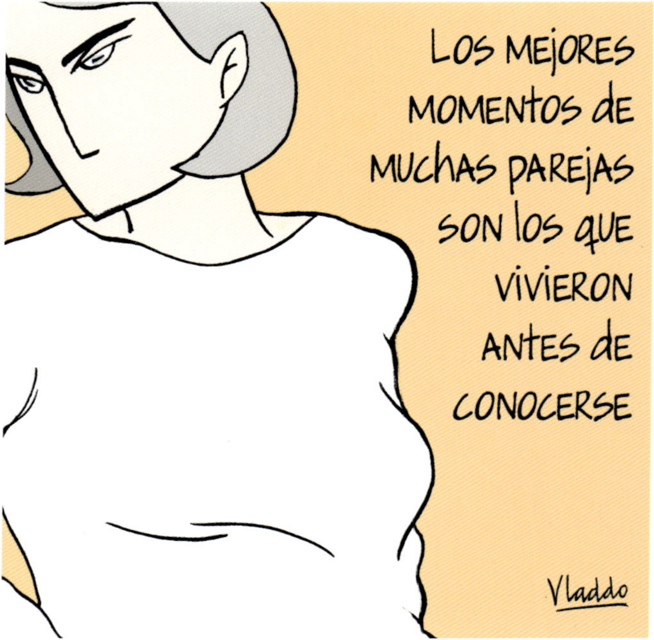
LOS MEJORES MOMENTOS DE MUCHAS PAREJAS SON LOS QUE VIVIERON ANTES DE CONOCERSE
Vladdo

302

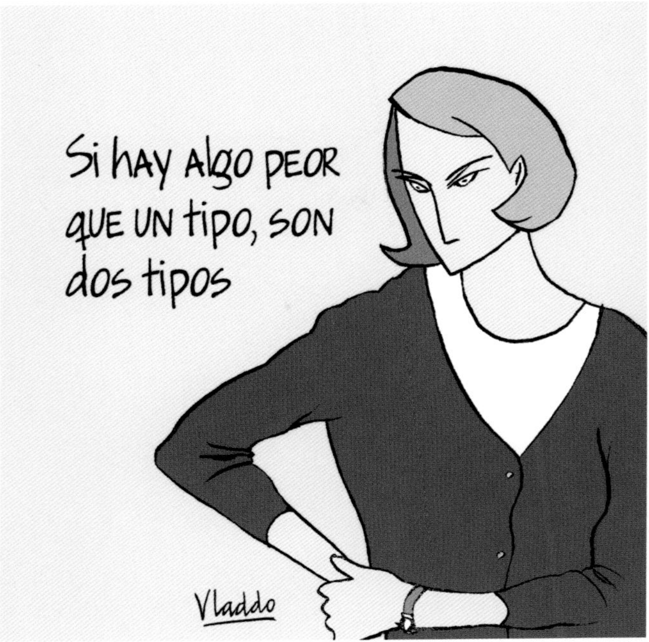
Si hay algo peor que un tipo, son dos tipos
Vladdo

304

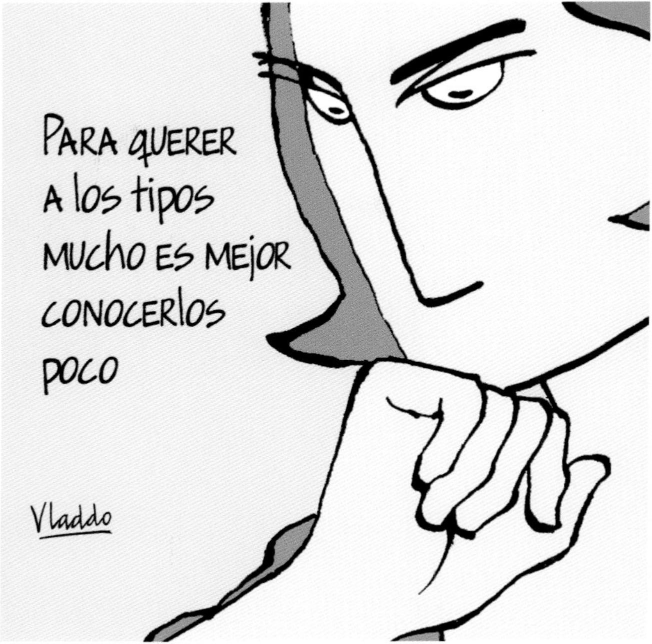
PARA QUERER
A los tipos
MUCho ES MEjOR
CONOCERlos
poco
Vladdo

306

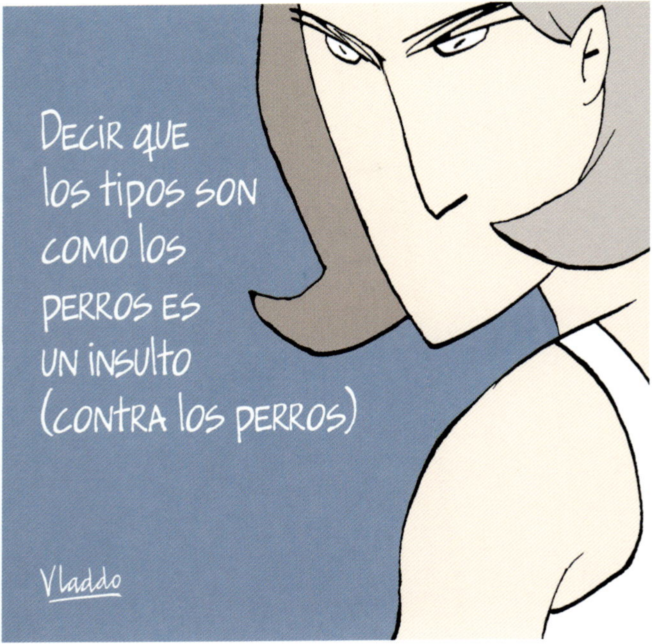
Decir que
los tipos son
como los
perros es
un insulto
(contra los perros)
Vladdo

308

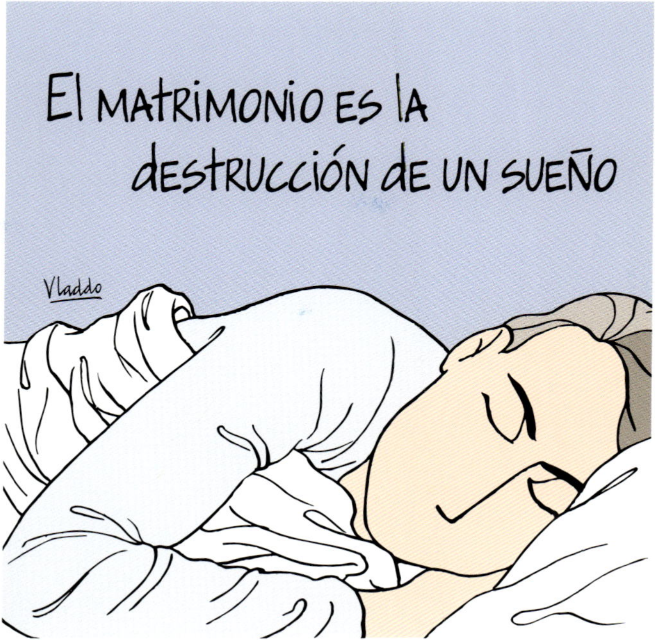
El matrimonio es la destrucción de un sueño
Vladdo

310

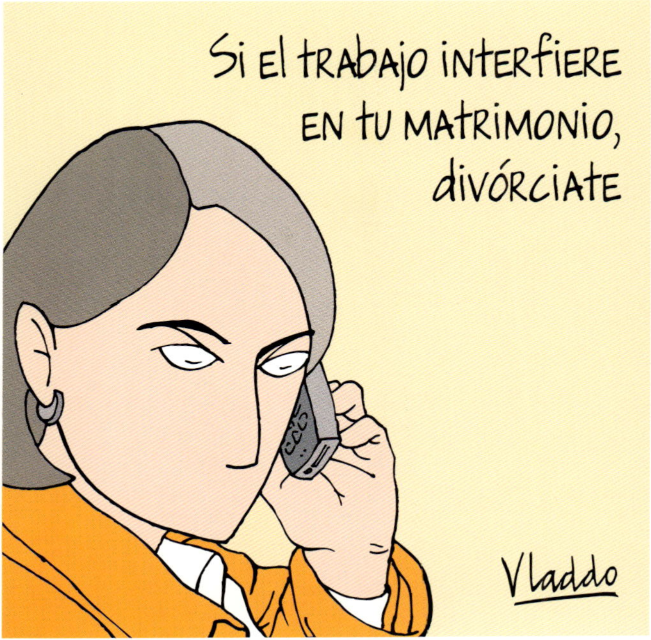
Si el trabajo interfiere
en tu matrimonio,
divórciate
Vladdo

312

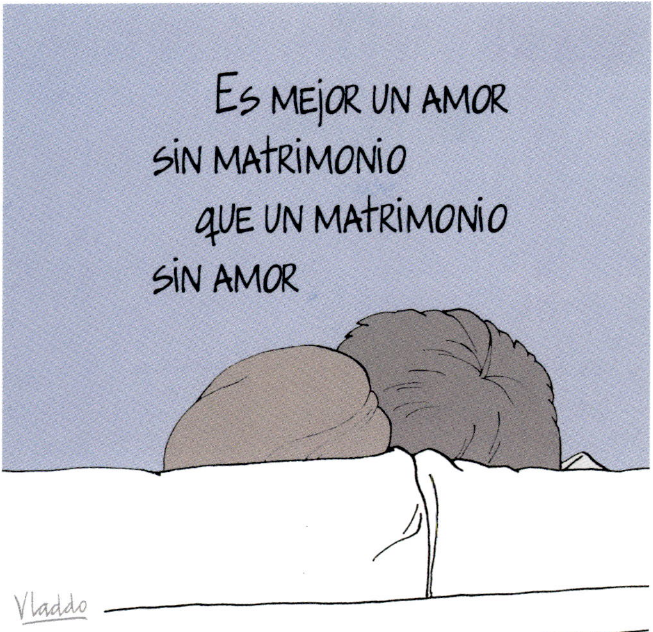
Es mejor un amor
sin matrimonio
que un matrimonio
sin amor
Vladdo

314

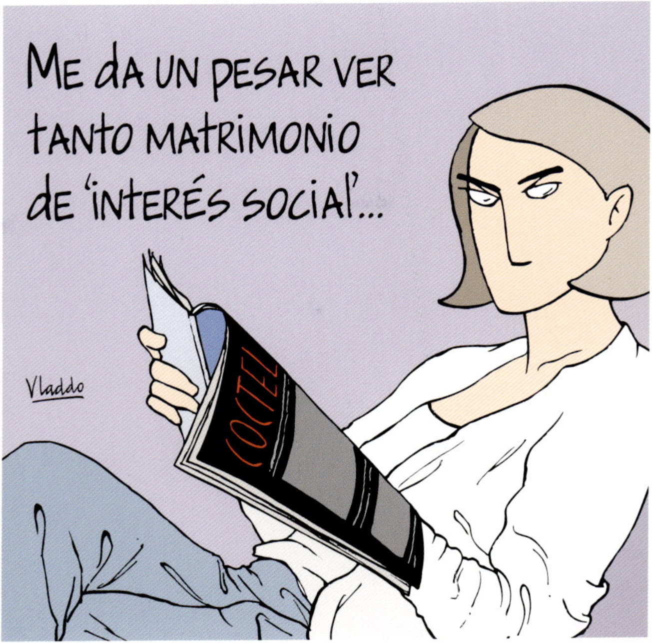
ME dA UN PESAR VER
tANtO MAtRiMONiO
dE 'iNtERÉS SOCiAL'...
Vladdo
COCTEL

316

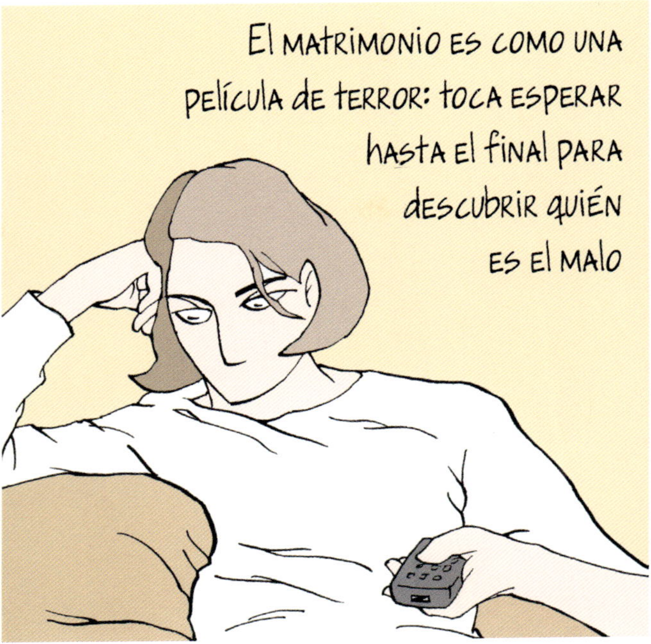
El matrimonio es como una película de terror: toca esperar hasta el final para descubrir quién es el malo

318

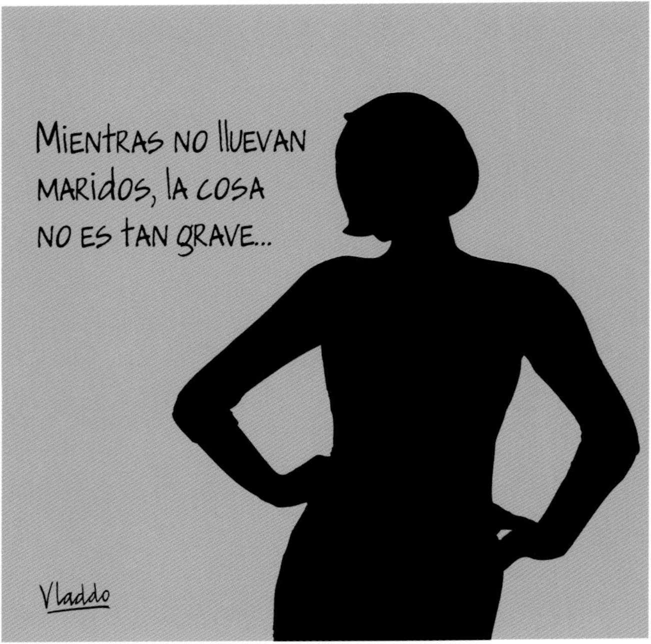
Mientras no lluevan maridos, la cosa no es tan grave...
Vladdo

320

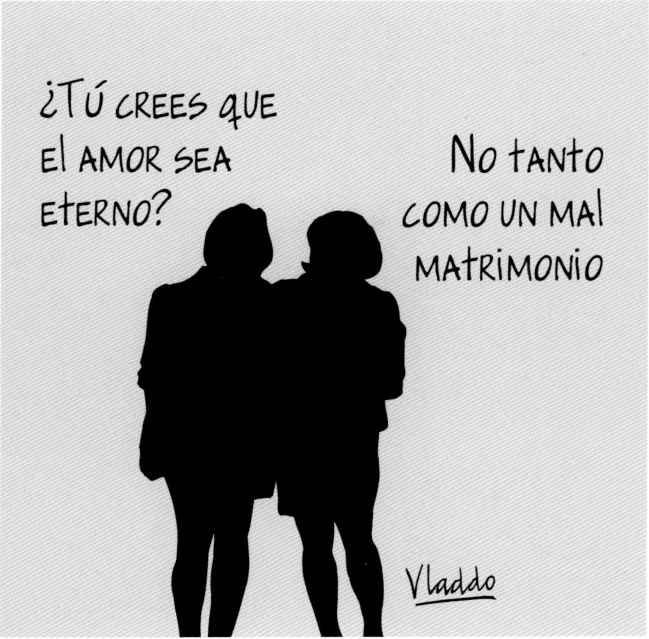
¿TÚ CREES QUE EL AMOR SEA ETERNO?
No tanto COMO UN MAL MATRIMONIO
Vladdo

322

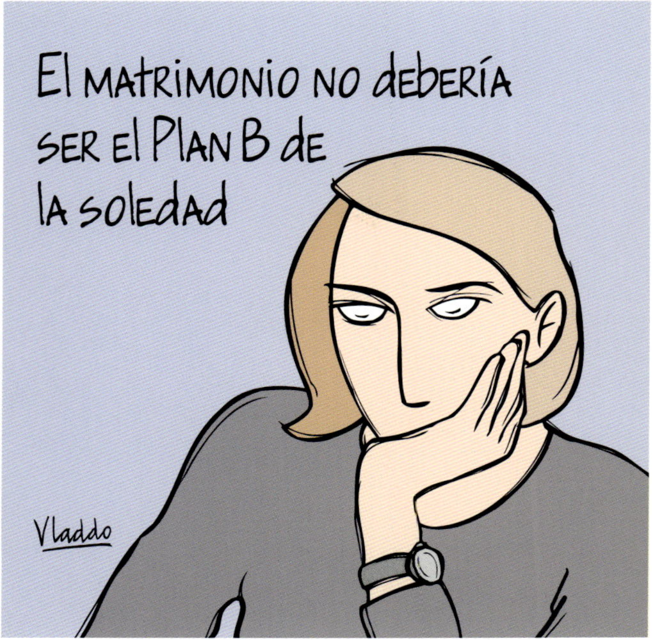
El matrimonio no debería ser el Plan B de la soledad
Vladdo

324

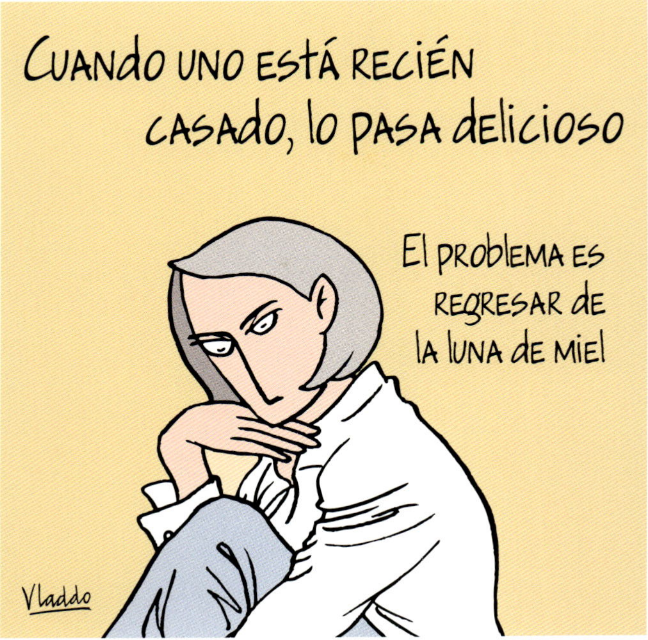
CUANDO UNO ESTÁ RECIÉN CASADO, lo PASA delicioso
El PROBLEMA ES REGRESAR DE lA lUNA DE MIEl
Vladdo

326

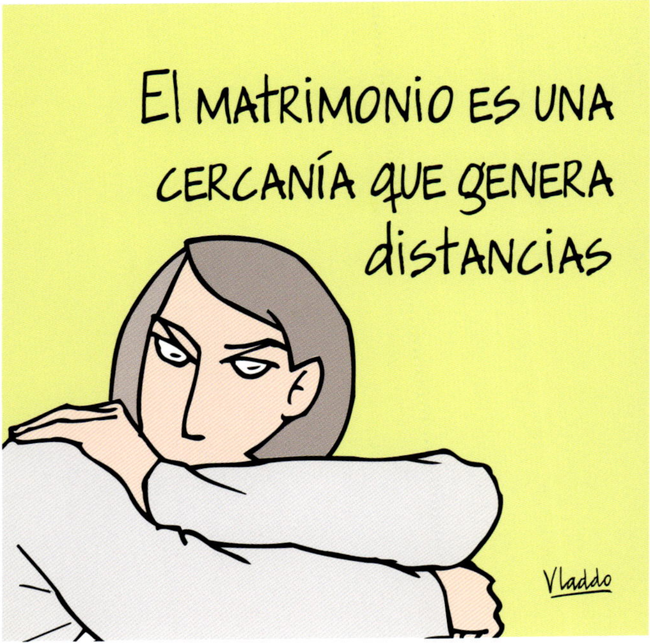
El matrimonio es una cercanía que genera distancias
Vladdo

328

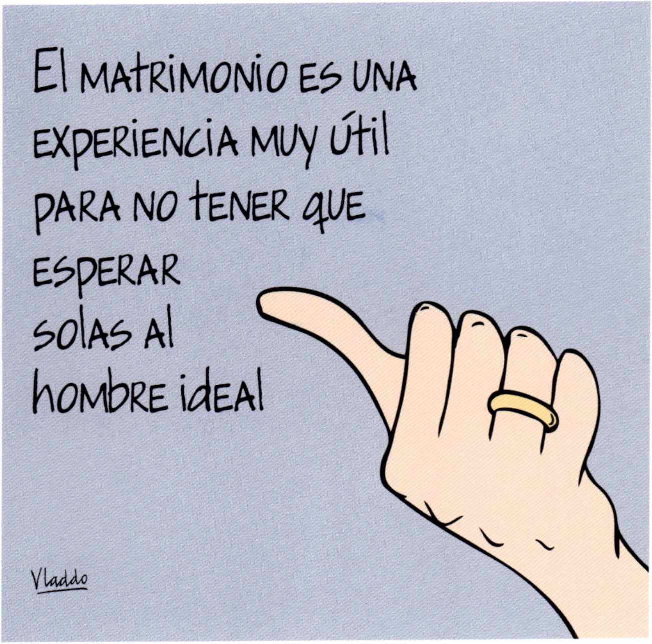
El matrimonio es una experiencia muy útil para no tener que esperar solas al hombre ideal
Vladdo

330

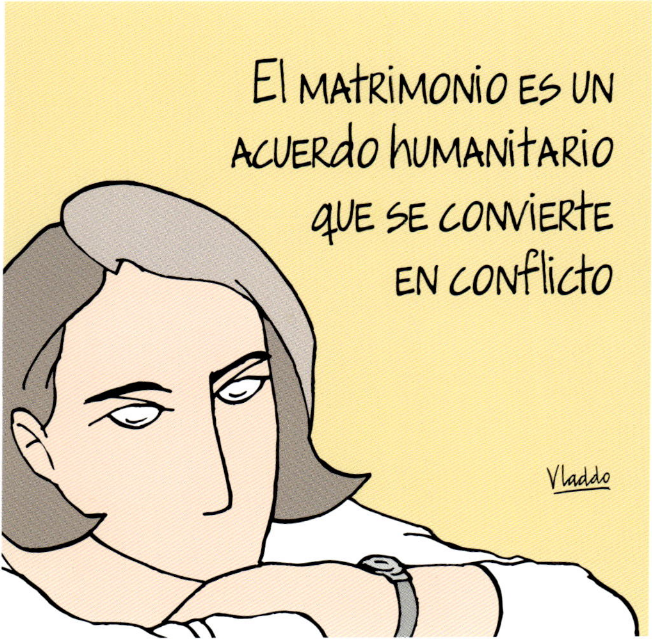
El matrimonio es un acuerdo humanitario que se convierte en conflicto
Vladdo

332

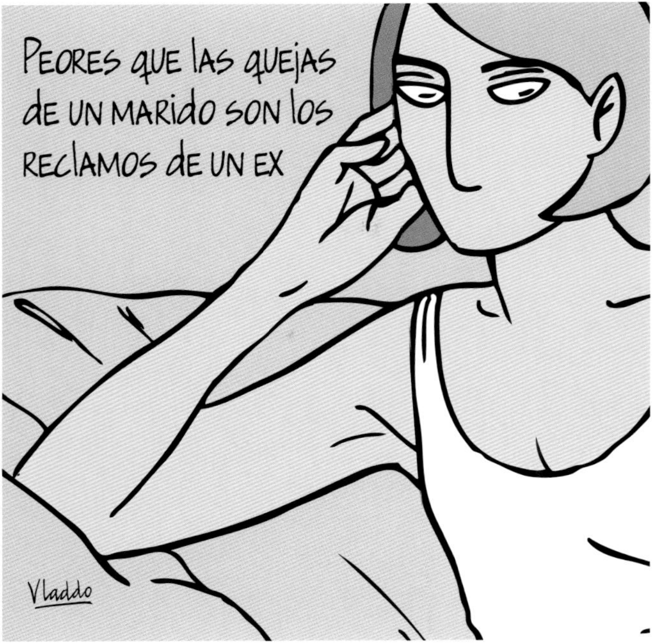

PEORES QUE LAS QUEJAS DE UN MARIDO SON LOS RECLAMOS DE UN EX
Vladdo

334

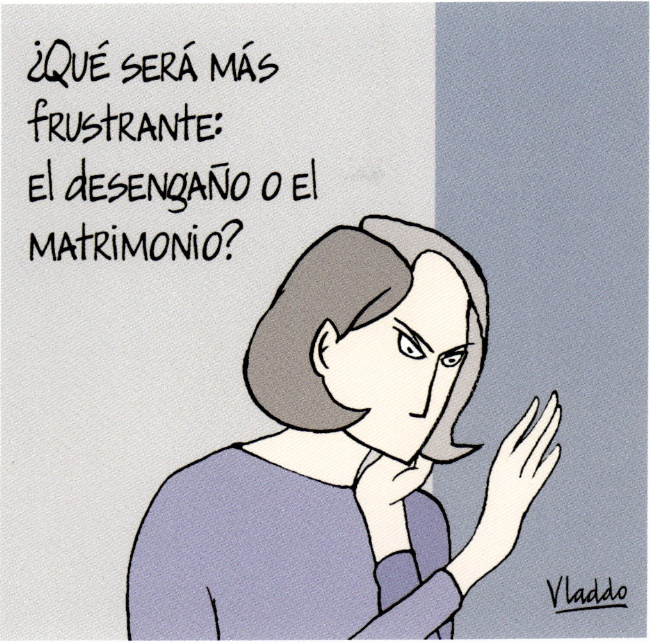
¿QUÉ SERÁ MÁS FRUSTRANTE: EL DESENGAÑO O EL MATRIMONIO?
Vladdo

336

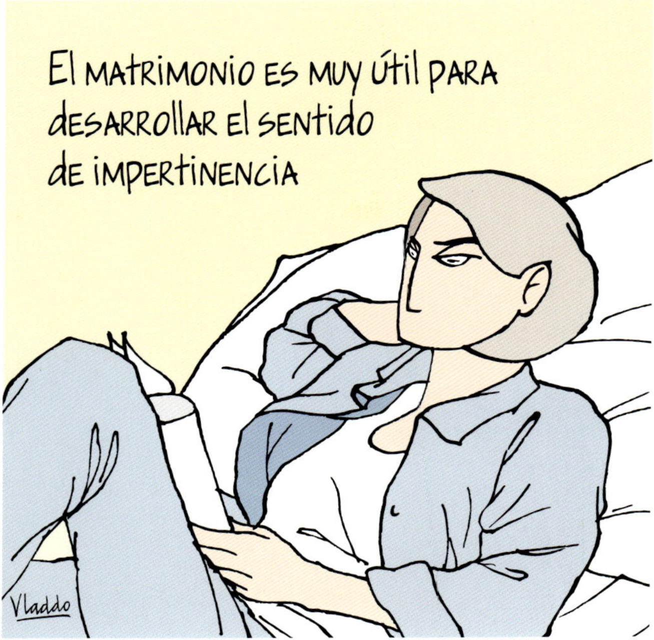
El matrimonio es muy útil para
desarrollar el sentido
de impertinencia
Vladdo

338

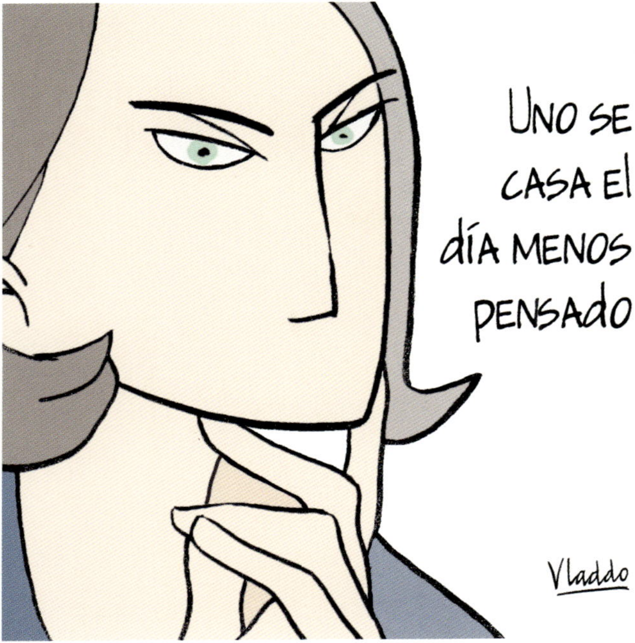
UNO SE CASA EL DÍA MENOS PENSADO
Vladdo

340

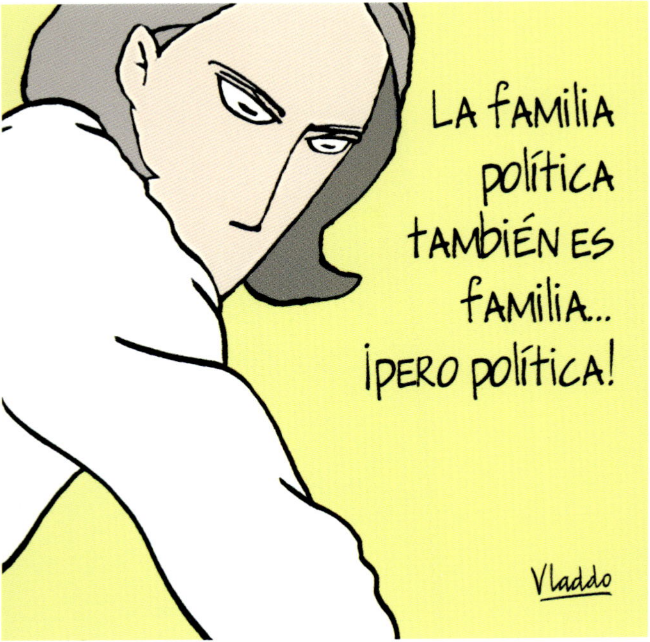
La familia política también es familia... ¡pero política!
Vladdo

342

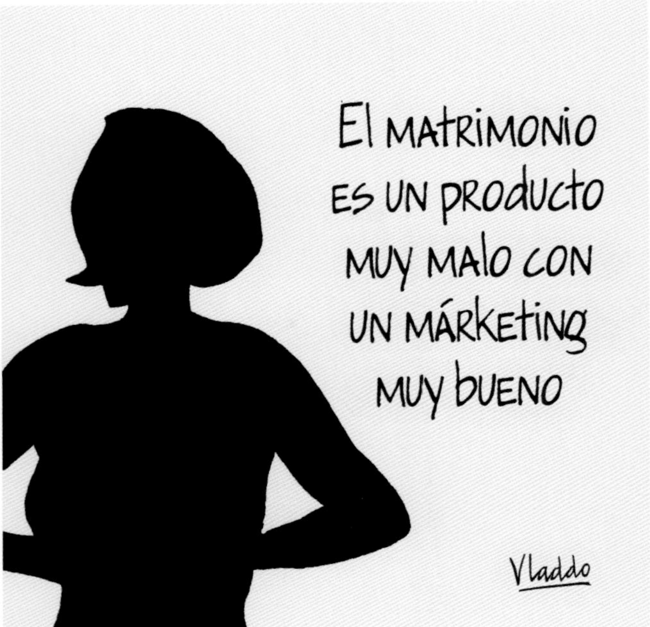
El matrimonio es un producto muy malo con un márketing muy bueno
Vladdo

344

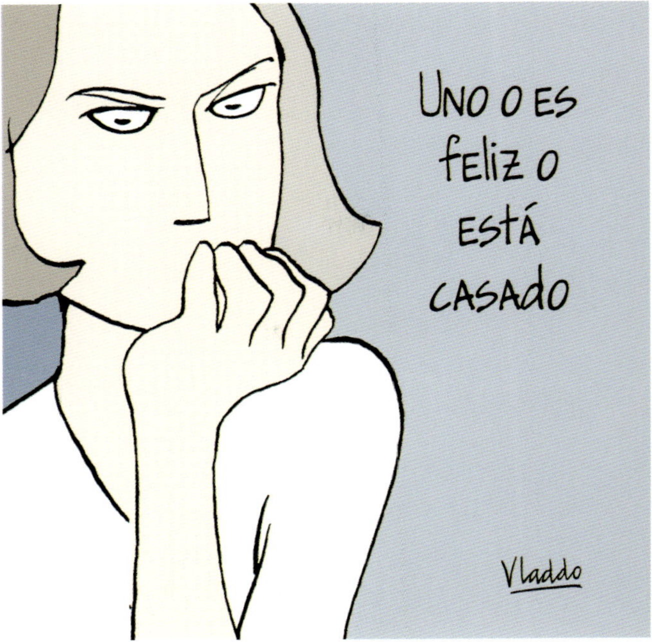
UNO O ES feliz O ESTÁ CASADO
Vladdo

346

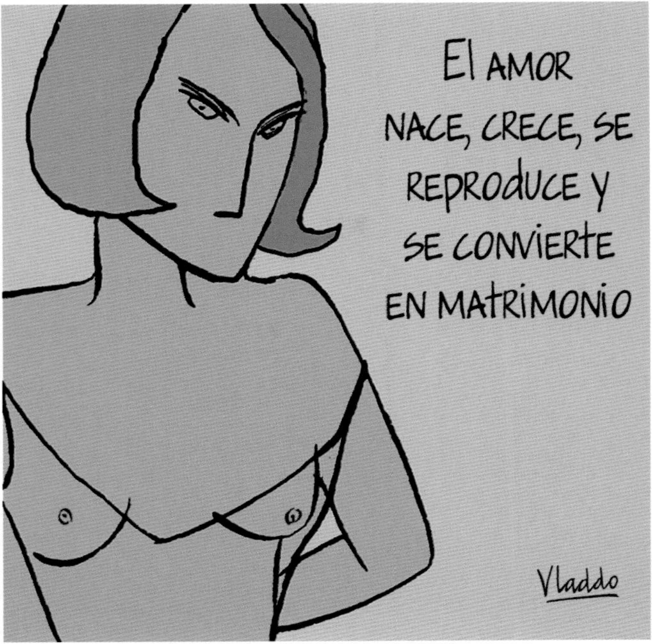
El AMOR NACE, CRECE, SE REPRODUCE Y SE CONVIERTE EN MATRIMONIO
Vladdo

348

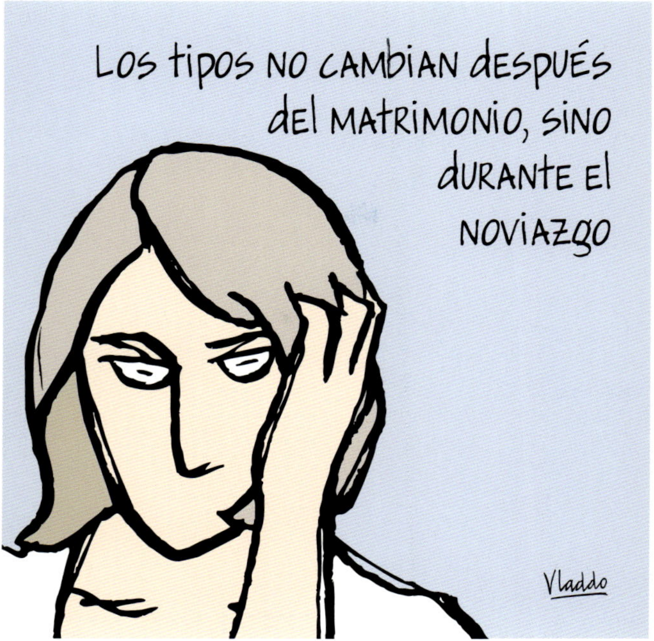
Los tipos no cambian después del matrimonio, sino durante el noviazgo
Vladdo

350

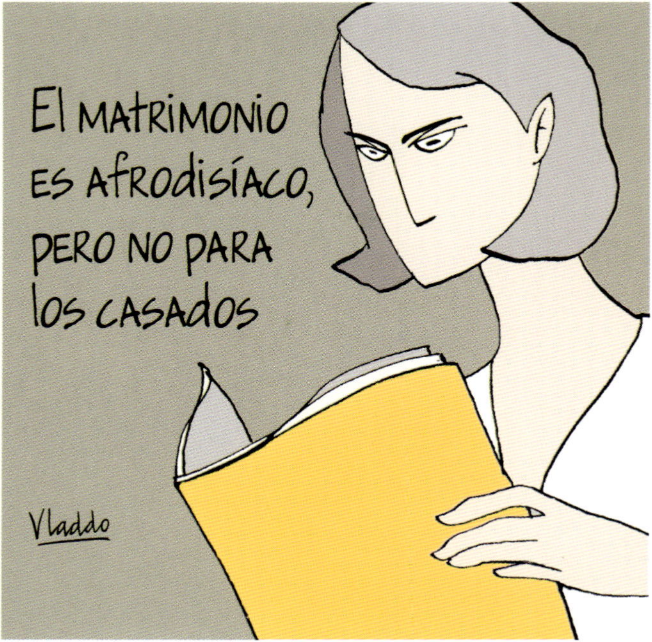
El matrimonio
es afrodisíaco,
pero no para
los casados
Vladdo

352

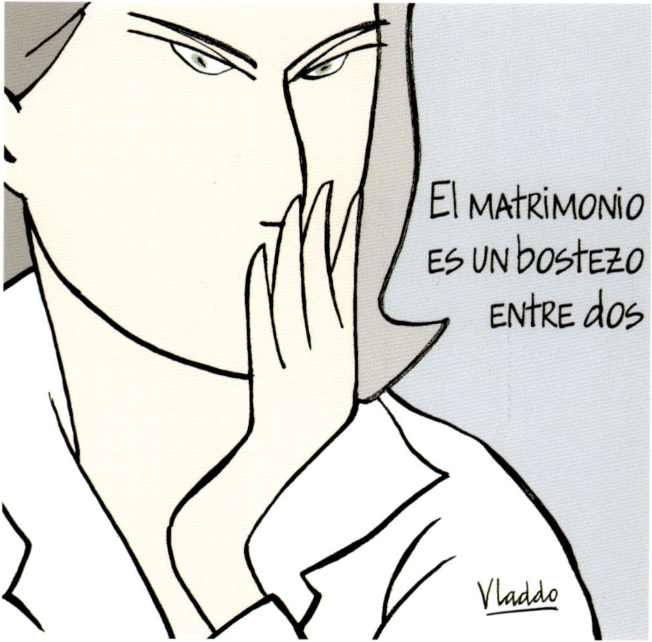
El matrimonio es un bostezo entre dos
Vladdo

354

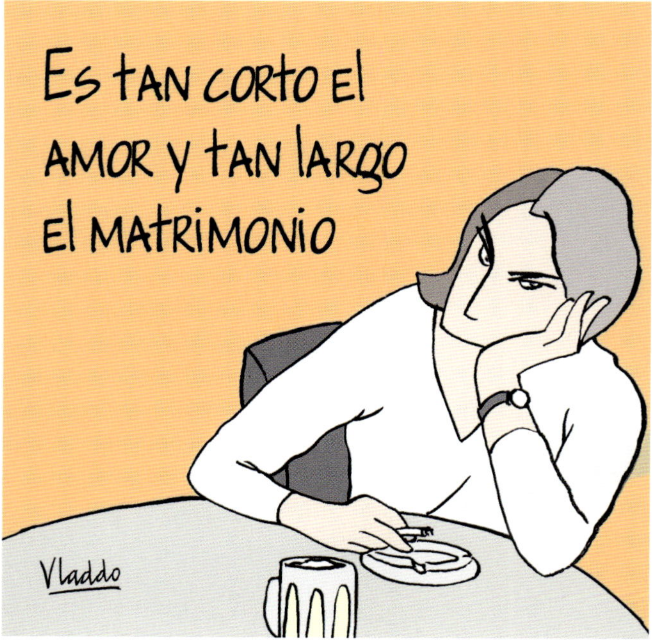
Es tan corto el amor y tan largo el matrimonio
Vladdo

356

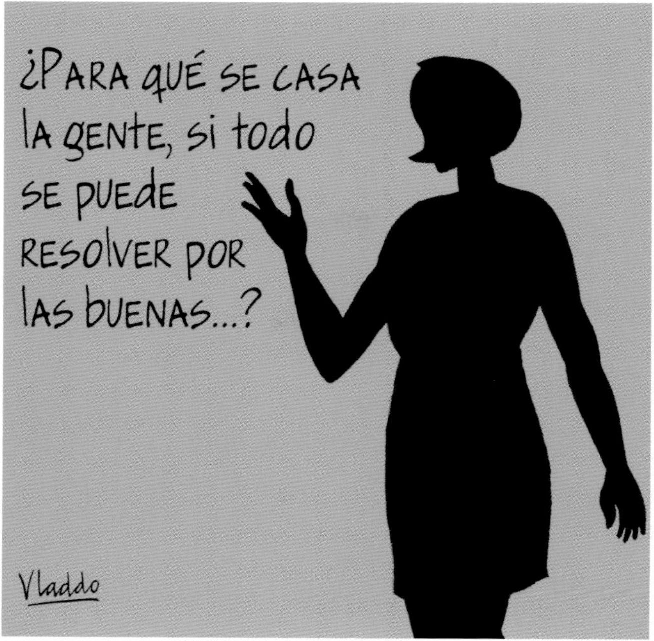
¿PARA QUÉ SE CASA LA GENTE, SI TODO SE PUEDE RESOLVER POR LAS BUENAS...?
Vladdo

358

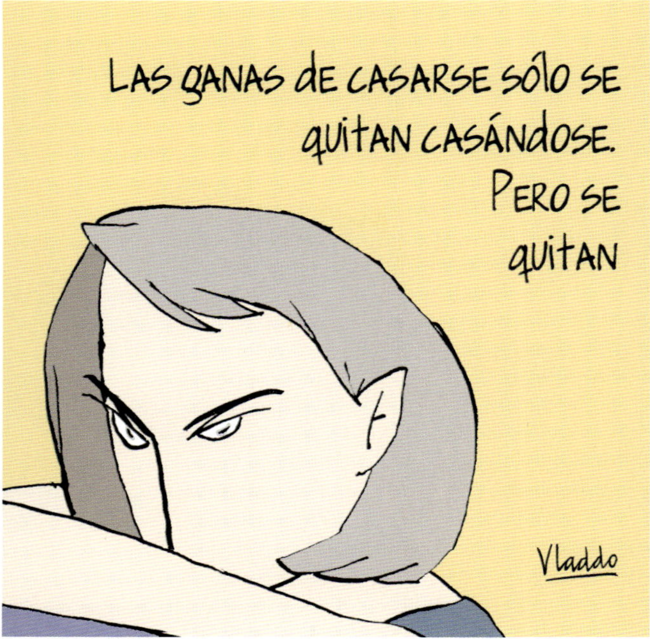
LAS GANAS DE CASARSE SÓLO SE QUITAN CASÁNDOSE. PERO SE QUITAN
Vladdo

360

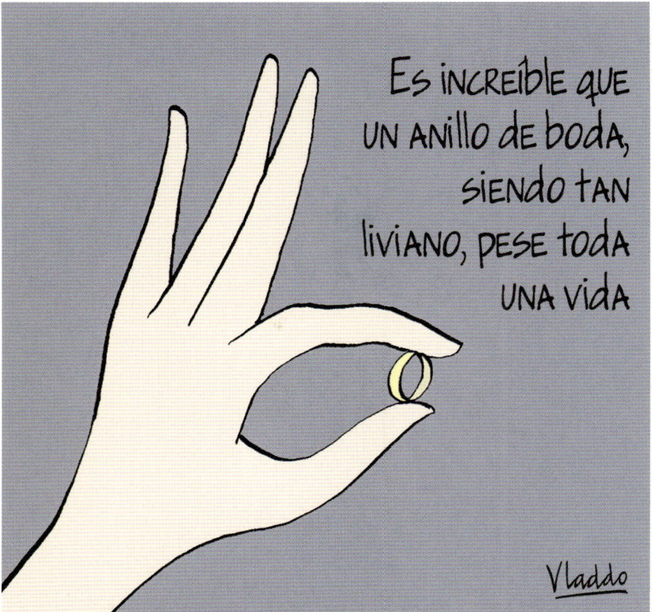
Es increíble que
un anillo de boda,
siendo tan
liviano, pese toda
una vida
Vladdo

362

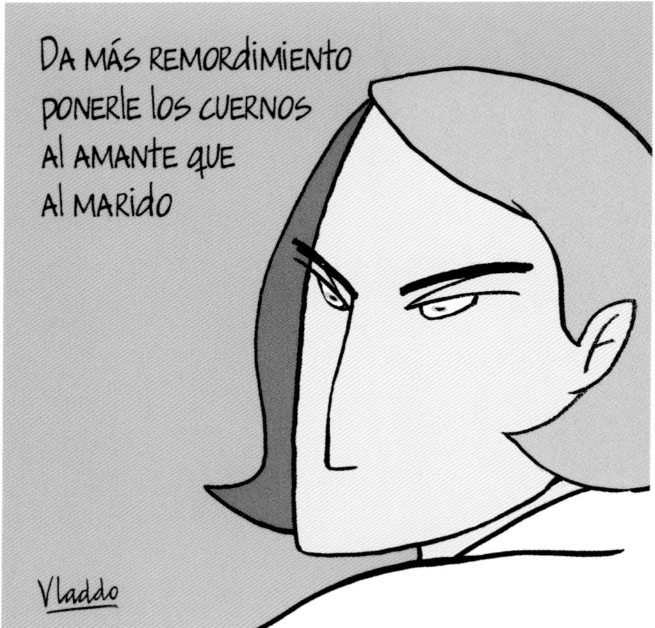
DA MÁS REMORDIMIENTO PONERLE LOS CUERNOS AL AMANTE QUE AL MARIDO
Vladdo

364

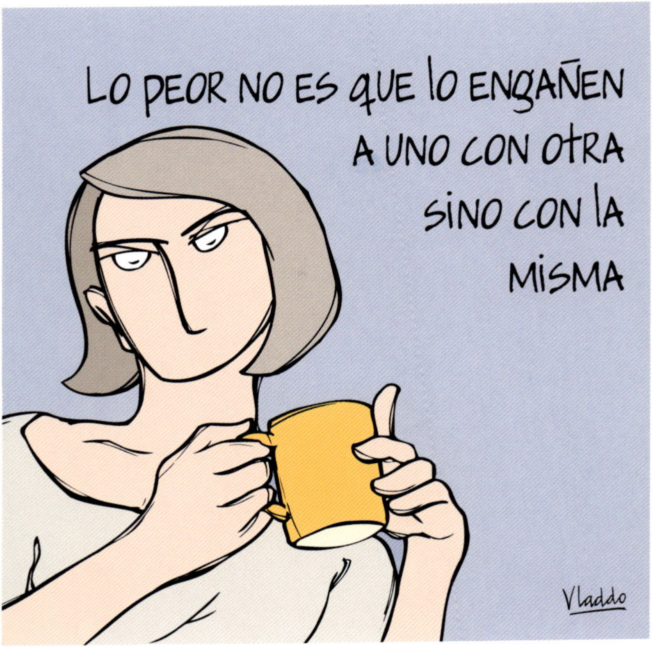
LO PEOR NO ES QUE lO ENGAÑEN
A UNO CON OTRA
SINO CON lA
MISMA
Vladdo

366

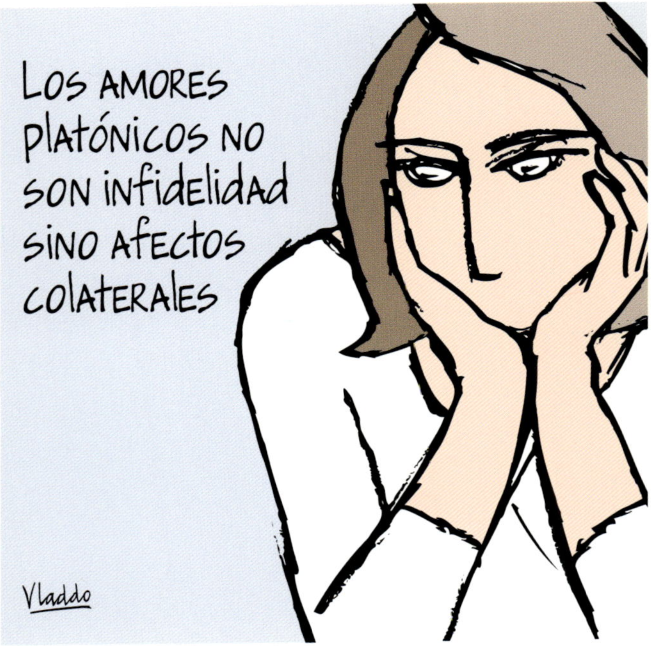
Los amores platónicos no son infidelidad sino afectos colaterales
Vladdo

368

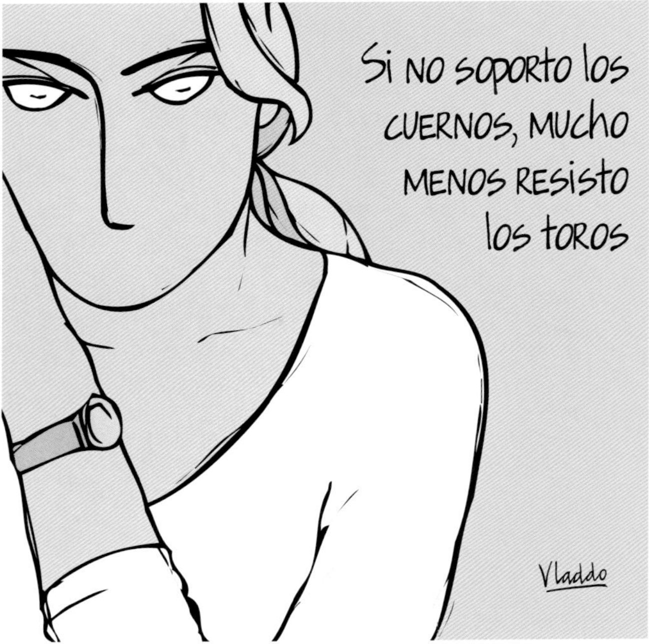
Si no soporto los cuernos, mucho menos resisto los toros
Vladdo

370

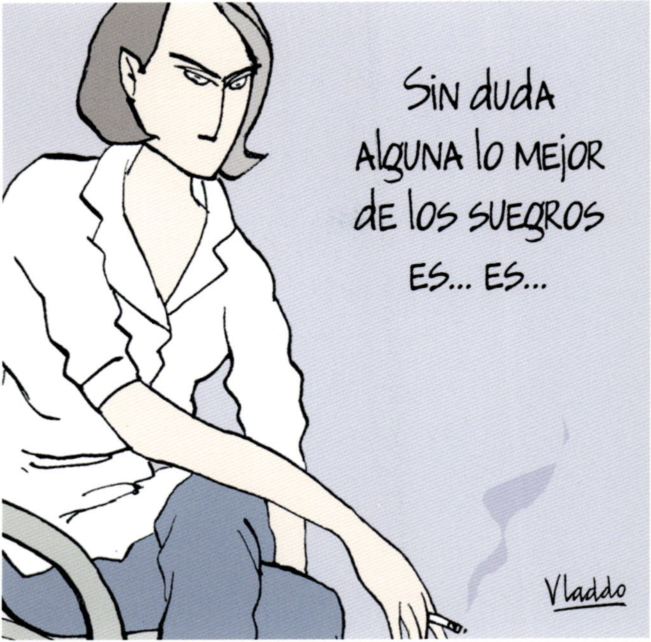
Sin duda alguna lo mejor de los suegros es... es...
Vladdo

372

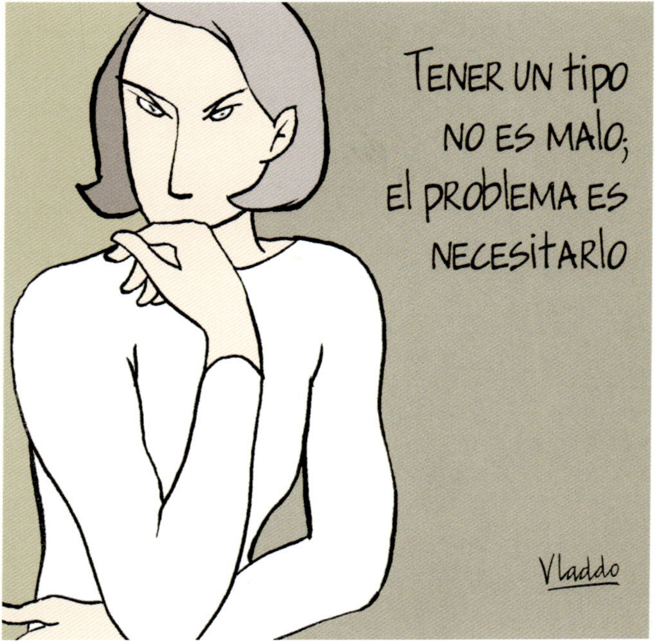
TENER UN tipo
NO ES MAlo;
El PROBLEMA ES
NECESITARlo
Vladdo

374

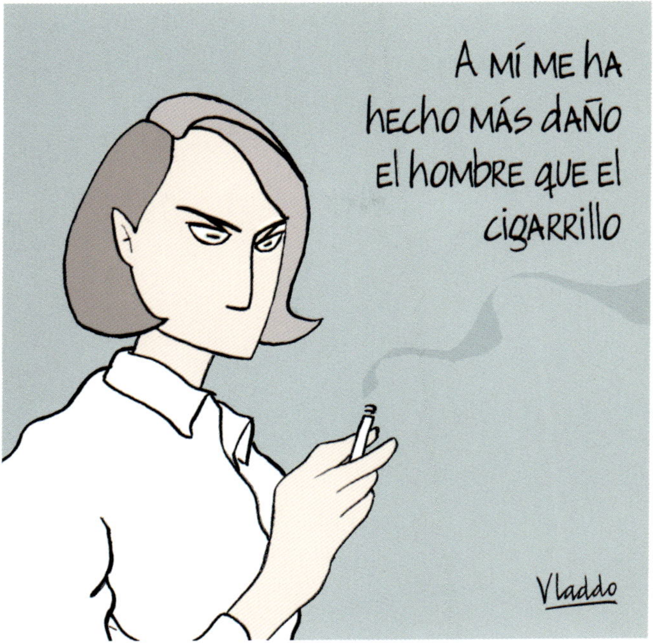
A mí me ha hecho más daño el hombre que el cigarrillo
Vladdo

376

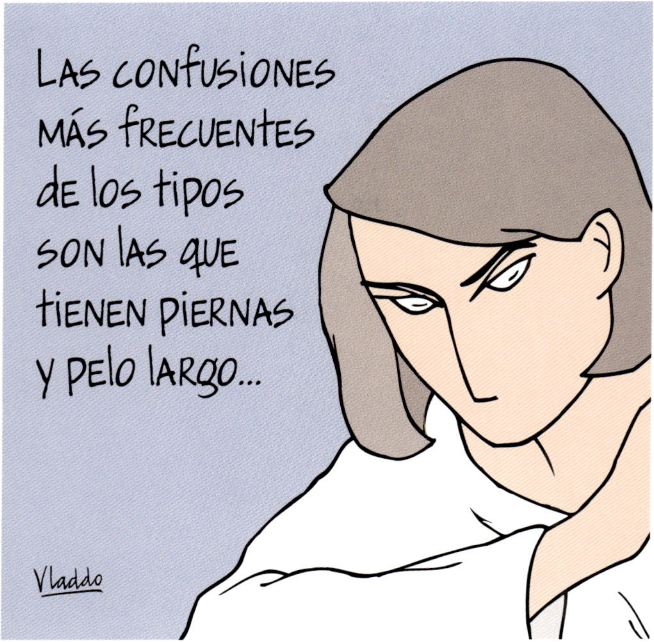
Las confusiones
más frecuentes
de los tipos
son las que
tienen piernas
y pelo largo...
Vladdo

378

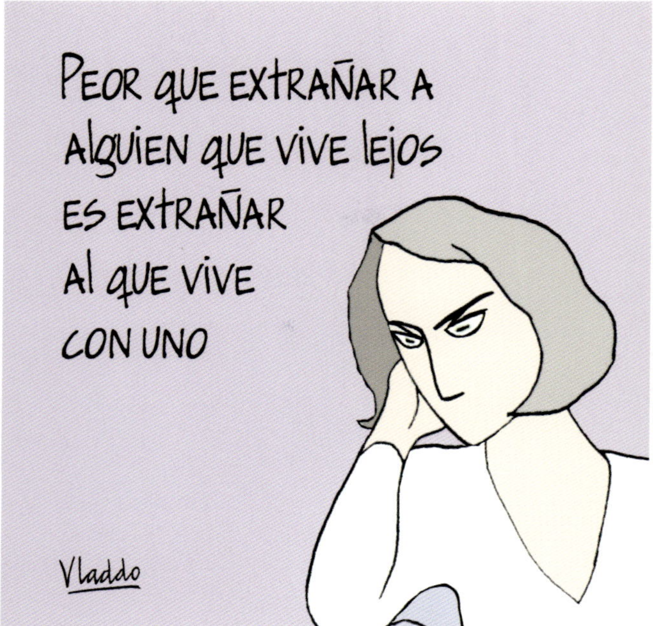
PEOR QUE EXTRAÑAR A
ALGUIEN QUE VIVE LEJOS
ES EXTRAÑAR
AL QUE VIVE
CON UNO
Vladdo

380

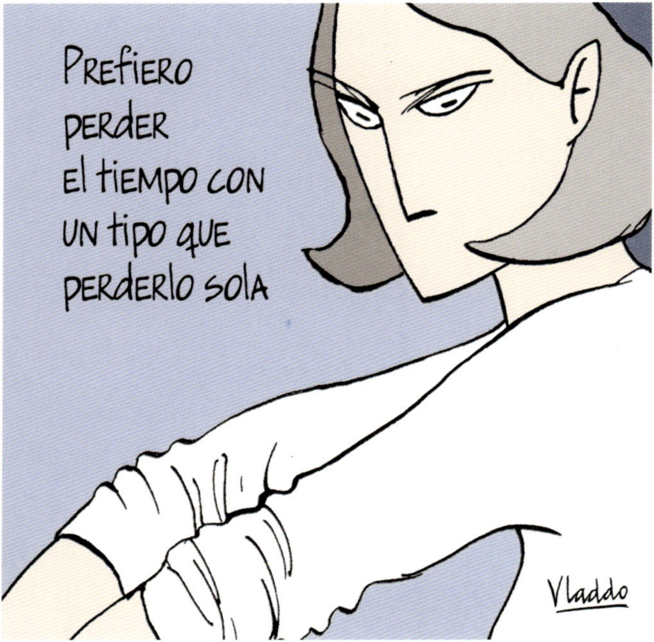
Prefiero perder el tiempo con un tipo que perderlo sola
Vladdo

382

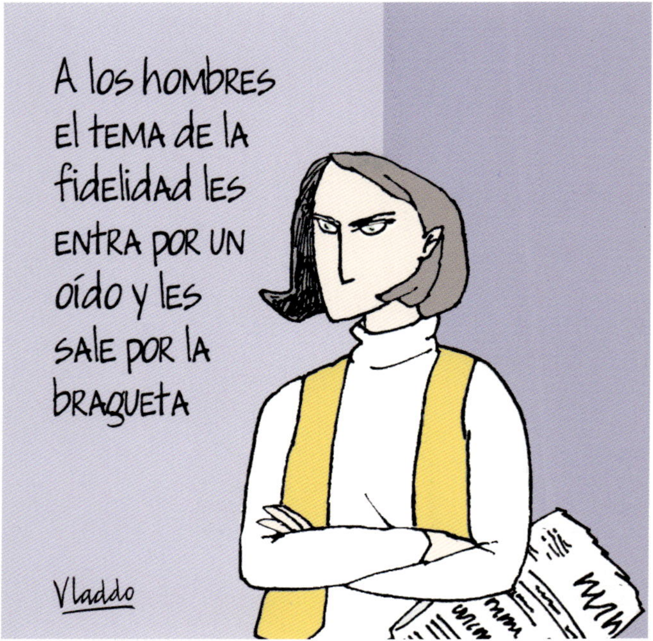
A los hombres el tema de la fidelidad les entra por un oído y les sale por la bragueta
Vladdo

384

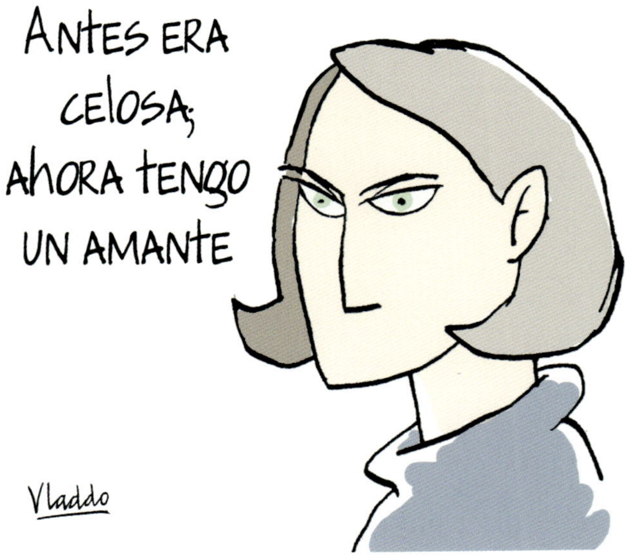
Antes era celosa; ahora tengo un amante
Vladdo

386

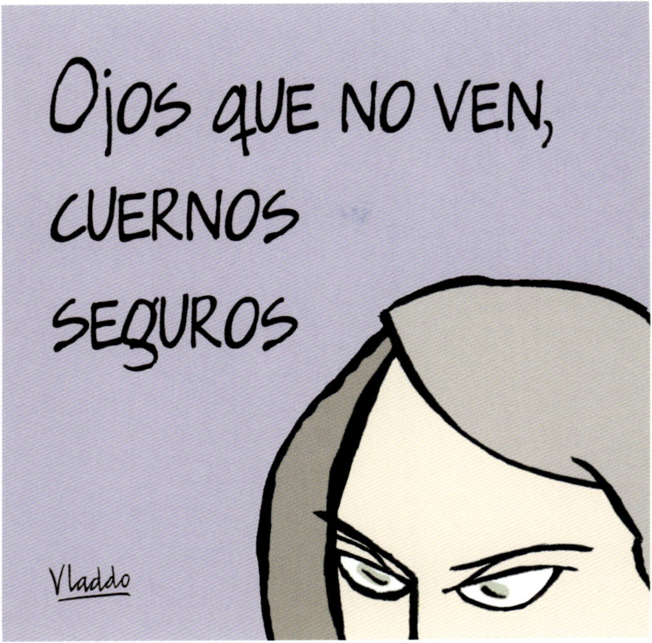
Ojos que no ven,
cuernos
seguros
Vladdo

388

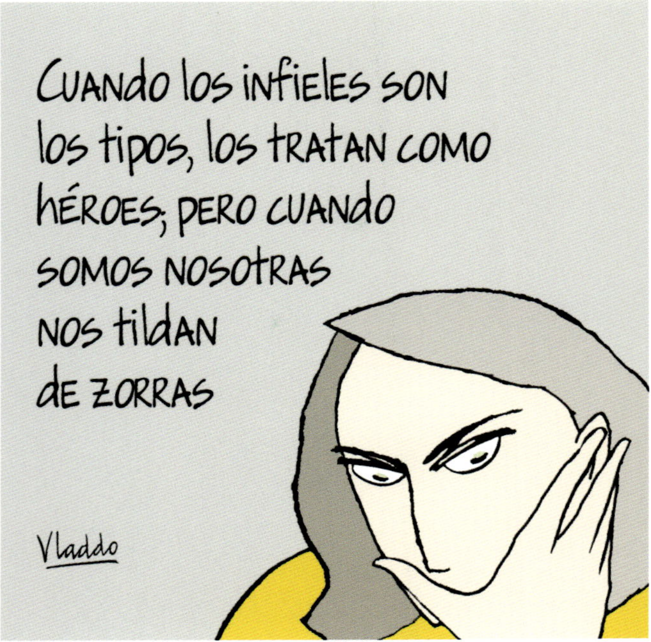

Cuando los infieles son los tipos, los tratan como héroes; pero cuando somos nosotras nos tildan de zorras
Vladdo

390

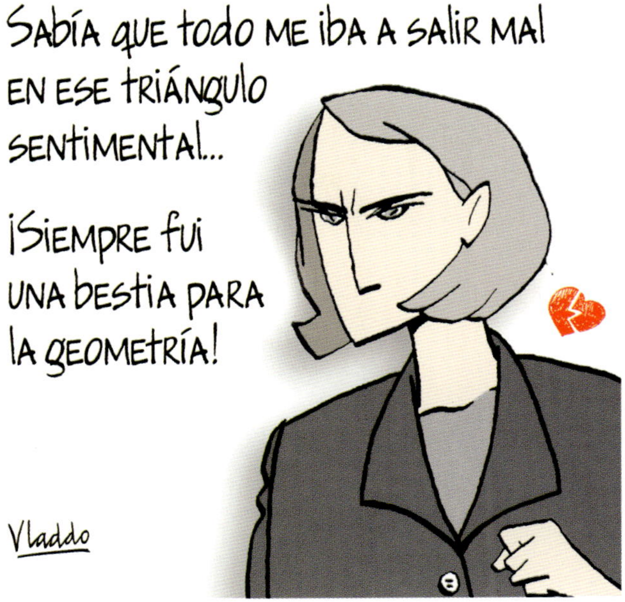
SABÍA QUE TODO ME IBA A SALIR MAL
EN ESE TRIÁNGULO
SENTIMENTAL...
¡SIEMPRE FUI
UNA BESTIA PARA
LA GEOMETRÍA!
Vladdo

392

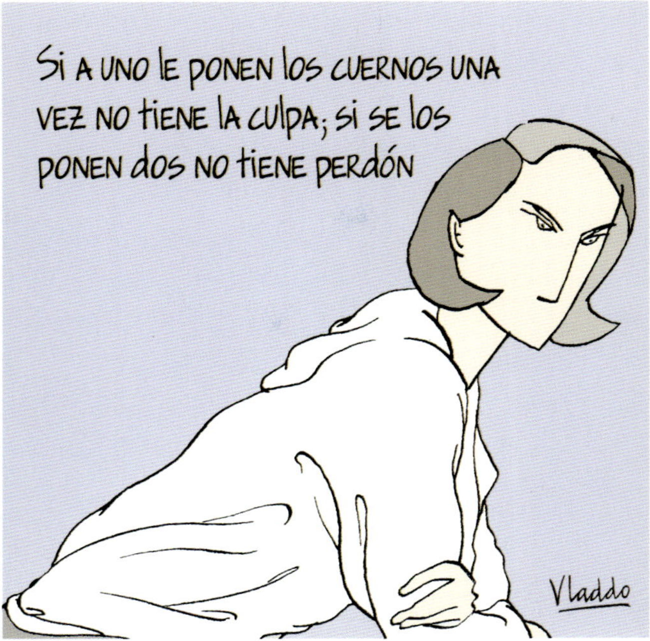
Si A UNO LE PONEN LOS CUERNOS UNA VEZ NO TIENE LA CULPA; SI SE LOS PONEN DOS NO TIENE PERDÓN
Vladdo

394

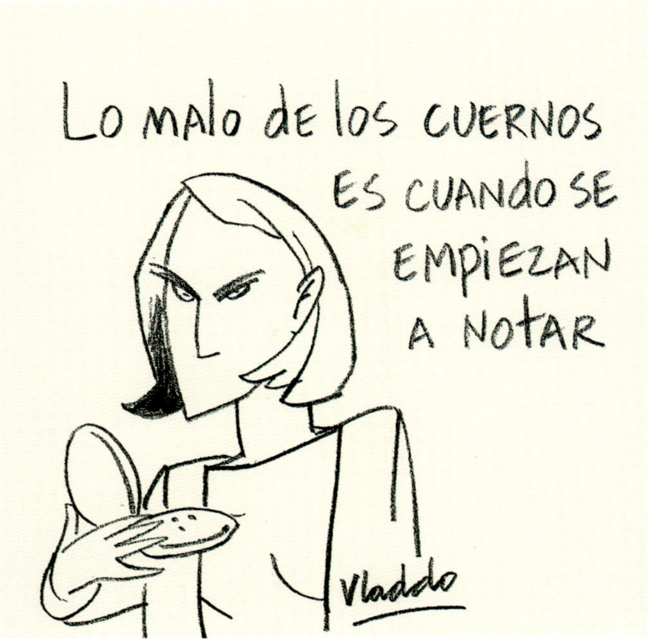
LO MALO DE LOS CUERNOS ES CUANDO SE EMPIEZAN A NOTAR
Vladdo

396

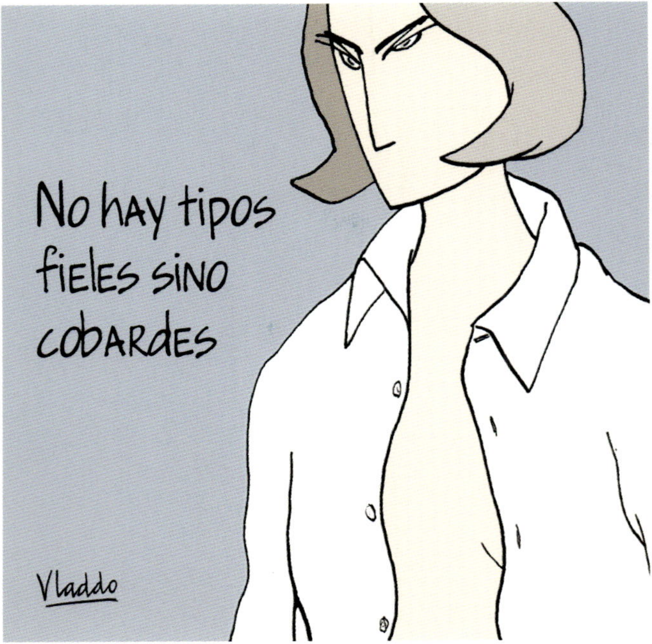
No hay tipos fieles sino cobardes
Vladdo

398

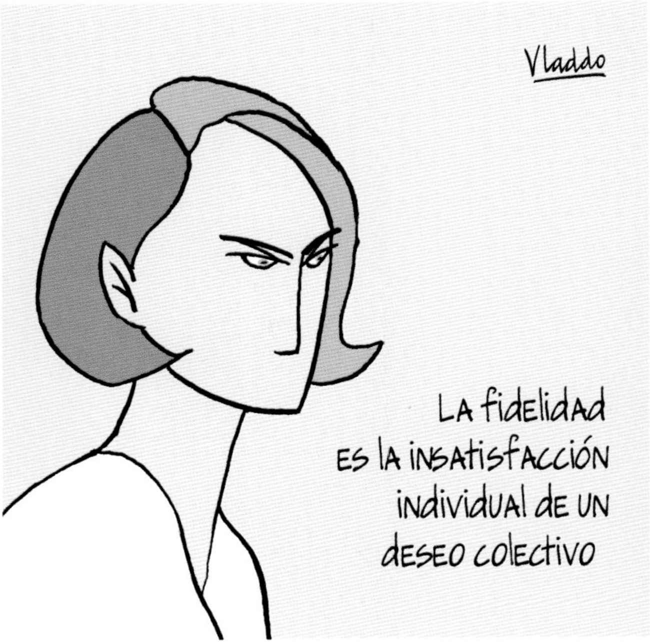
Vladdo
La fidelidad
es la insatisfacción
individual de un
deseo colectivo

400

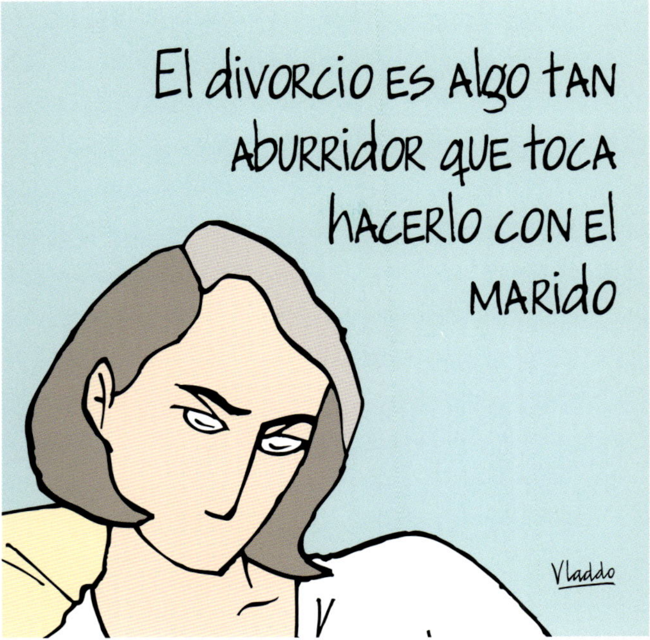
El divorcio es algo tan aburridor que toca hacerlo con el marido
Vladdo

402

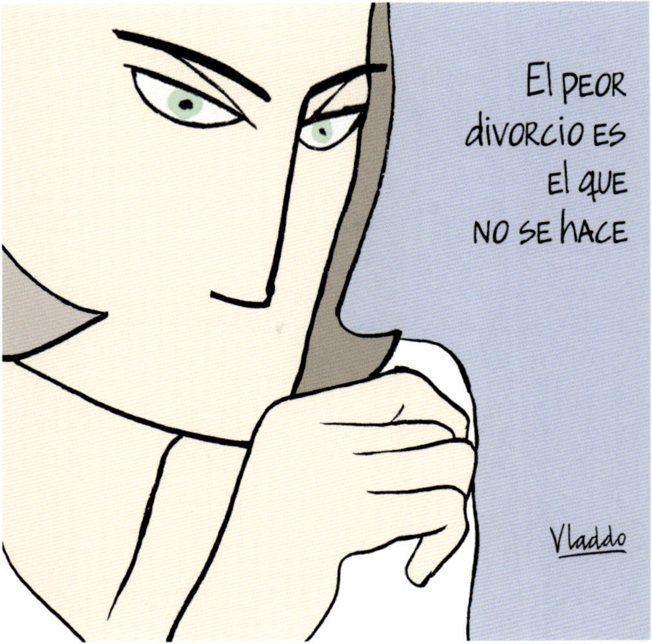
El peor divorcio es el que no se hace
Vladdo

404

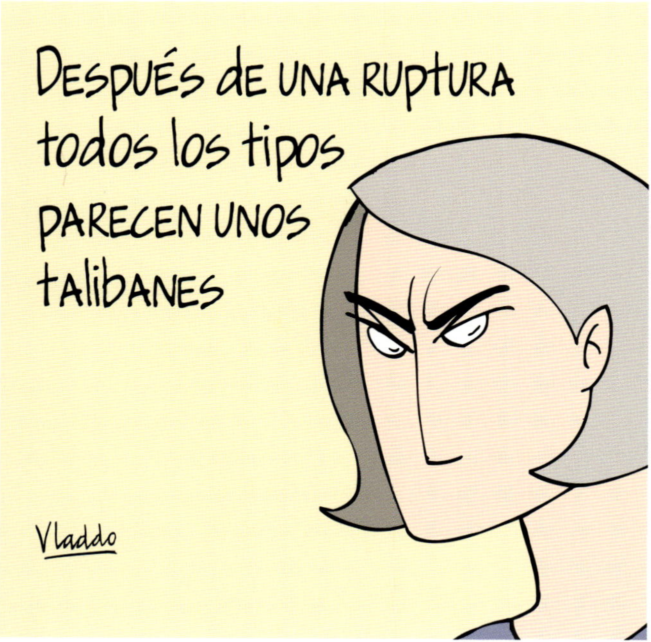
Después de una ruptura todos los tipos parecen unos talibanes
Vladdo

406

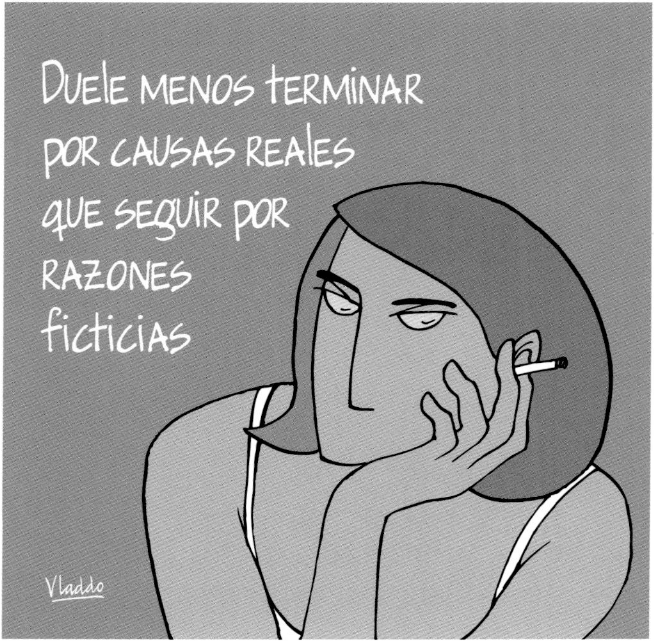
DUELE MENOS TERMINAR
POR CAUSAS REALES
QUE SEGUIR POR
RAZONES
FICTICIAS
Vladdo

408

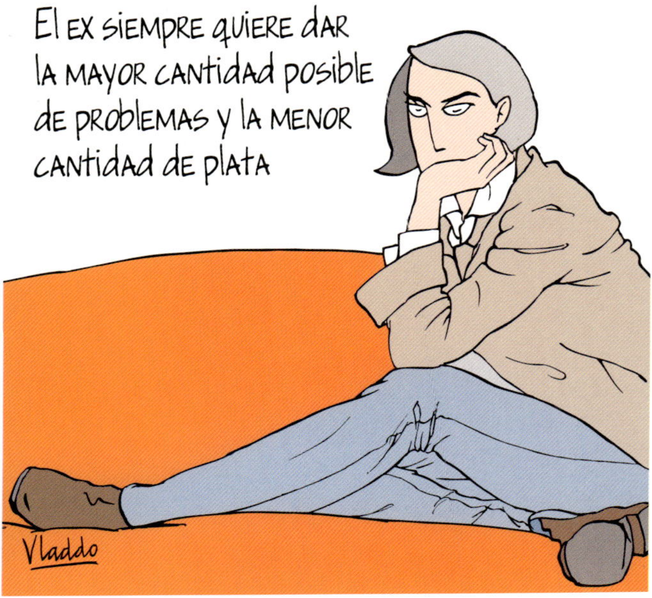
El ex siempre quiere dar la mayor cantidad posible de problemas y la menor cantidad de plata
Vladdo

410

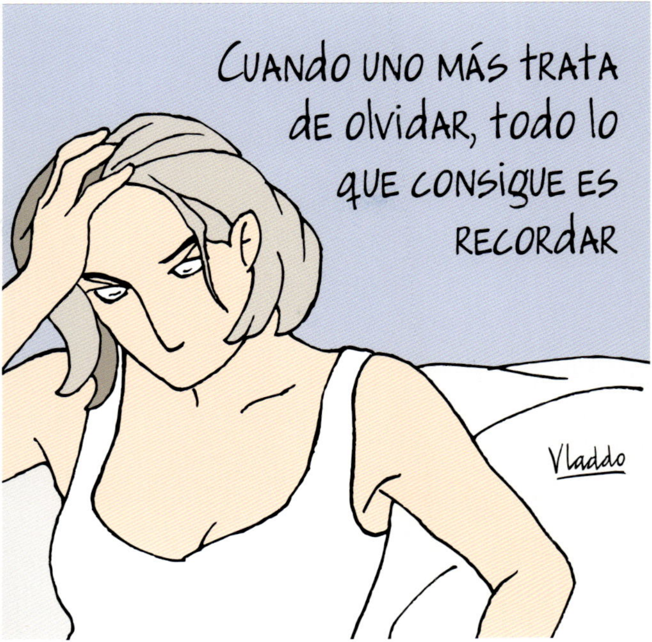
Cuando uno más trata de olvidar, todo lo que consigue es recordar
Vladdo

412

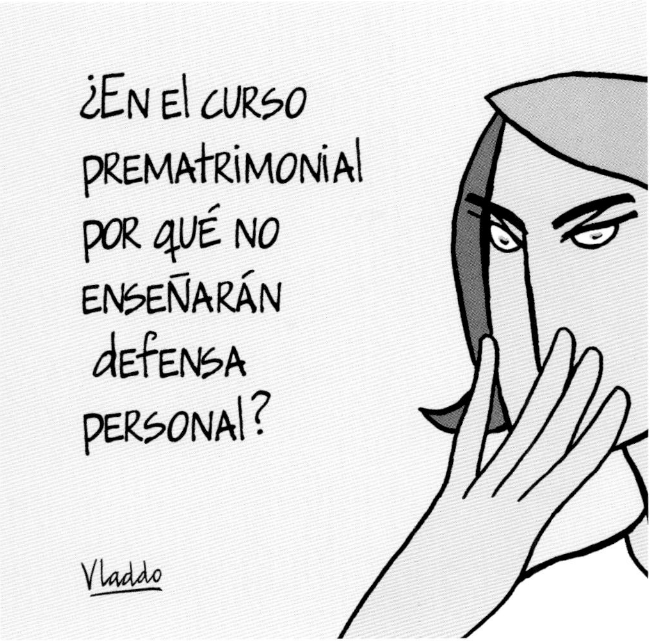
¿En el curso prematrimonial por qué no enseñarán defensa personal?
Vladdo

414

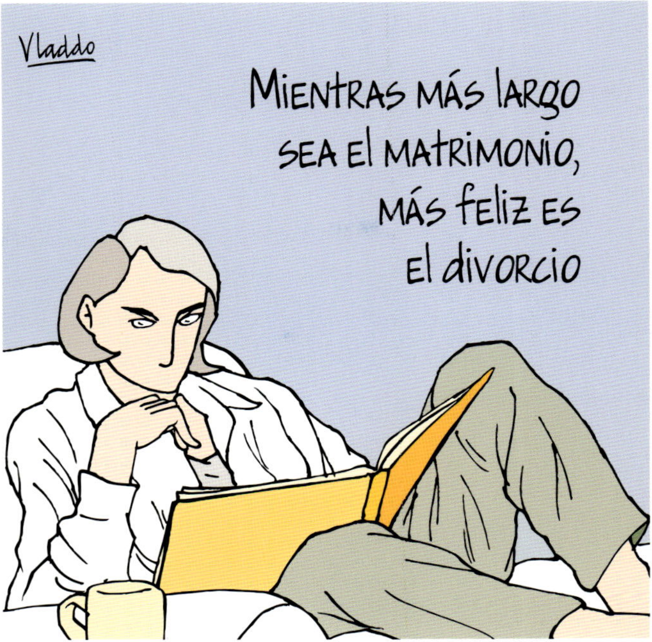
Vladdo
Mientras más largo
sea el matrimonio,
más feliz es
el divorcio

416

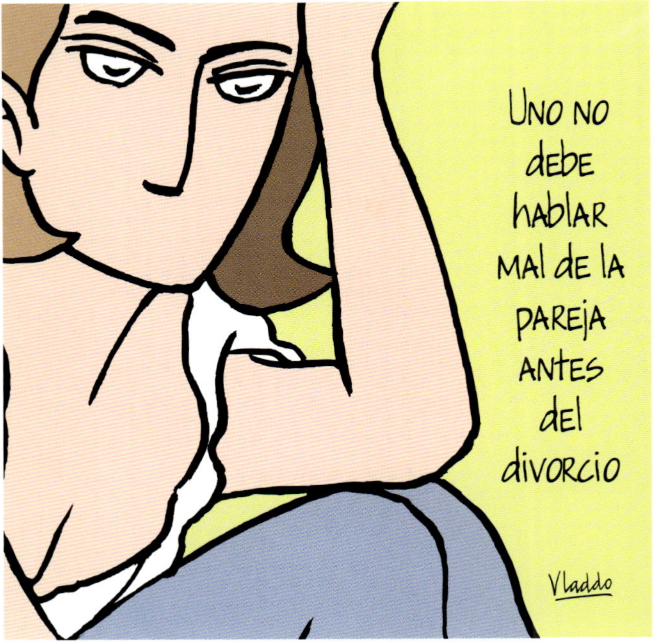
Uno no debe hablar mal de la pareja antes del divorcio
Vladdo

418

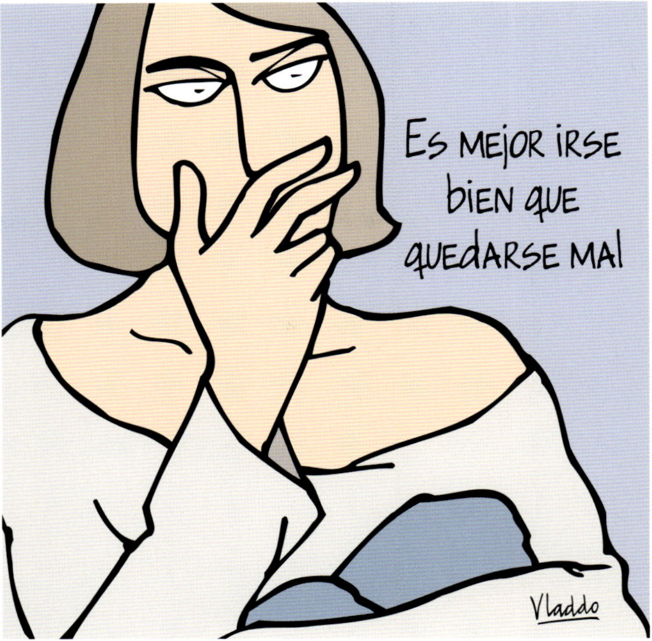
Es mejor irse bien que quedarse mal
Vladdo

420

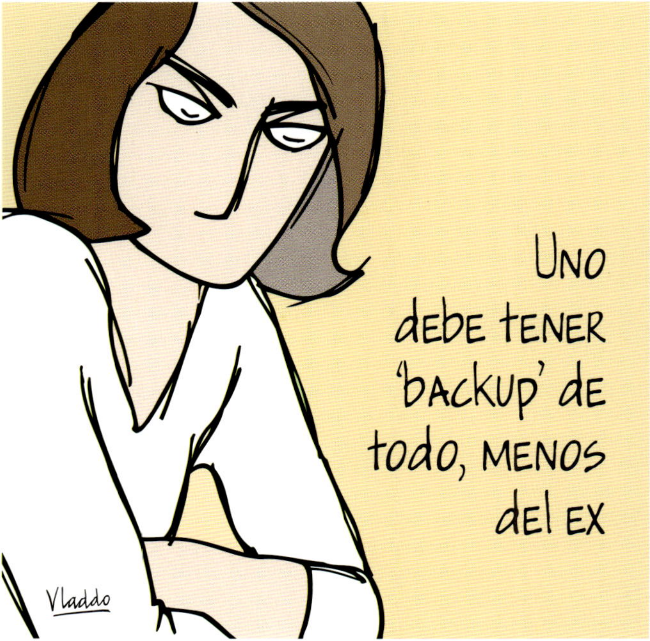
Uno debe tener 'backup' de todo, menos del ex
Vladdo

422

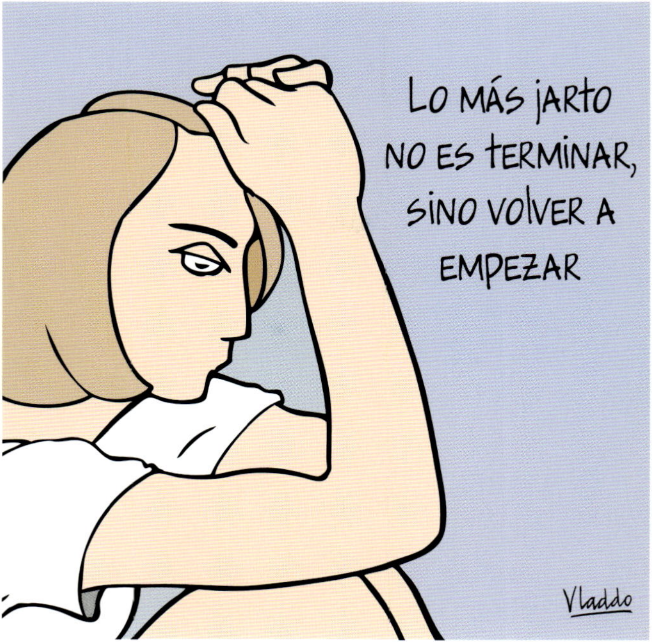
Lo más jarto no es terminar, sino volver a empezar
Vladdo

424

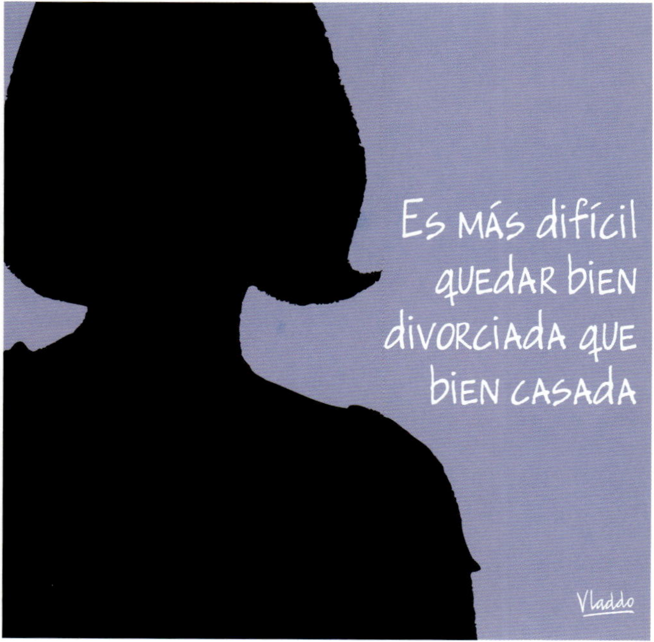
Es más difícil
quedar bien
divorciada que
bien casada
Vladdo

426

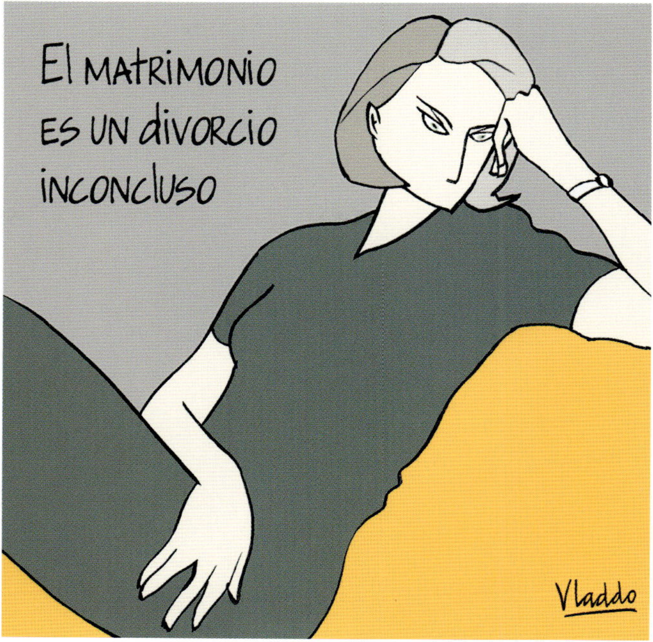
El matrimonio es un divorcio inconcluso
Vladdo

428

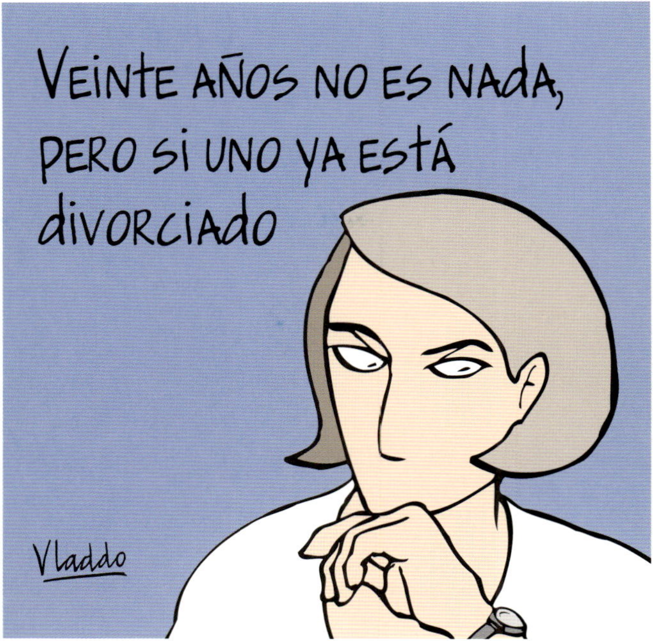
VEINTE AÑOS NO ES NADA, PERO SI UNO YA ESTÁ divorciado
Vladdo

430

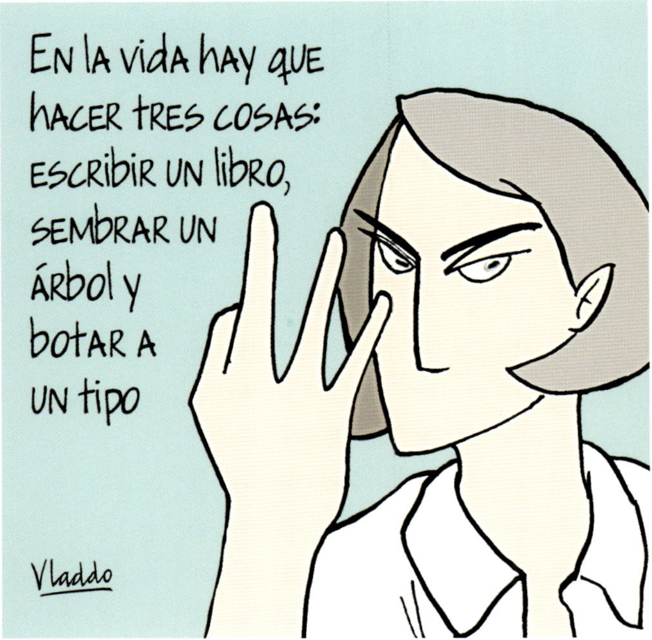
En la vida hay que hacer tres cosas: escribir un libro, sembrar un árbol y botar a un tipo
Vladdo

432

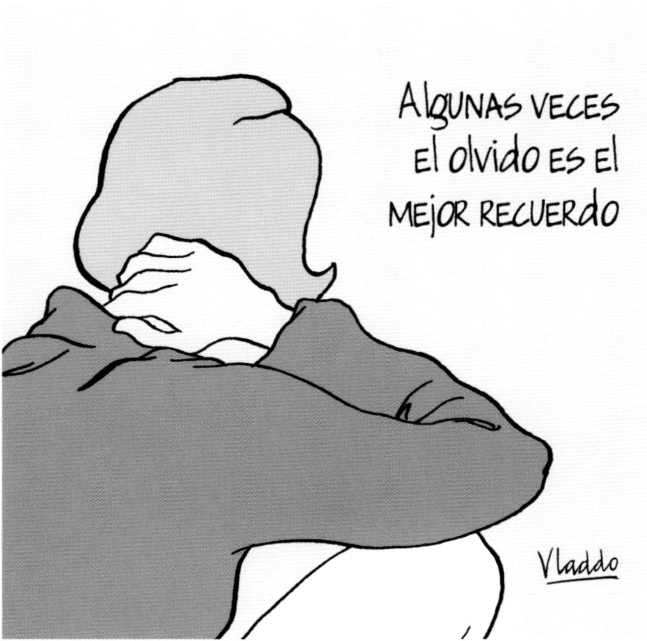
Algunas veces el olvido es el mejor recuerdo
Vladdo

434

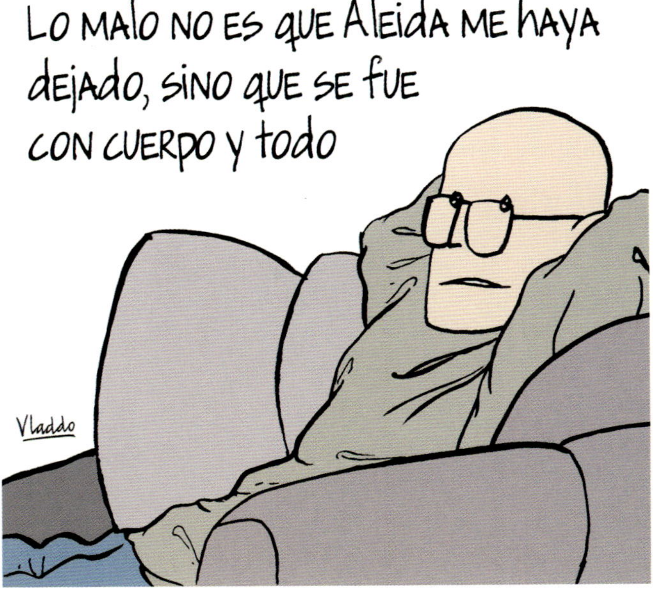
LO MALO NO ES QUE ALEIDA ME HAYA DEJADO, SINO QUE SE FUE CON CUERPO Y TODO
Vladdo

436

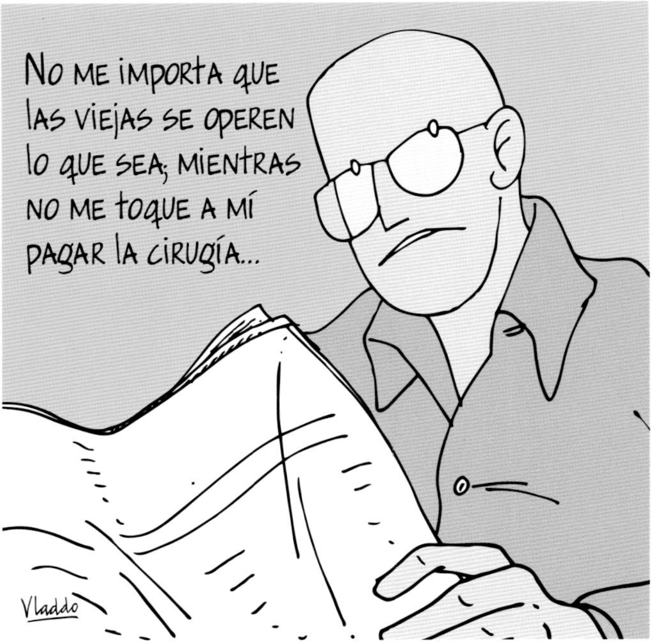
No me importa que las viejas se operen lo que sea; mientras no me toque a mí pagar la cirugía...
Vladdo

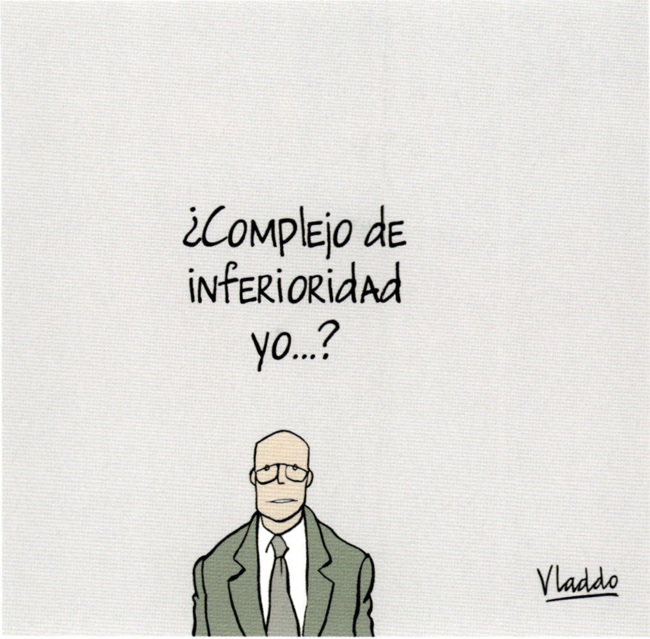
¿Complejo de inferioridad yo...?
Vladdo

440

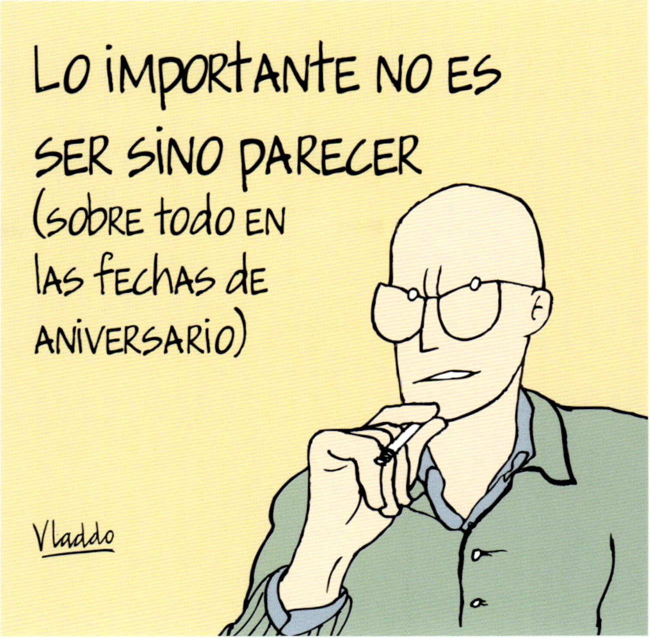
Lo importante no es ser sino parecer (sobre todo en las fechas de aniversario)
Vladdo

442

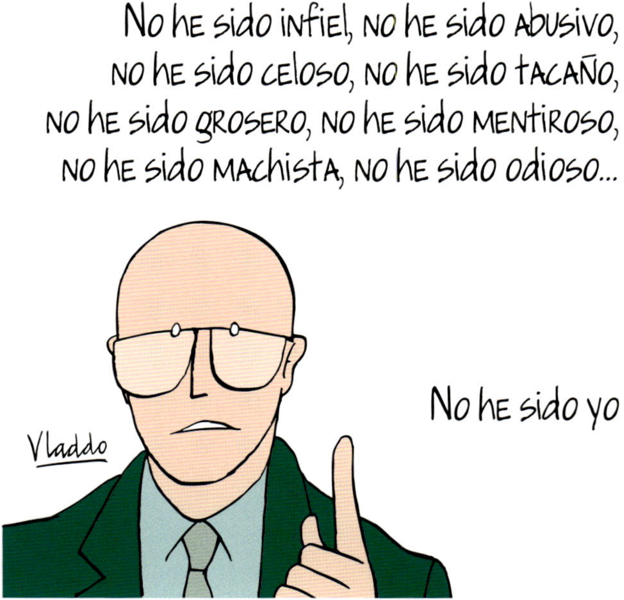
No he sido infiel, no he sido abusivo,
no he sido celoso, no he sido tacaño,
no he sido grosero, no he sido mentiroso,
no he sido machista, no he sido odioso...
No he sido yo
Vladdo

444

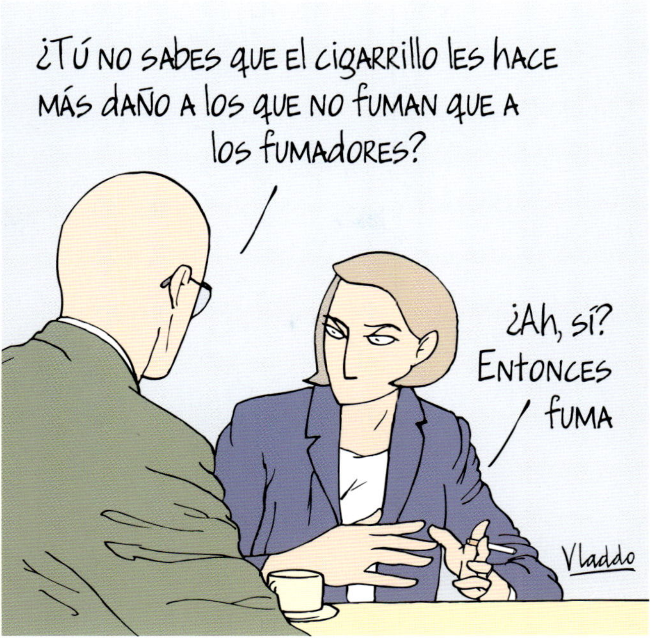
¿TÚ NO SABES QUE EL CIGARRILLO LES HACE MÁS DAÑO A LOS QUE NO FUMAN QUE A LOS FUMADORES?
¿Ah, sí? ENTONCES FUMA
Vladdo

446

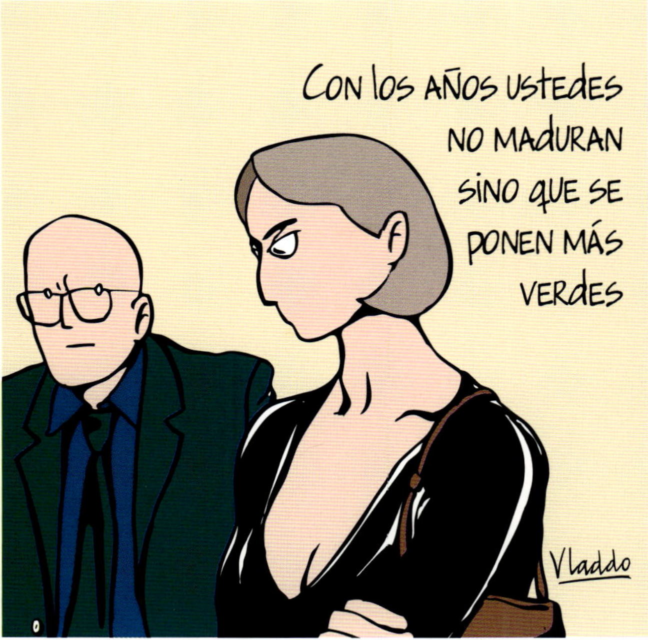
CON LOS AÑOS USTEDES NO MADURAN SINO QUE SE PONEN MÁS VERDES
Vladdo

448

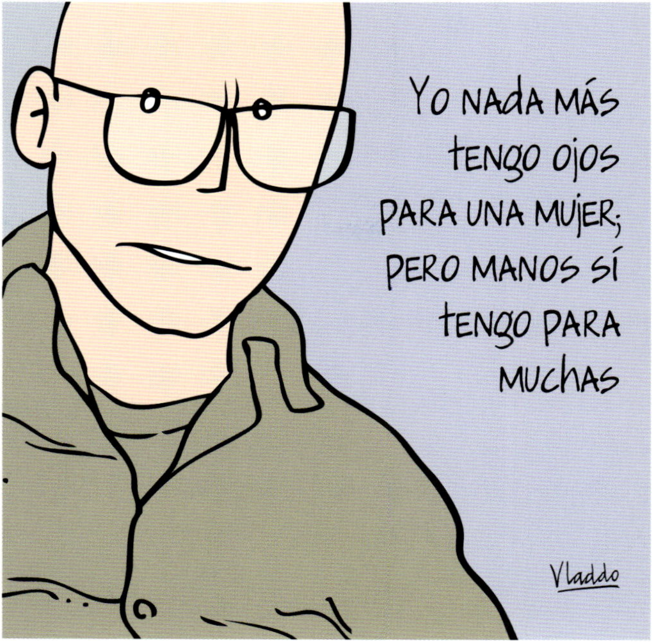
Yo nada más tengo ojos para una mujer; pero manos sí tengo para muchas
Vladdo

450

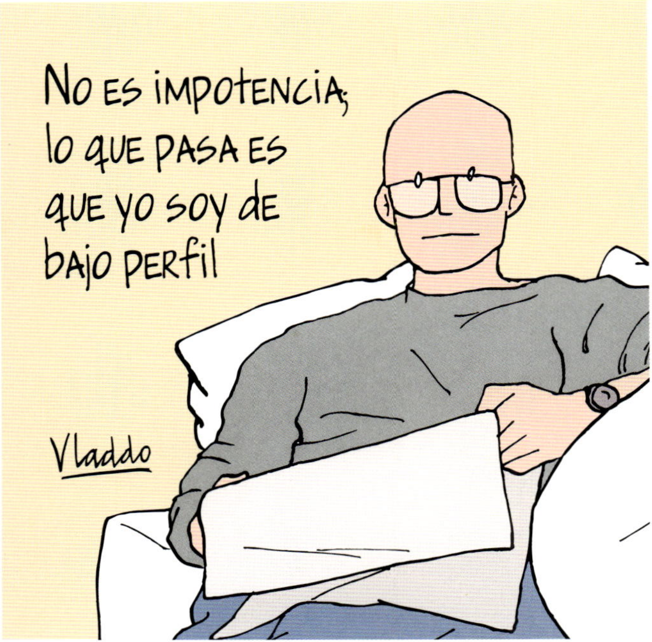
No es impotencia;
lo que pasa es
que yo soy de
bajo perfil
Vladdo

452

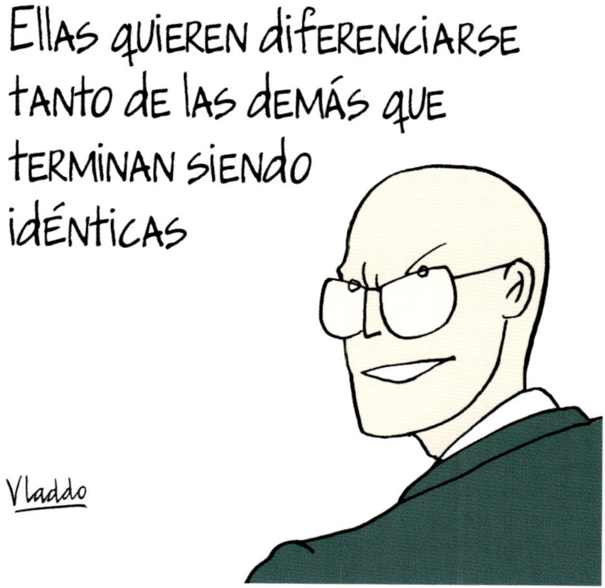
Ellas quieren diferenciarse tanto de las demás que terminan siendo idénticas
Vladdo

454

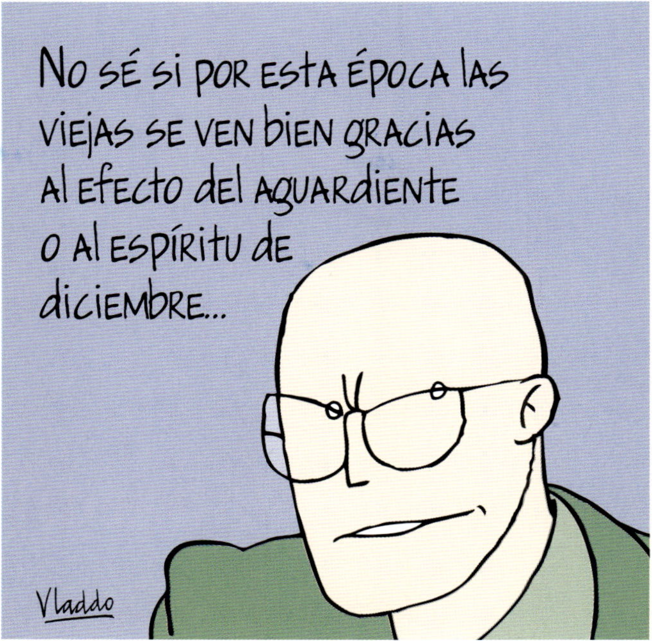
No sé si por esta época las viejas se ven bien gracias al efecto del aguardiente o al espíritu de diciembre...
Vladdo

456

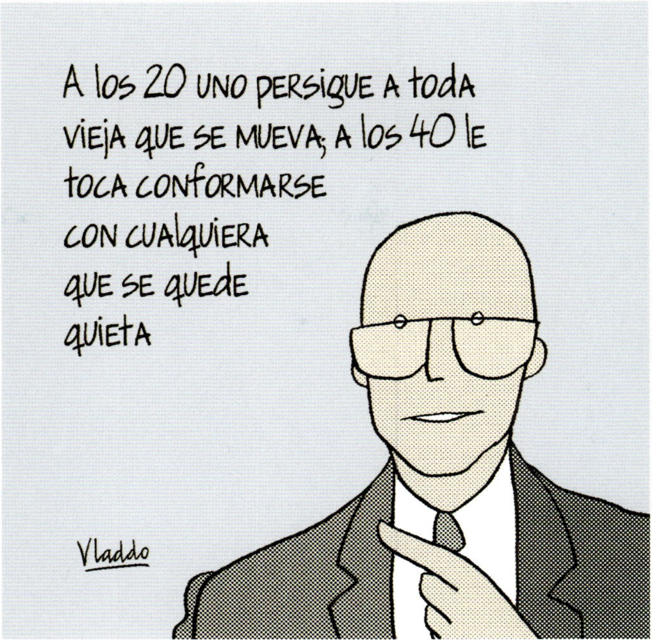
A los 20 uno persigue a toda vieja que se mueva; a los 40 le toca conformarse con cualquiera que se quede quieta
Vladdo

458

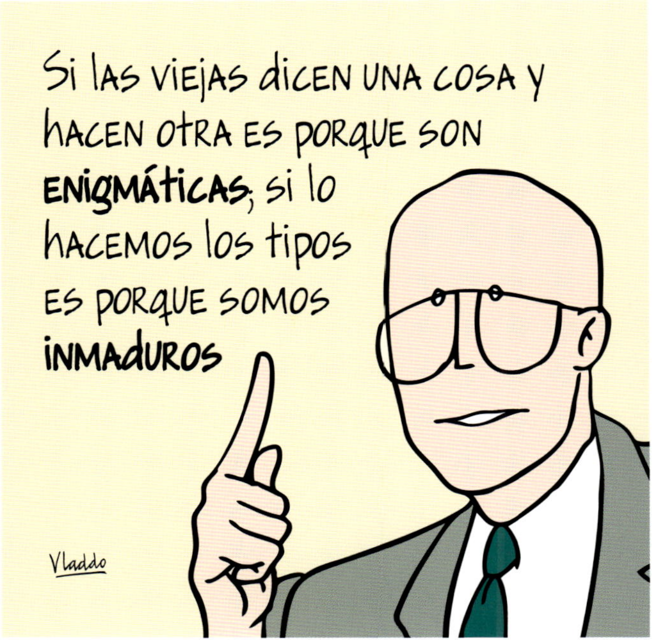
Si las viejas dicen una cosa y hacen otra es porque son **enigmáticas**; si lo hacemos los tipos es porque somos **inmaduros**
Vladdo

460

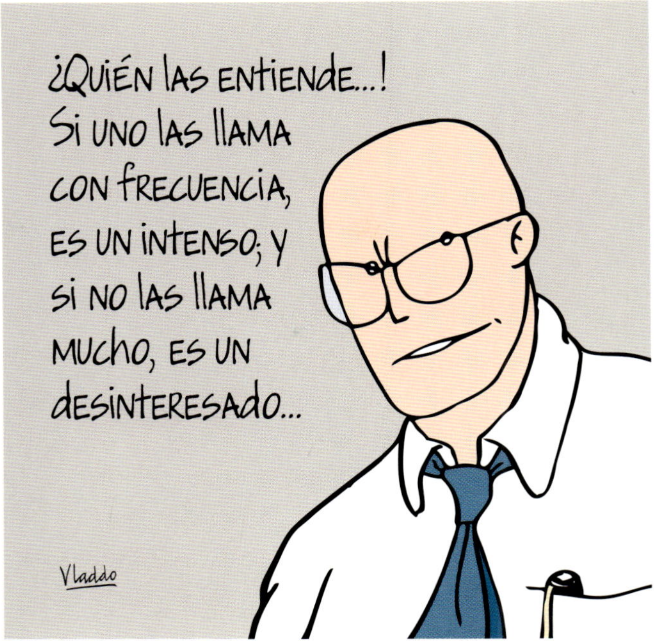
¿QUIÉN LAS ENTIENDE...! Si UNO LAS LLAMA CON FRECUENCIA, ES UN INTENSO; Y Si NO LAS LLAMA MUCHO, ES UN DESINTERESADO...
Vladdo

462

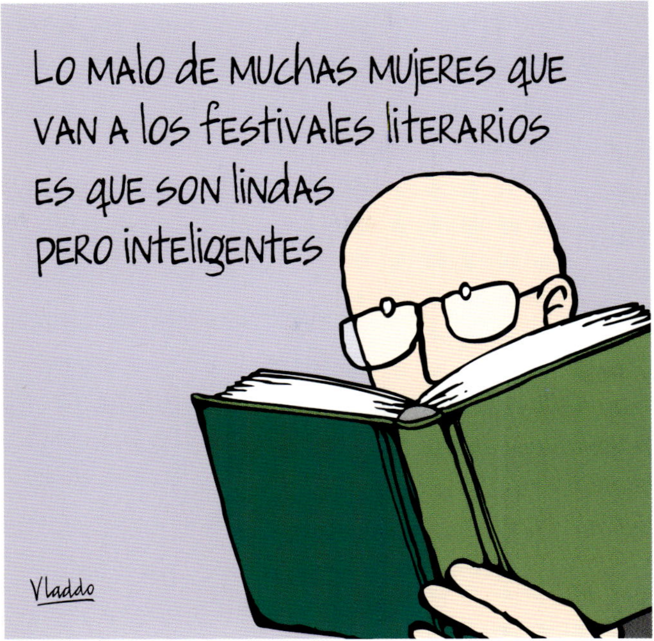
LO MALO DE MUCHAS MUJERES QUE
VAN A LOS FESTIVALES LITERARIOS
ES QUE SON LINDAS
PERO INTELIGENTES
Vladdo

464

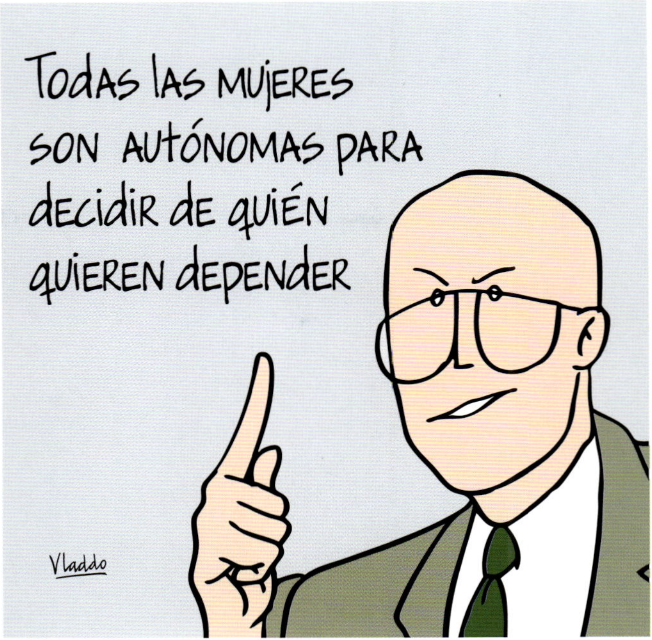
Todas las mujeres son autónomas para decidir de quién quieren depender
Vladdo

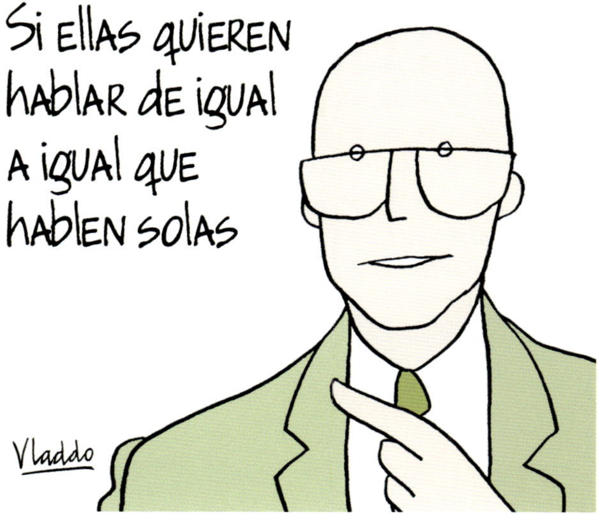
Si ellas quieren
hablar de igual
a igual que
hablen solas
Vladdo

468

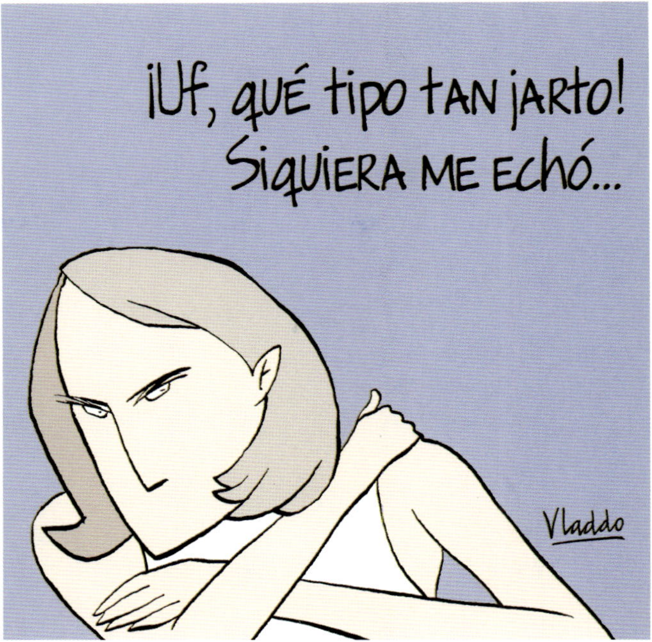
¡Uf, qué tipo tan jarto!
Siquiera me echó...
Vladdo

470

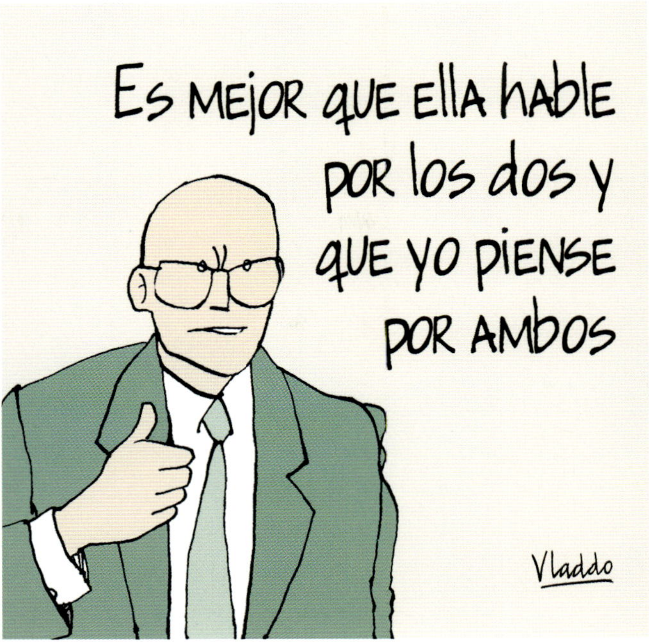
Es mejor que ella hable por los dos y que yo piense por ambos
Vladdo

472

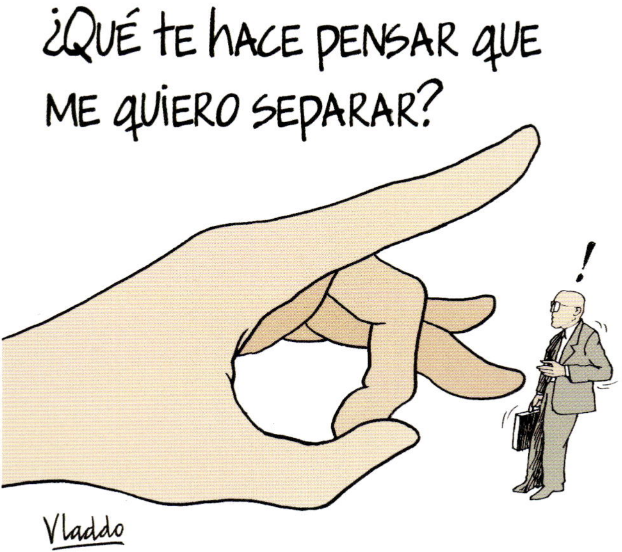
¿QUÉ TE HACE PENSAR QUE ME QUIERO SEPARAR?
!
Vladdo

474

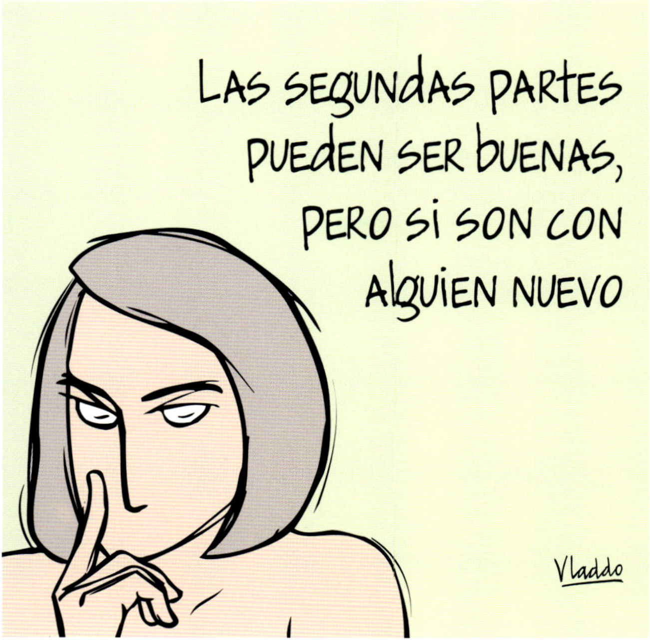

LAS SEGUNDAS PARTES PUEDEN SER BUENAS, PERO SI SON CON ALGUIEN NUEVO
Vladdo

476

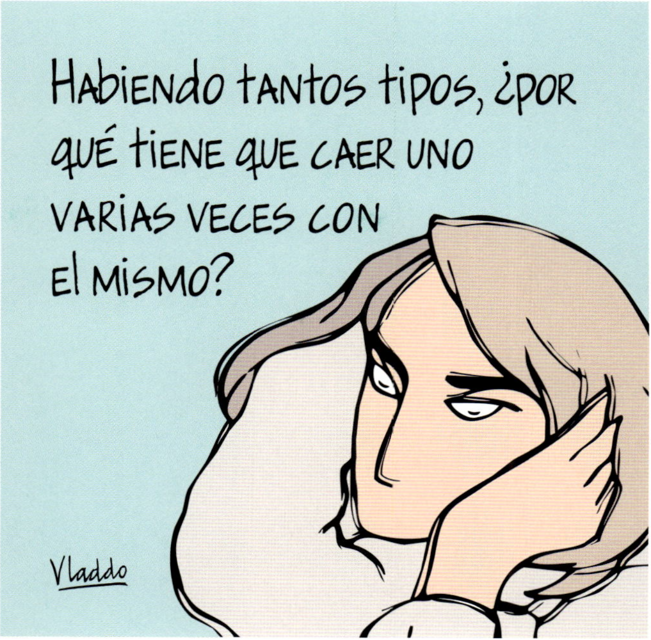
Habiendo tantos tipos, ¿por qué tiene que caer uno varias veces con el mismo?
Vladdo

478

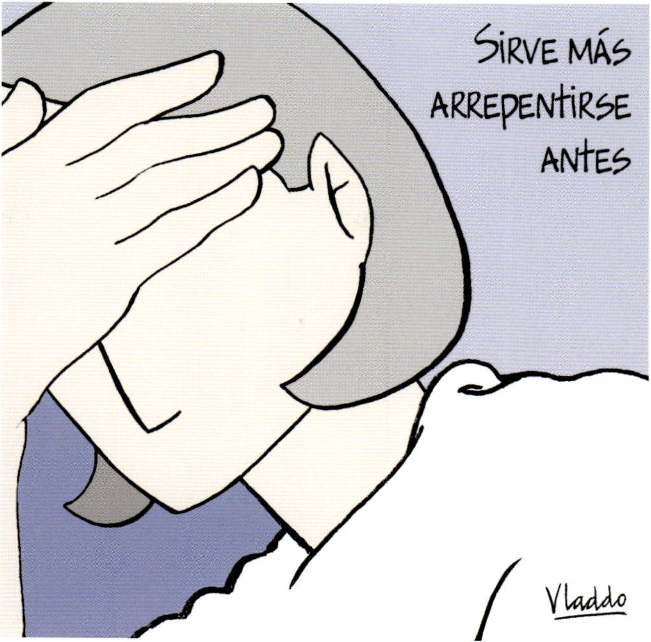
SIRVE MÁS ARREPENTIRSE ANTES
Vladdo

480

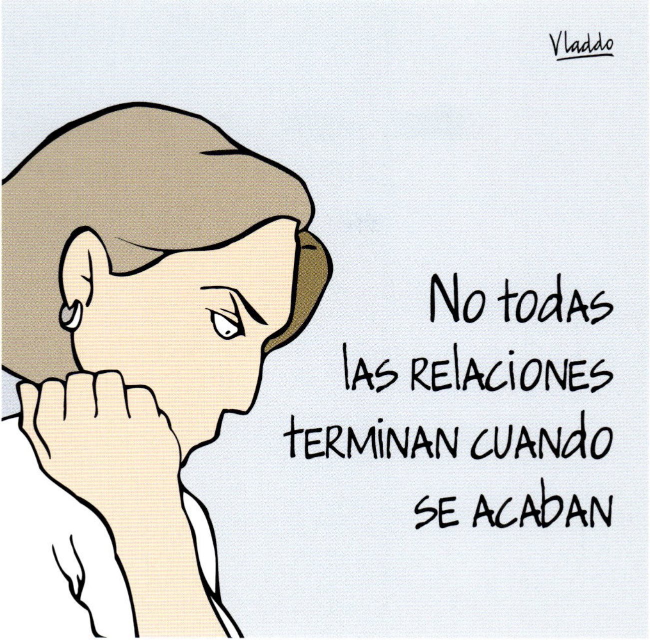
Vladdo
No todas
las relaciones
terminan cuando
se acaban

482

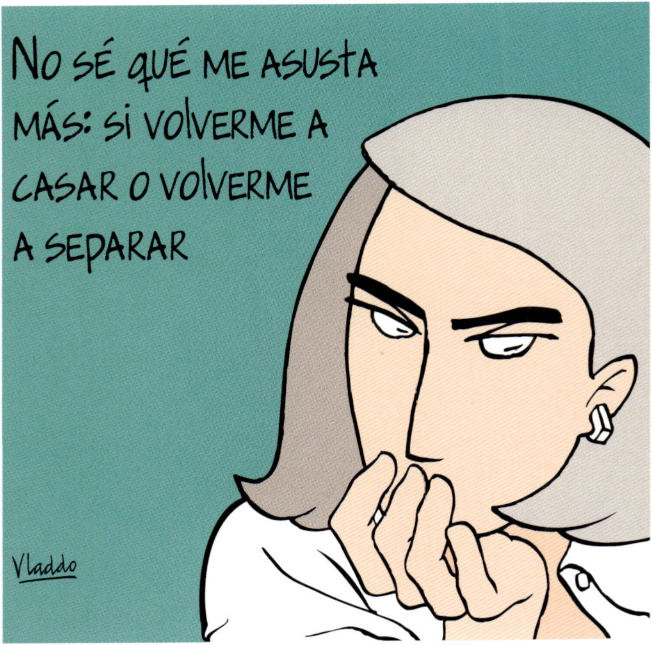
No sé qué me asusta más: si volverme a casar o volverme a separar
Vladdo

484

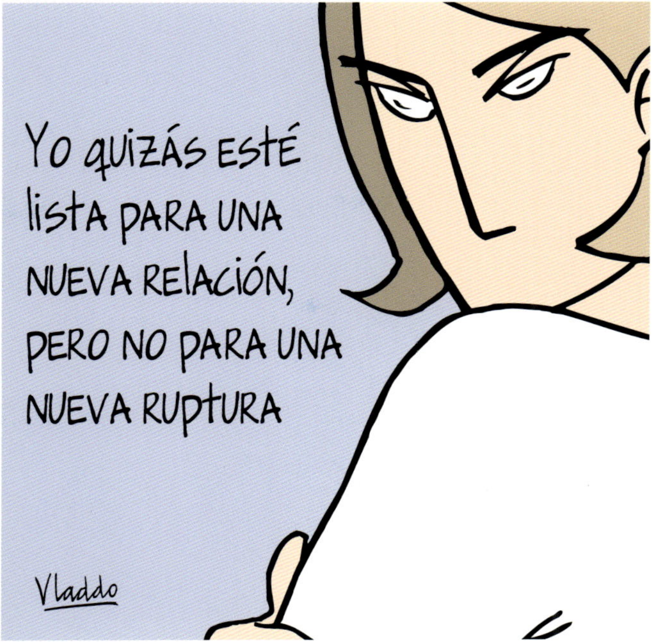
Yo quizás esté lista para una nueva relación, pero no para una nueva ruptura
Vladdo

486

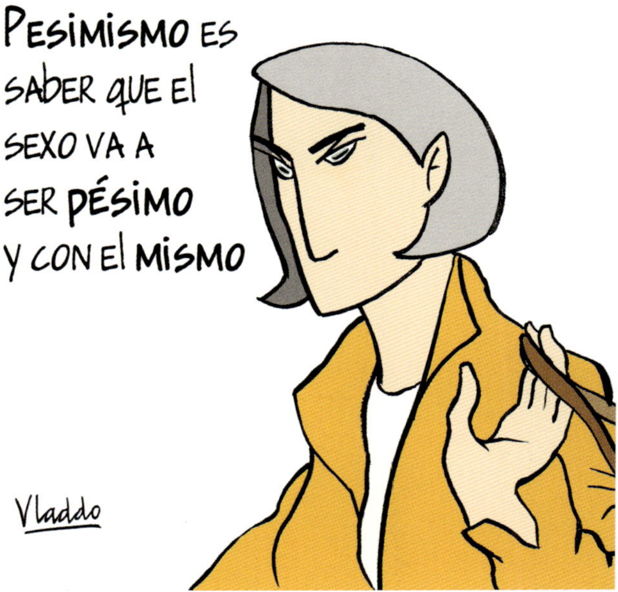
PESIMISMO ES SABER QUE EL SEXO VA A SER PÉSIMO Y CON EL MISMO
Vladdo

488

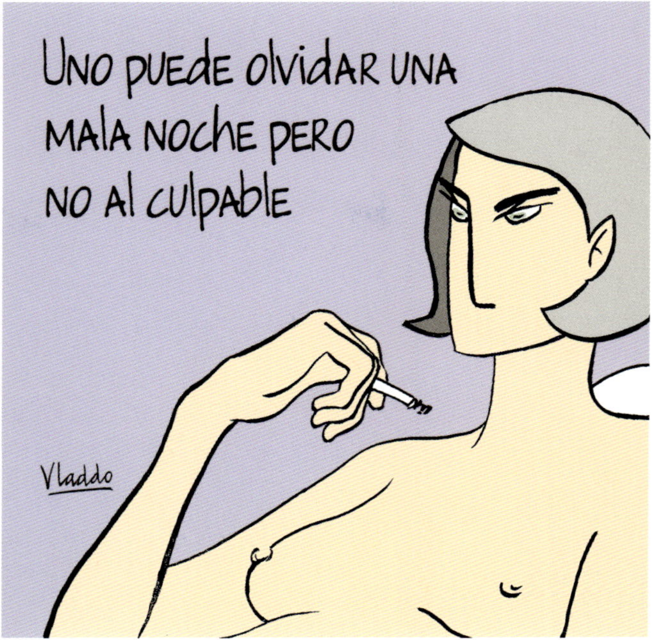
UNO PUEDE OLVIDAR UNA
MALA NOCHE PERO
NO AL CULPABLE
Vladdo

490

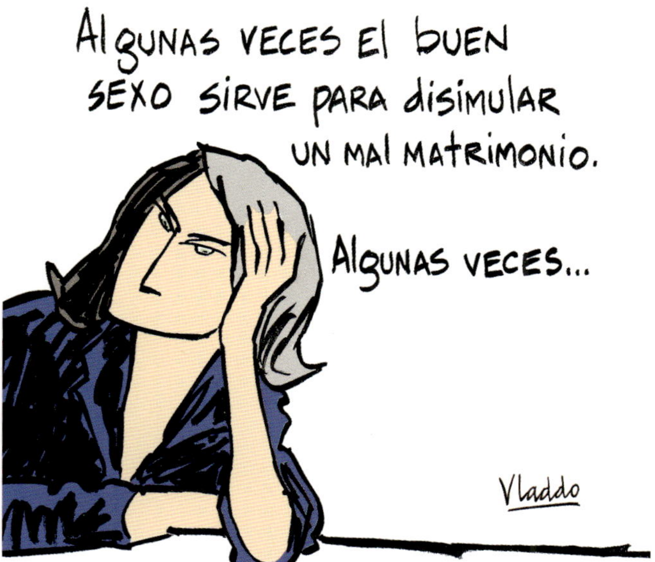
Algunas veces el buen sexo sirve para disimular un mal matrimonio.
Algunas veces...
Vladdo

492

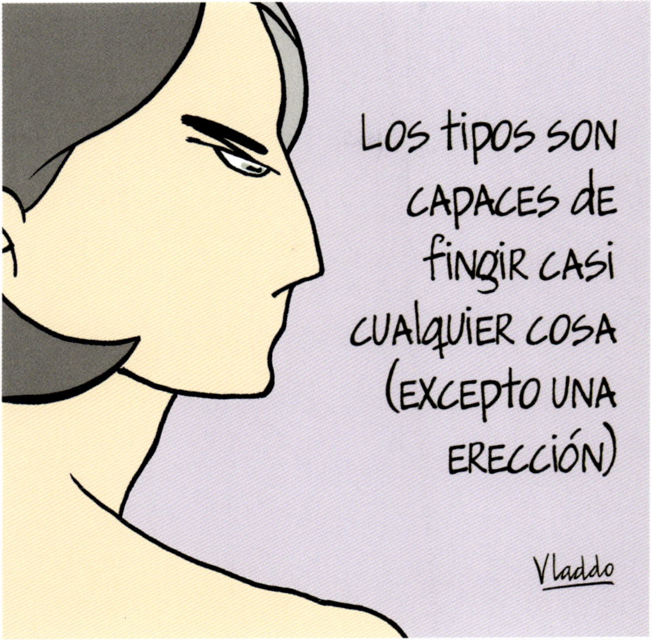
Los tipos son capaces de fingir casi cualquier cosa (excepto una erección)
Vladdo

494

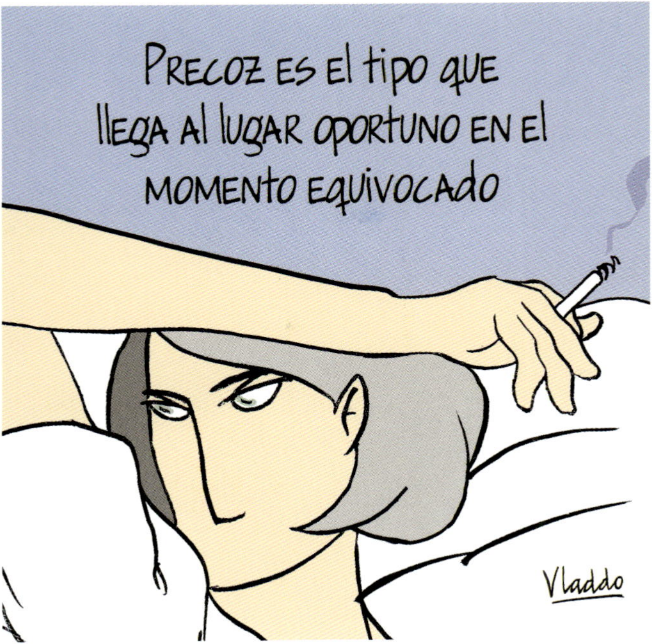
Precoz es el tipo que llega al lugar oportuno en el momento equivocado
Vladdo

496

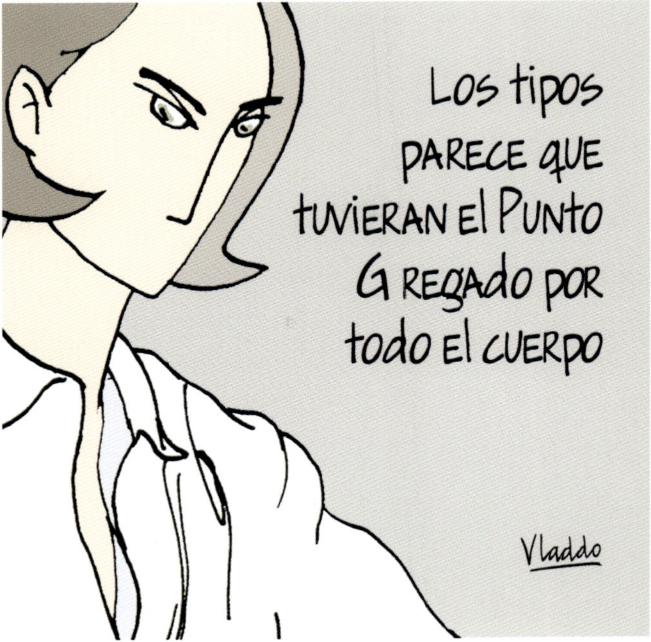
Los tipos parece que tuvieran el Punto G regado por todo el cuerpo
Vladdo

498

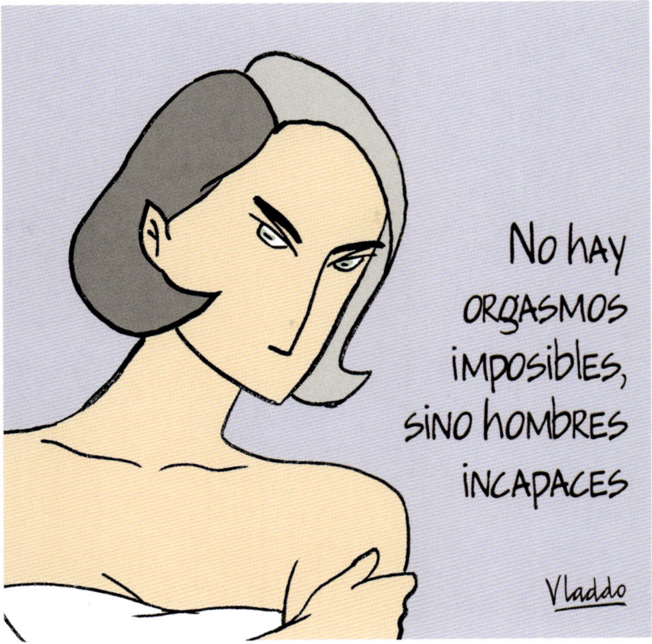
No hay
orgasmos
imposibles,
sino hombres
incapaces
Vladdo

500

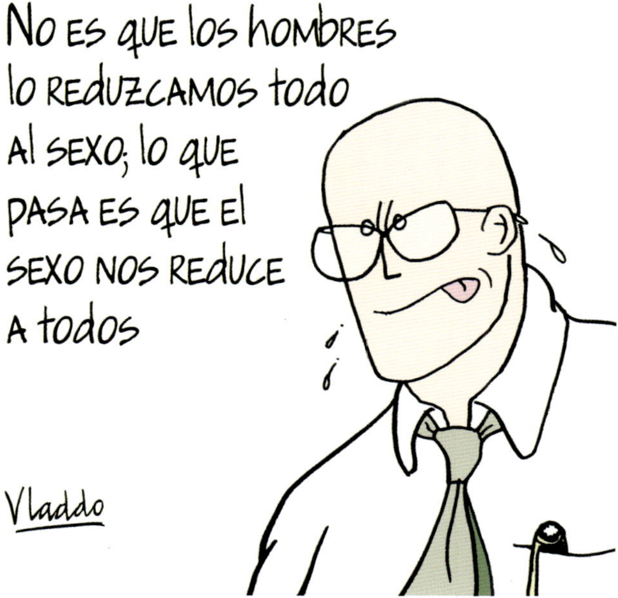
No es que los hombres lo reduzcamos todo al sexo; lo que pasa es que el sexo nos reduce a todos
Vladdo

502

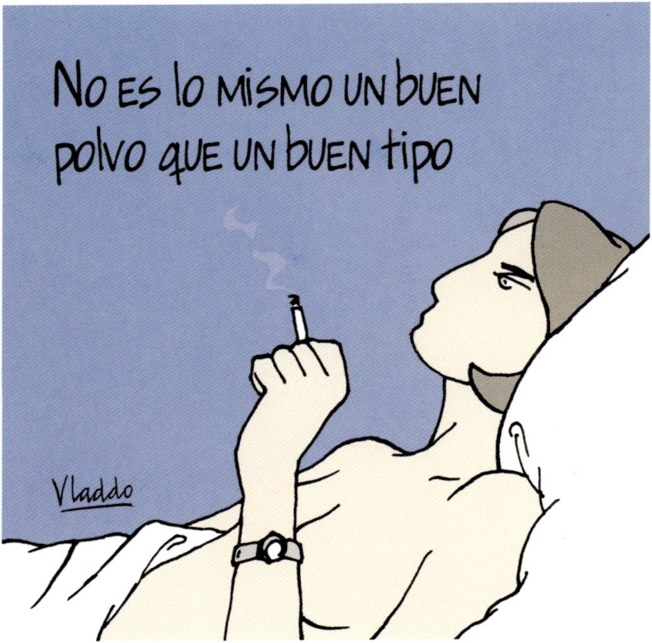
No es lo mismo un buen polvo que un buen tipo
Vladdo

504

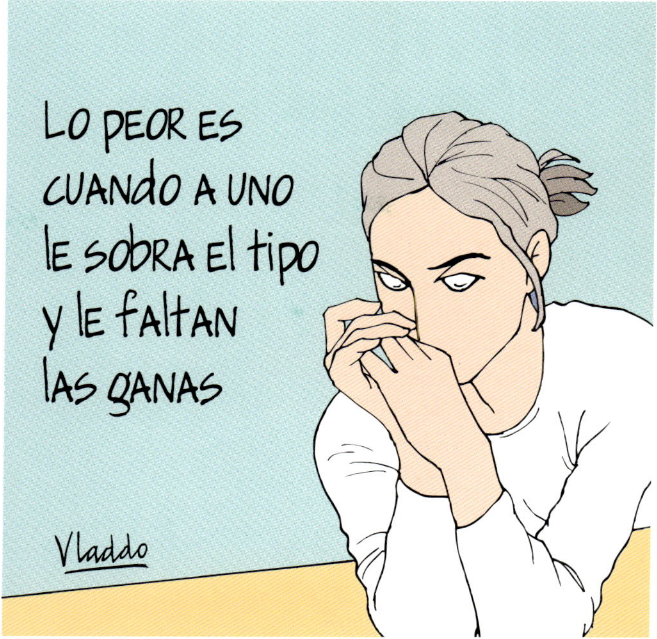
Lo peor es cuando a uno le sobra el tipo y le faltan las ganas
Vladdo

506

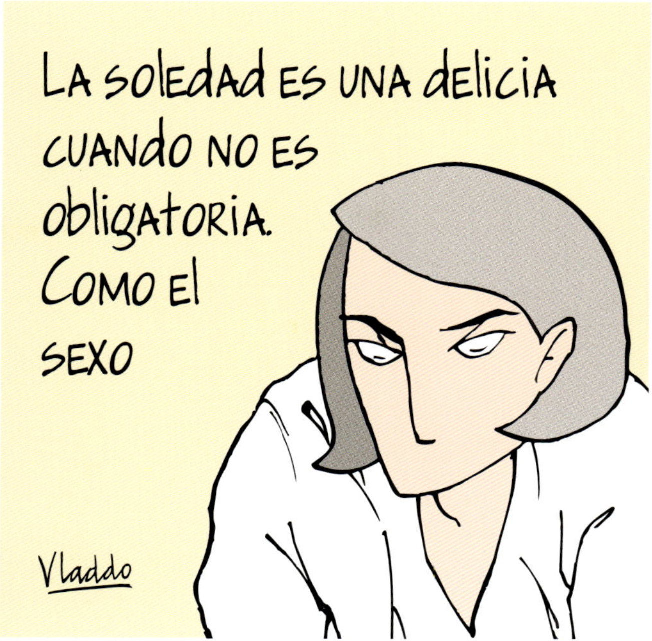
LA soledad es una delicia cuando no es obligatoria. Como el sexo
Vladdo

508

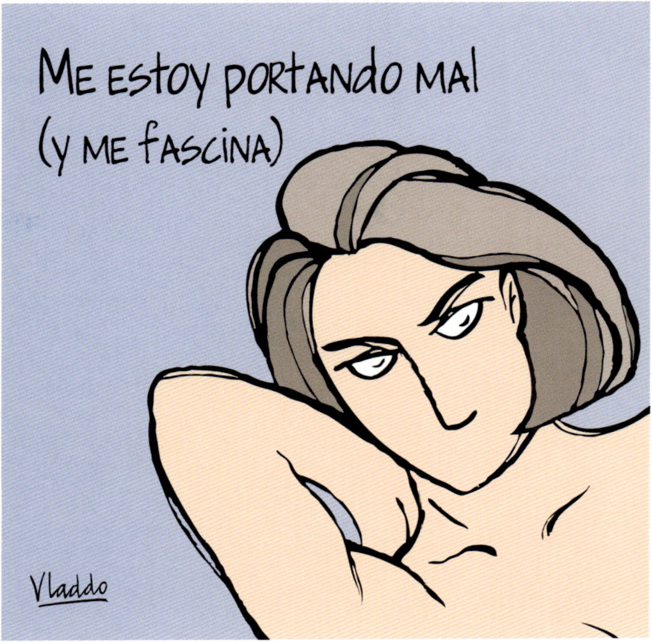
ME ESTOY PORTANDO MAL
(Y ME FASCINA)
Vladdo

510

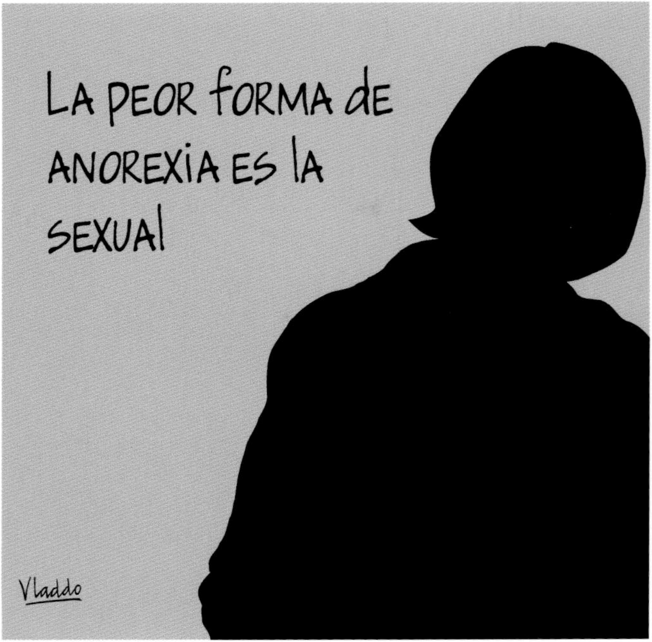
LA PEOR FORMA DE ANOREXIA ES LA SEXUAL
Vladdo

512

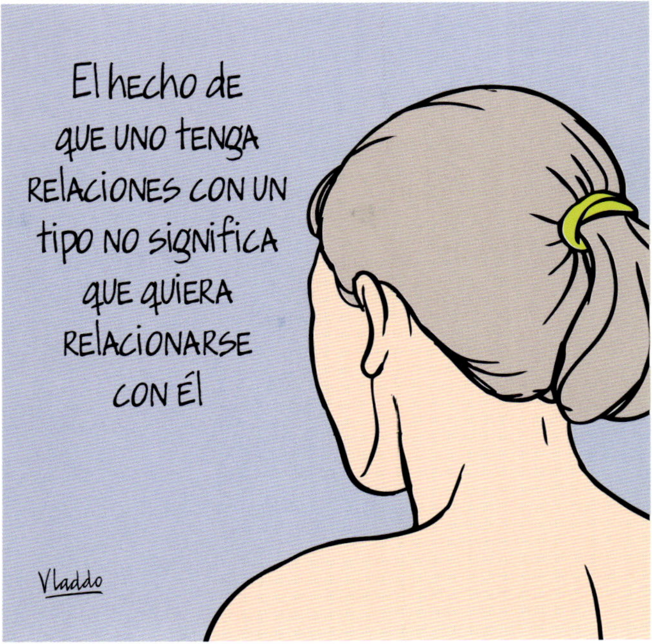
El hecho de que uno tenga relaciones con un tipo no significa que quiera relacionarse con él
Vladdo

514

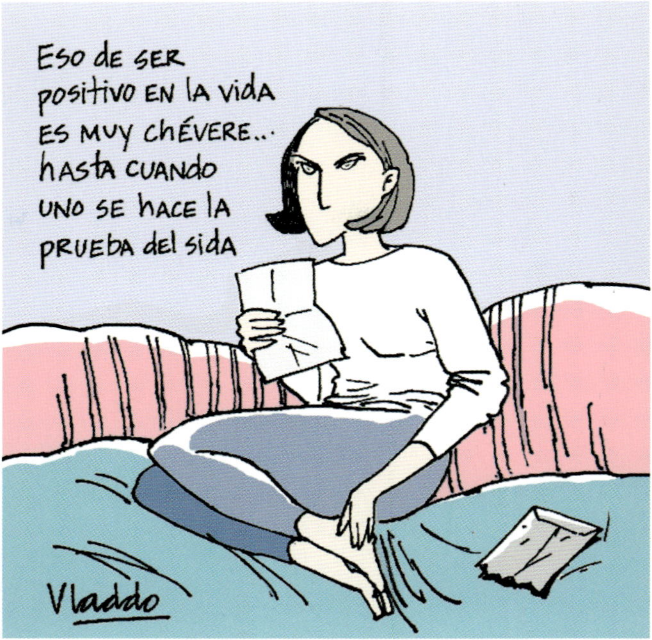
Eso de ser positivo en la vida es muy chévere... hasta cuando uno se hace la prueba del sida
Vladdo

516

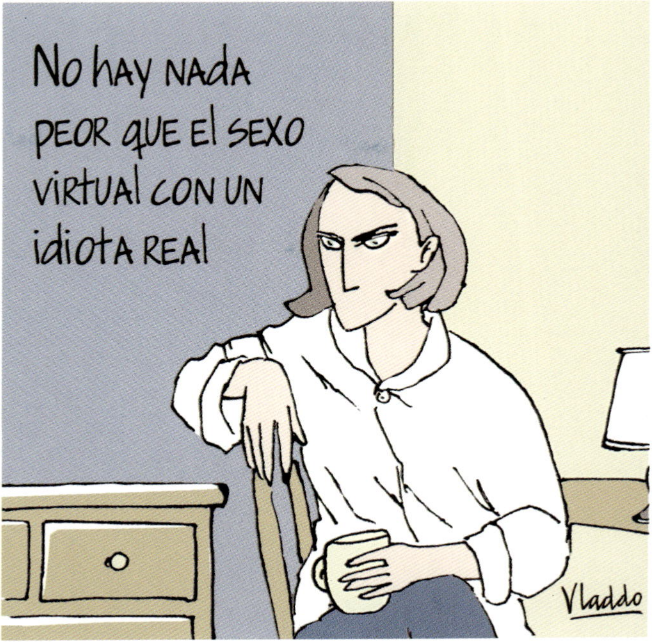
No hay nada peor que el sexo virtual con un idiota real
Vladdo

518

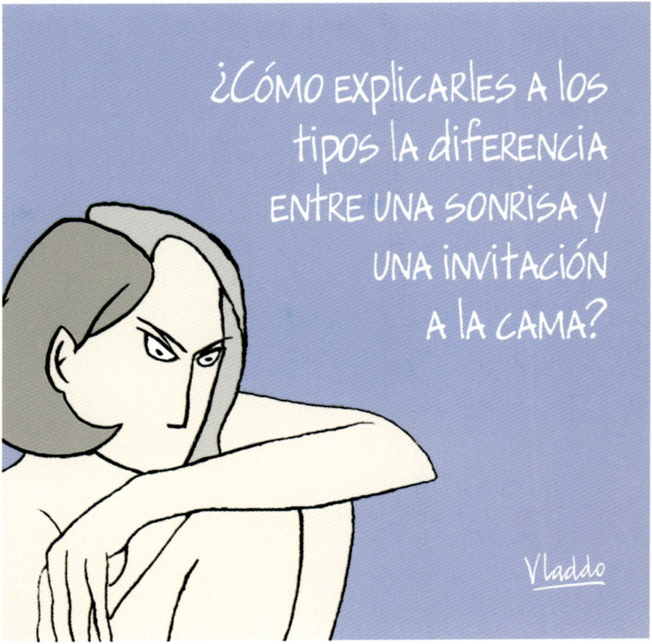
¿CÓMO EXPLICARLES A LOS TIPOS LA DIFERENCIA ENTRE UNA SONRISA Y UNA INVITACIÓN A LA CAMA?
Vladdo

520

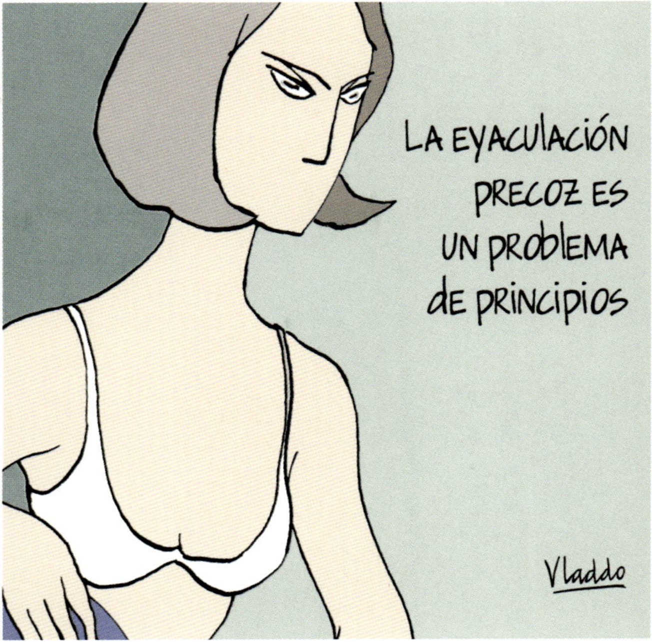
LA EYACULACIÓN
PRECOZ ES
UN PROBLEMA
DE PRINCIPIOS
Vladdo

522

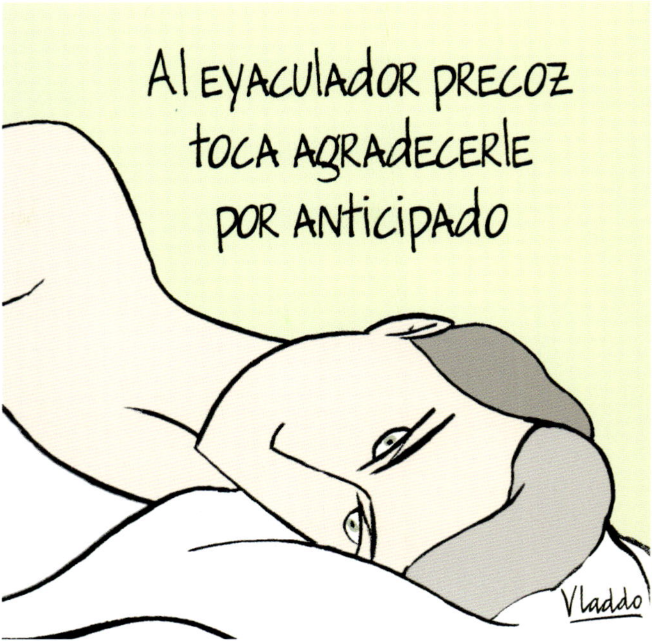
Al eyaculador precoz toca agradecerle por anticipado
Vladdo

524

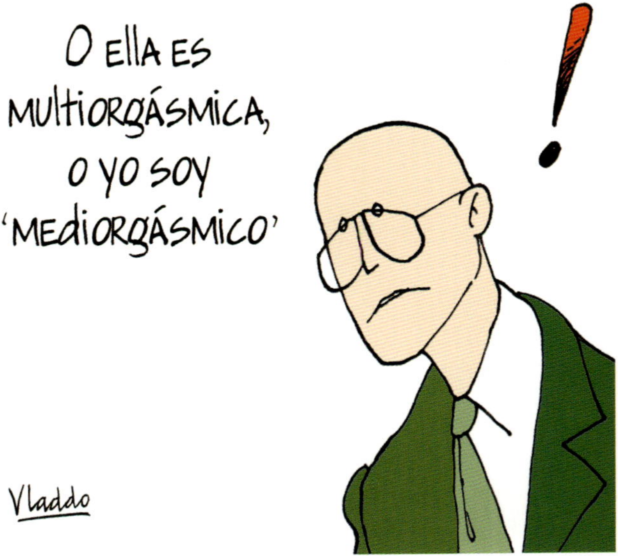
O ella es multiorgásmica, o yo soy 'mediorgásmico'
!
Vladdo

526

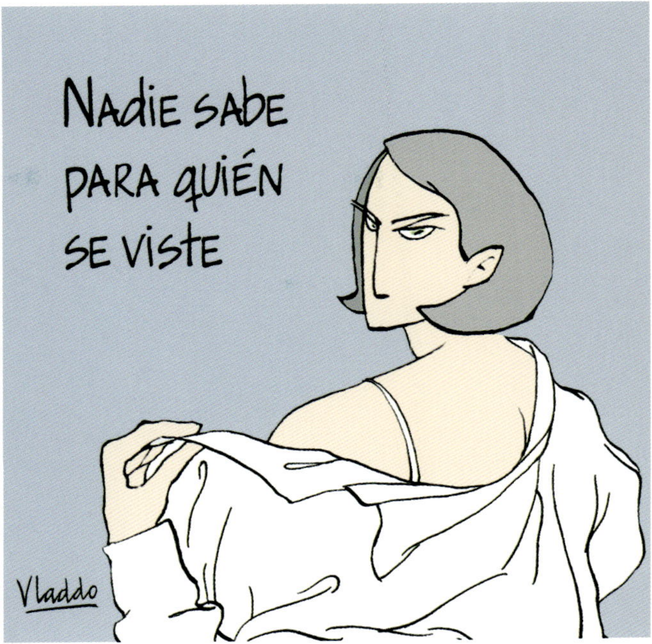
Nadie sabe
para quién
se viste
Vladdo

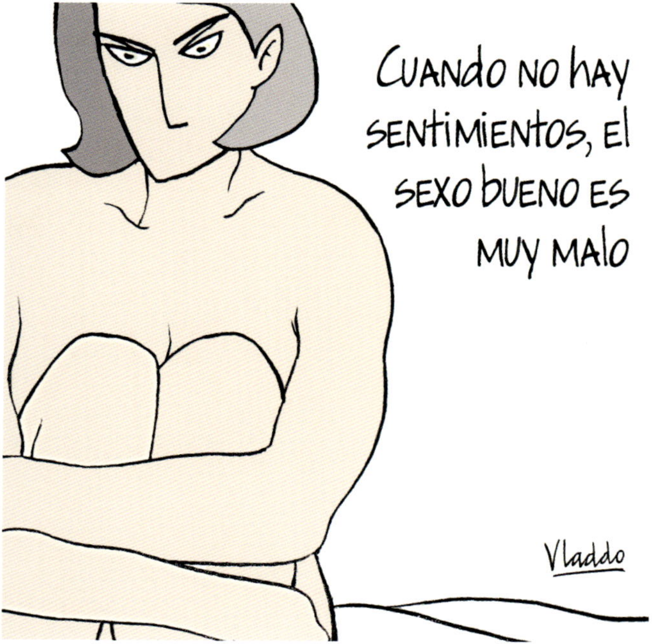
Cuando no hay sentimientos, el sexo bueno es muy malo
Vladdo

530

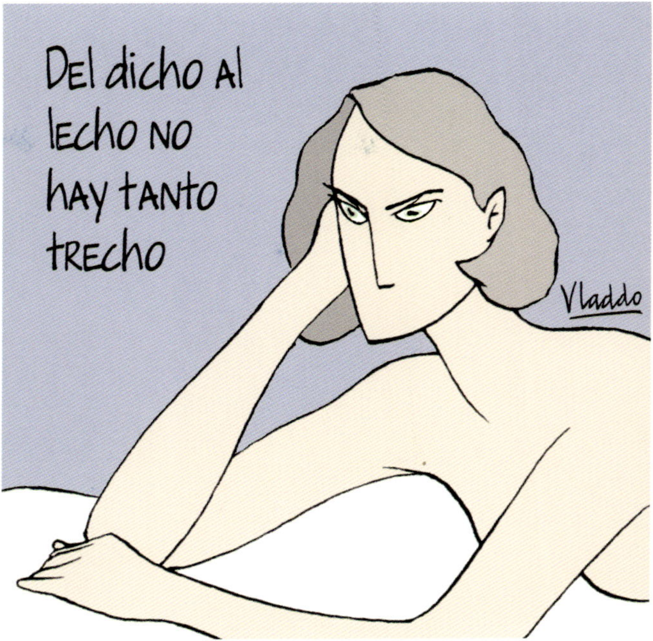
Del dicho al lecho no hay tanto trecho
Vladdo

532

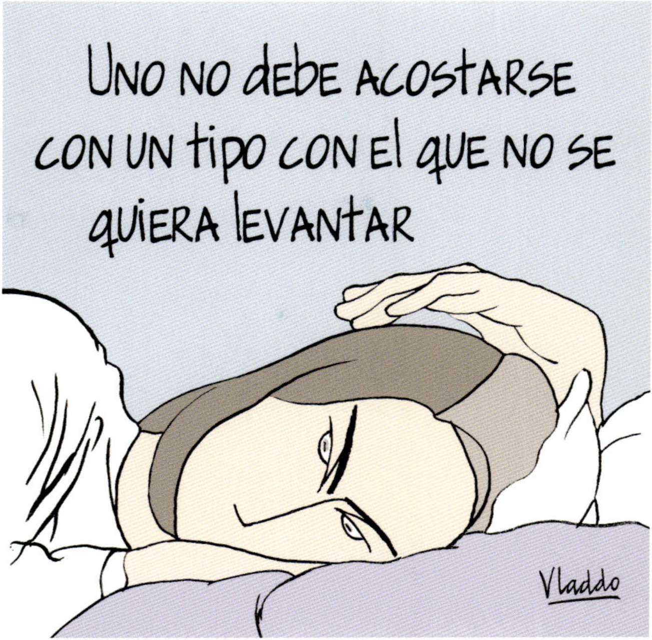
UNO NO DEBE ACOSTARSE CON UN TIPO CON EL QUE NO SE QUIERA LEVANTAR
Vladdo

534

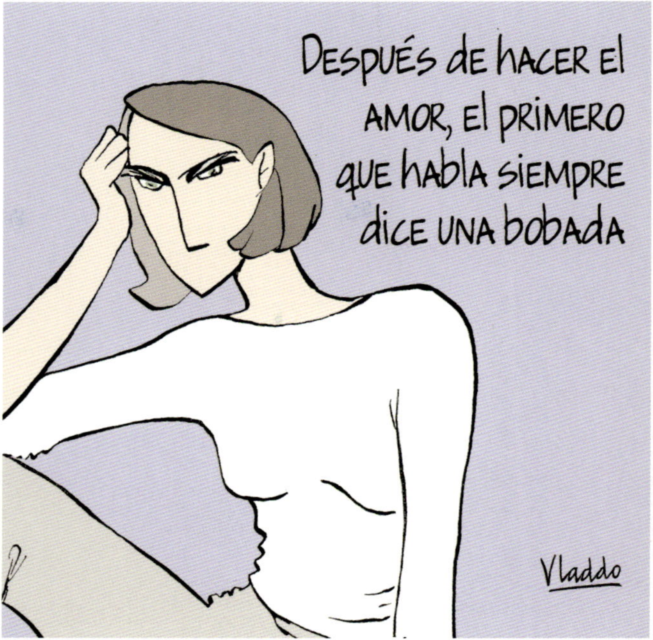
Después de hacer el amor, el primero que habla siempre dice una bobada
Vladdo

536

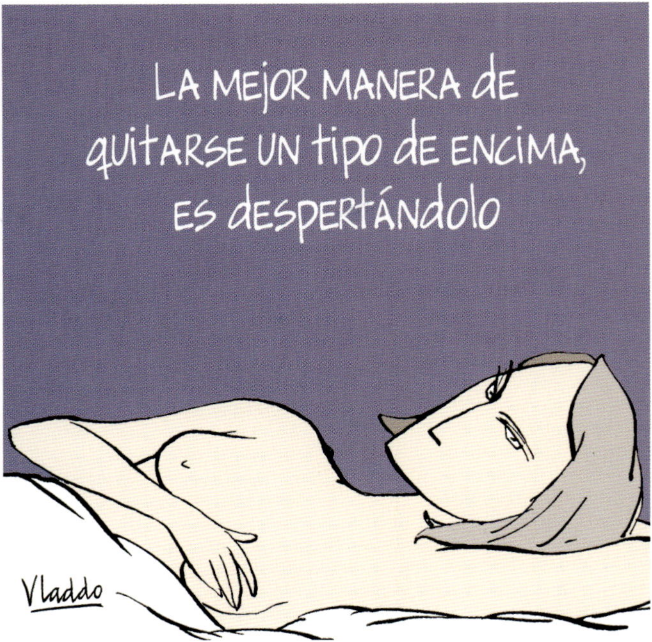
LA MEJOR MANERA DE QUITARSE UN TIPO DE ENCIMA, ES DESPERTÁNDOLO
Vladdo

538

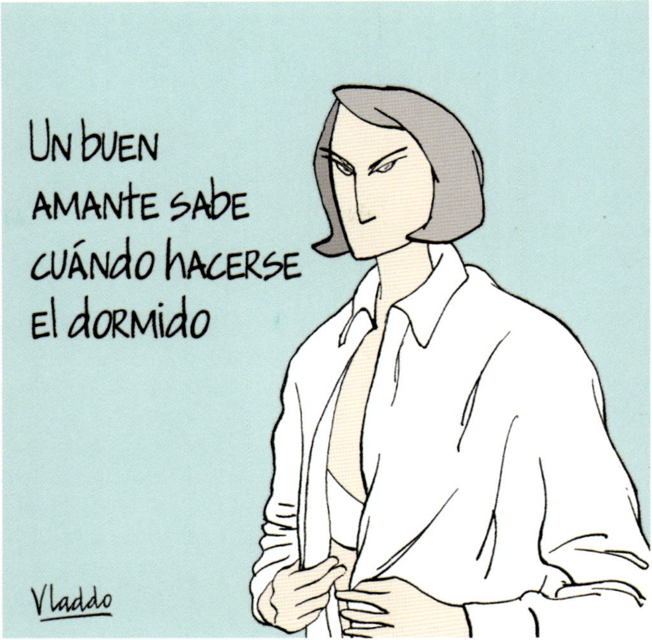
Un buen amante sabe cuándo hacerse el dormido
Vladdo

540

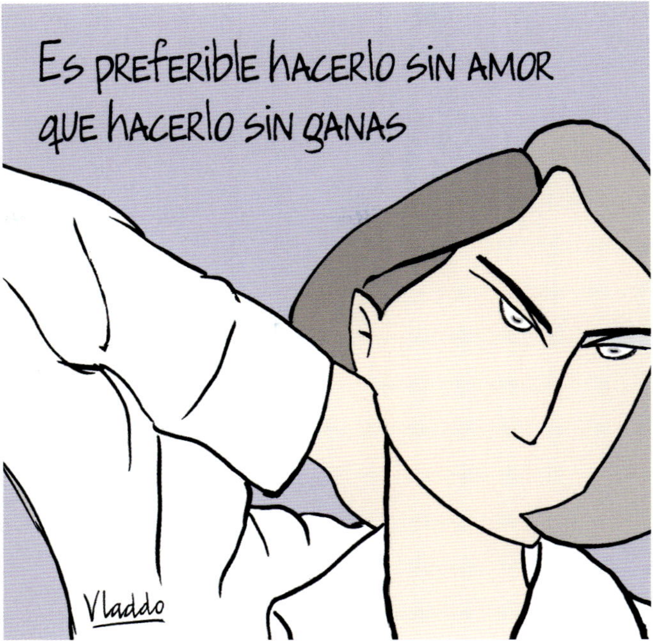
Es preferible hacerlo sin amor
que hacerlo sin ganas
Vladdo

542

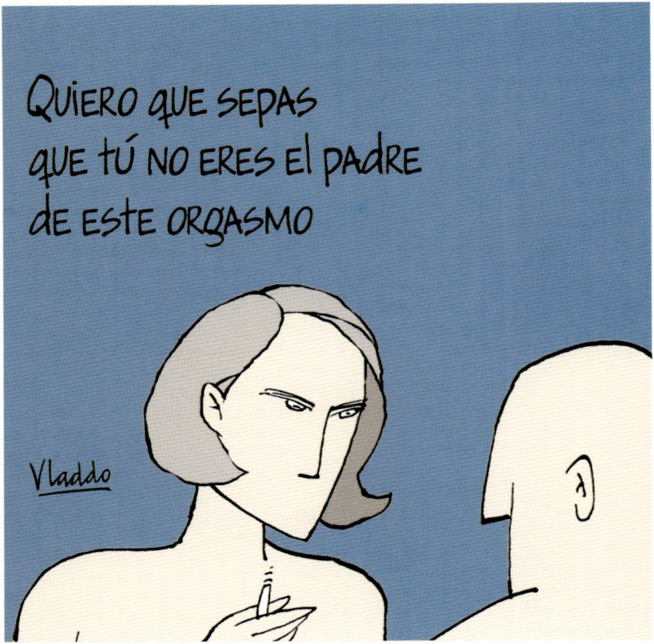
Quiero que sepas
que tú no eres el padre
de este orgasmo
Vladdo

544

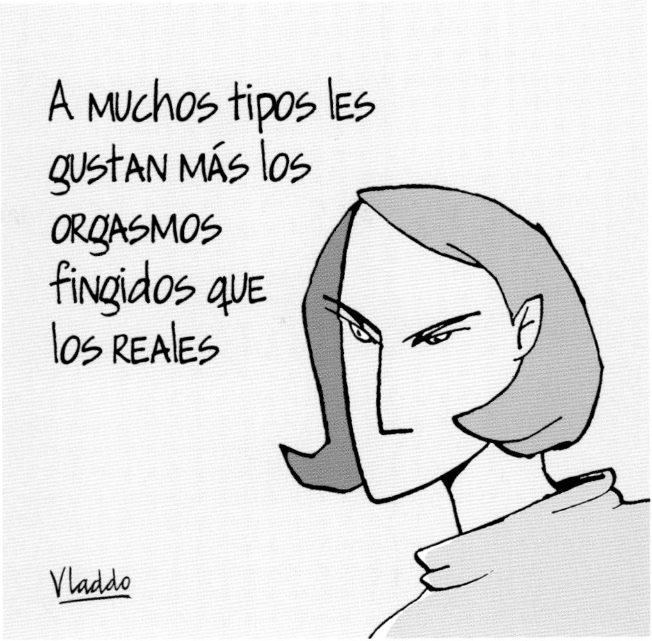
A muchos tipos les gustan más los orgasmos fingidos que los reales
Vladdo

546

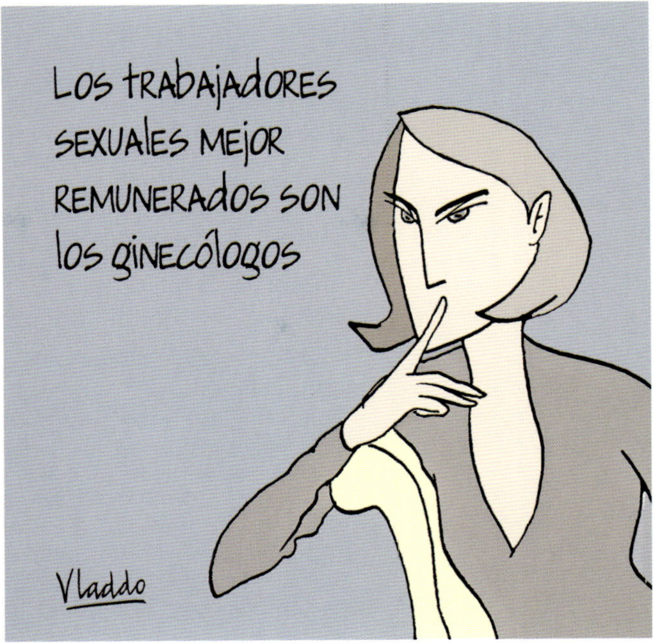
Los trabajadores sexuales mejor remunerados son los ginecólogos
Vladdo

548

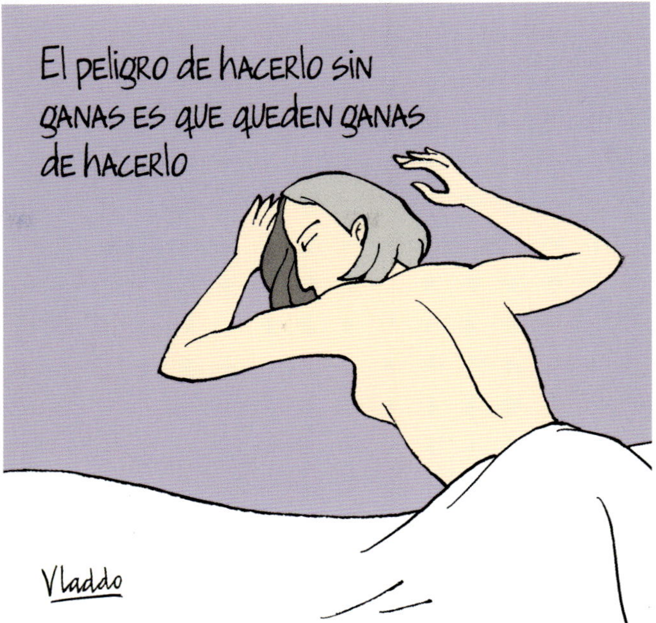
El peligro de hacerlo sin ganas es que queden ganas de hacerlo
Vladdo

550

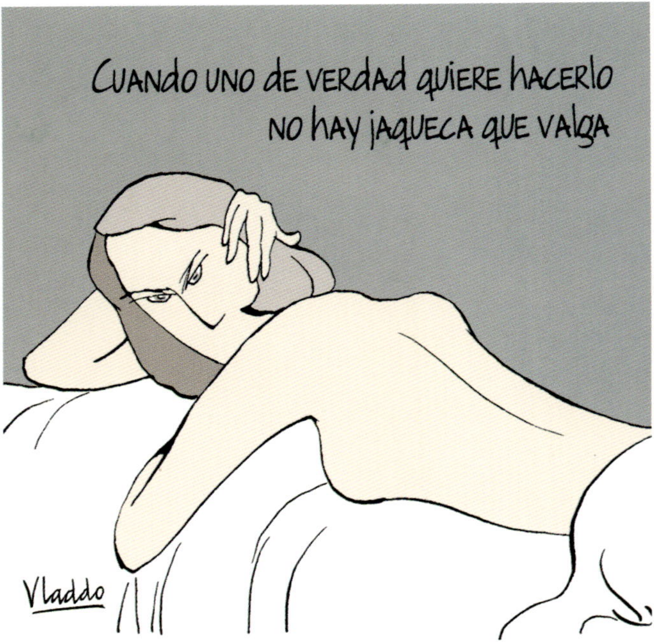
CUANDO UNO DE VERDAD QUIERE HACERLO
NO HAY JAQUECA QUE VALGA
Vladdo

552

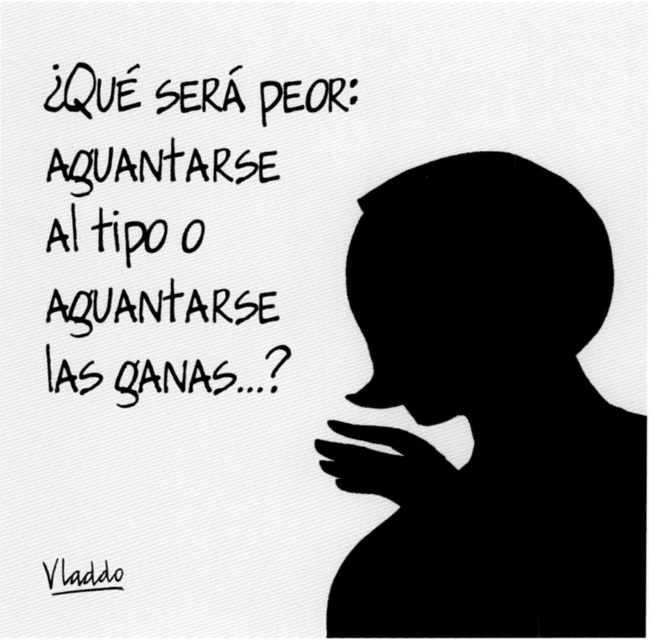
¿QUÉ SERÁ PEOR: AGUANTARSE AL TIPO O AGUANTARSE LAS GANAS...?
Vladdo

554

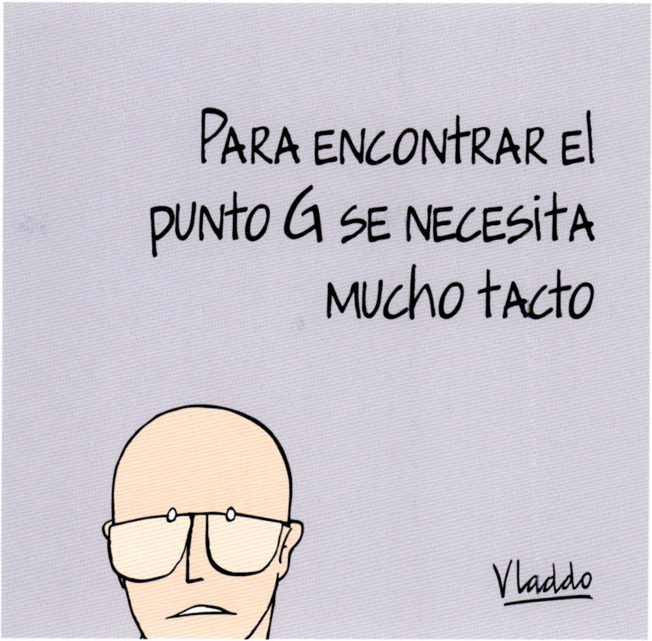
PARA ENCONTRAR EL PUNTO G SE NECESITA MUCHO TACTO
Vladdo

556

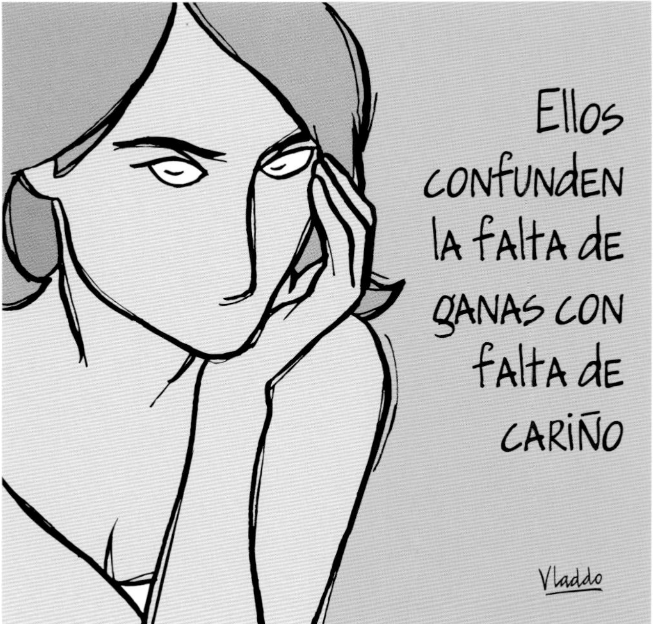
Ellos confunden la falta de ganas con falta de cariño
Vladdo

558

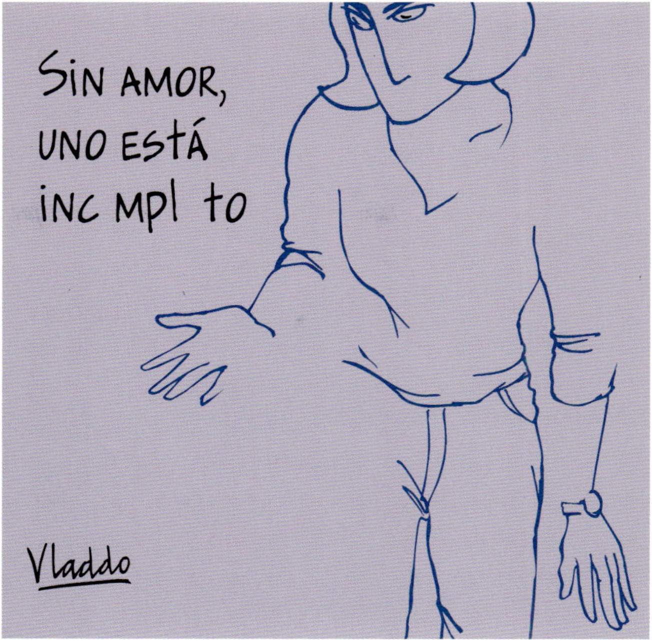
SIN AMOR,
UNO ESTÁ
inc mpl to
Vladdo

560

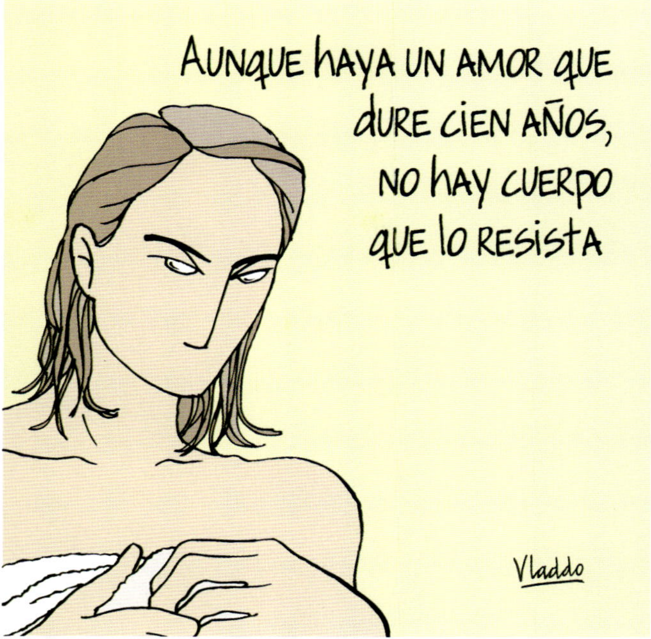
AUNQUE HAYA UN AMOR QUE
DURE CIEN AÑOS,
NO HAY CUERPO
QUE LO RESISTA
Vladdo

562

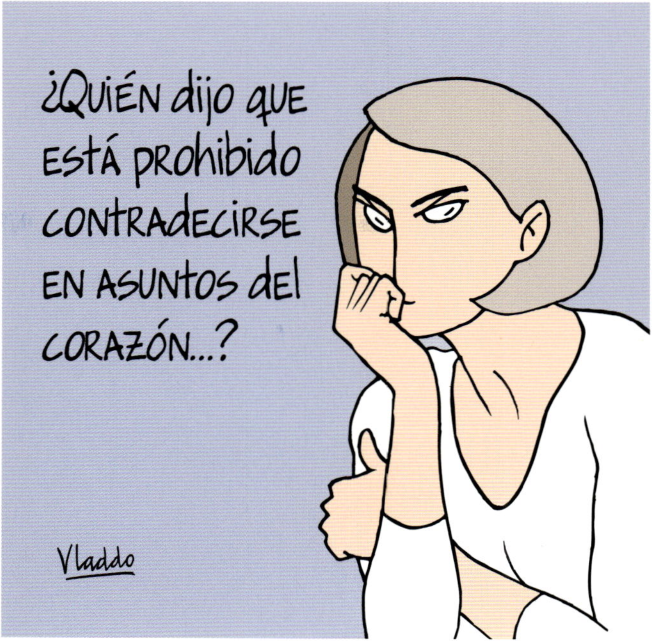
¿QUIÉN dijo QUE ESTÁ prohibido CONTRAdECIRSE EN ASUNTOS dEl CORAZÓN...?
Vladdo

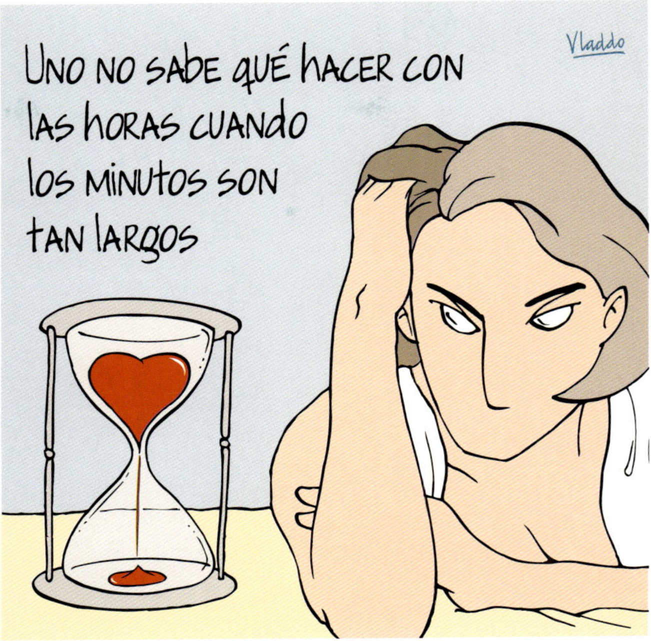
Uno no sabe qué hacer con las horas cuando los minutos son tan largos
Vladdo

566

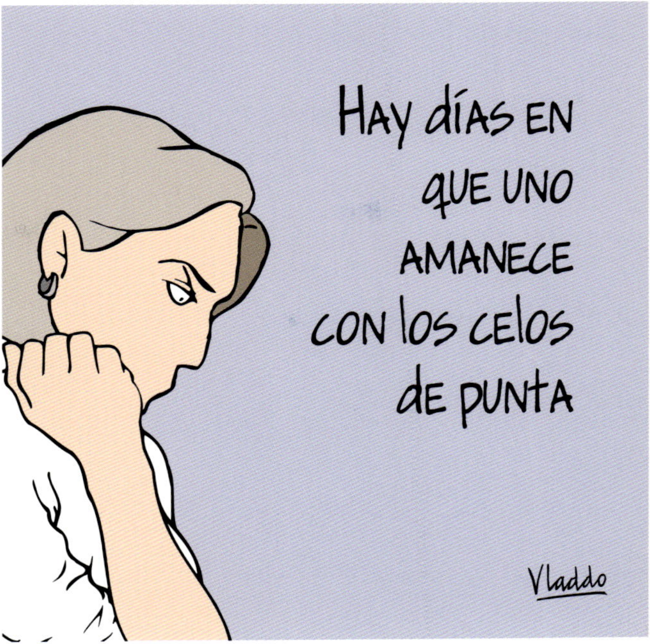
Hay días en
que uno
amanece
con los celos
de punta
Vladdo

568

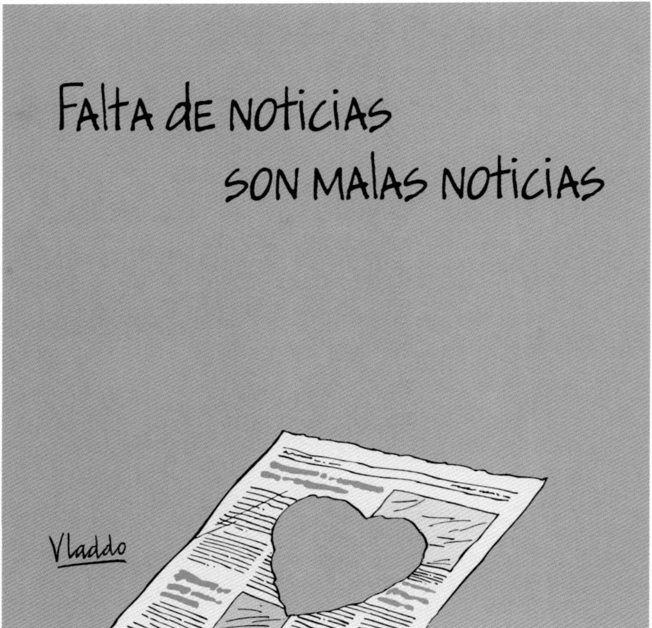
Falta de noticias
son malas noticias
Vladdo

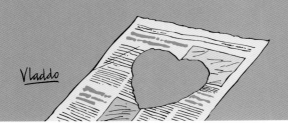

570

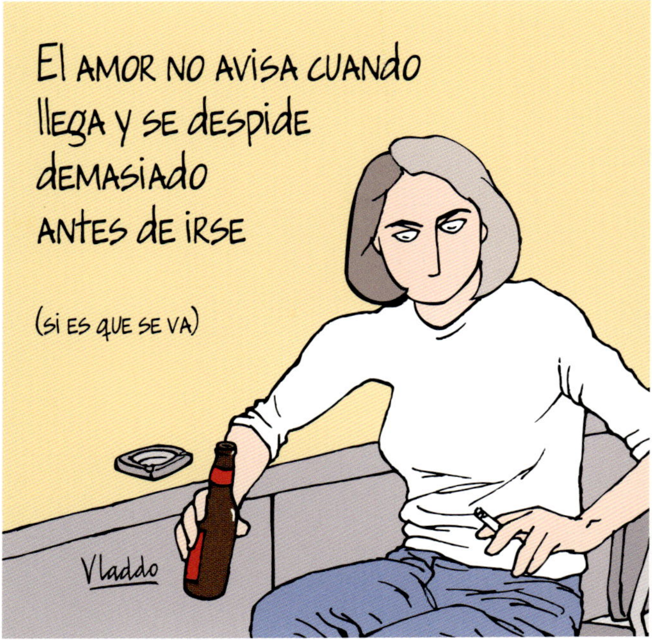
El AMOR NO AVISA CUANdo
llEGA y SE despidE
dEMASIAdo
ANTES dE IRSE
(SI ES QUE SE VA)
Vladdo

572

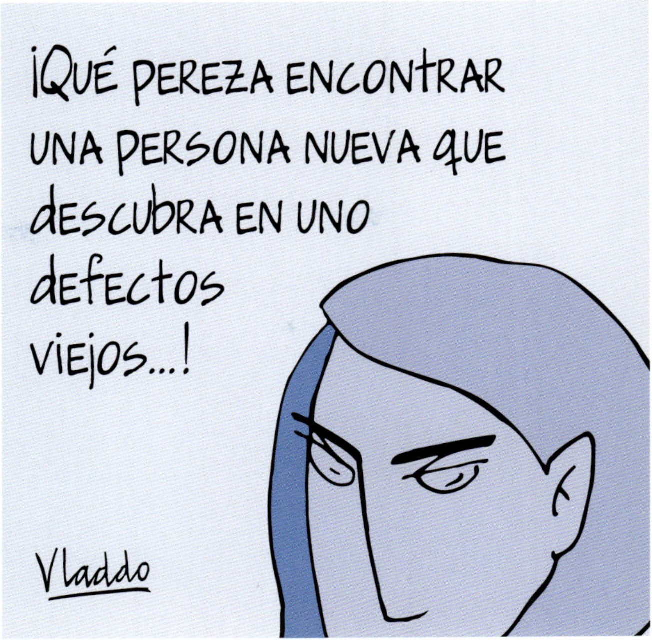
¡QUÉ PEREZA ENCONTRAR UNA PERSONA NUEVA QUE DESCUBRA EN UNO DEFECTOS VIEJOS...!
Vladdo

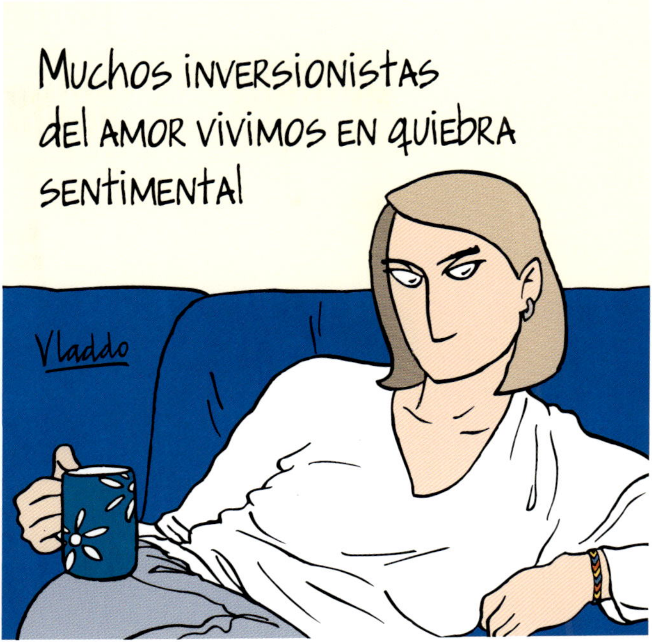
Muchos inversionistas del amor vivimos en quiebra sentimental
Vladdo

576

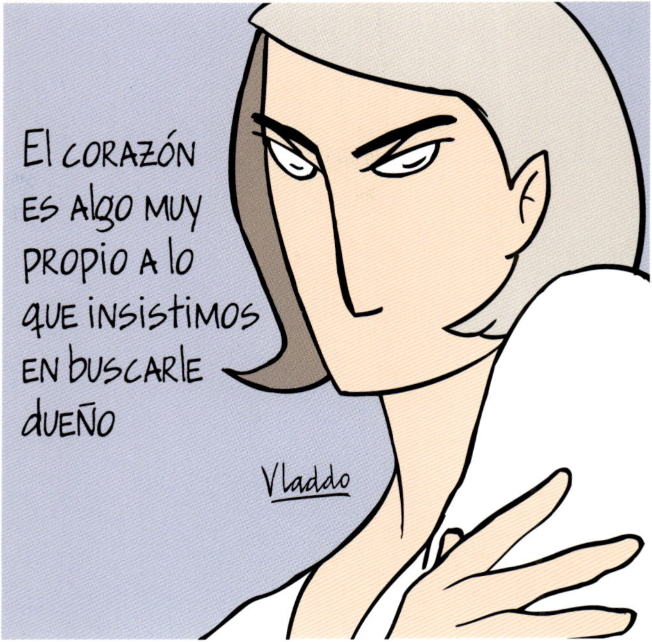
El corazón es algo muy propio a lo que insistimos en buscarle dueño
Vladdo

578

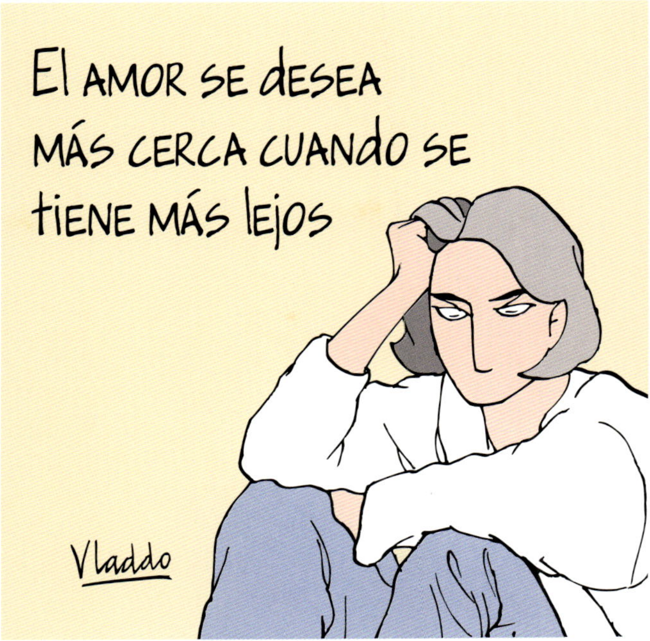
El amor se desea
más cerca cuando se
tiene más lejos
Vladdo

580

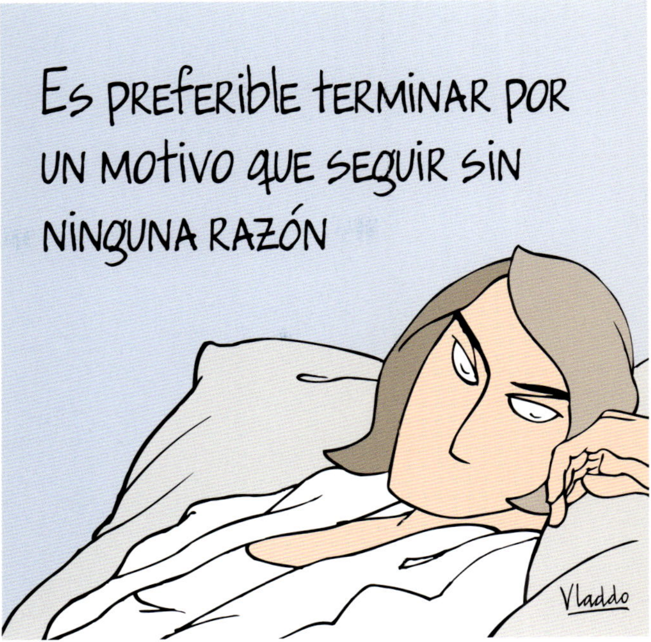
Es preferible terminar por un motivo que seguir sin ninguna razón
Vladdo

582

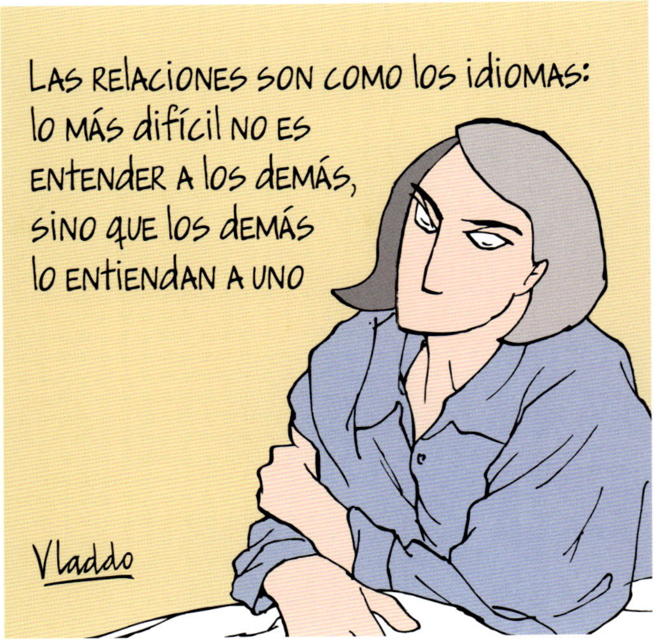
LAS RELACIONES SON COMO LOS IDIOMAS: LO MÁS DIFÍCIL NO ES ENTENDER A LOS DEMÁS, SINO QUE LOS DEMÁS LO ENTIENDAN A UNO
Vladdo

584

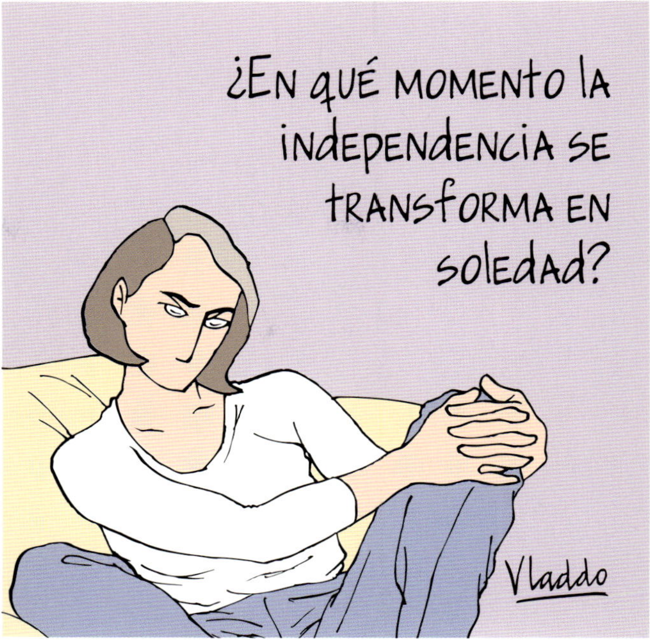
¿EN QUÉ MOMENTO LA INDEPENDENCIA SE TRANSFORMA EN SOLEDAD?
Vladdo

586

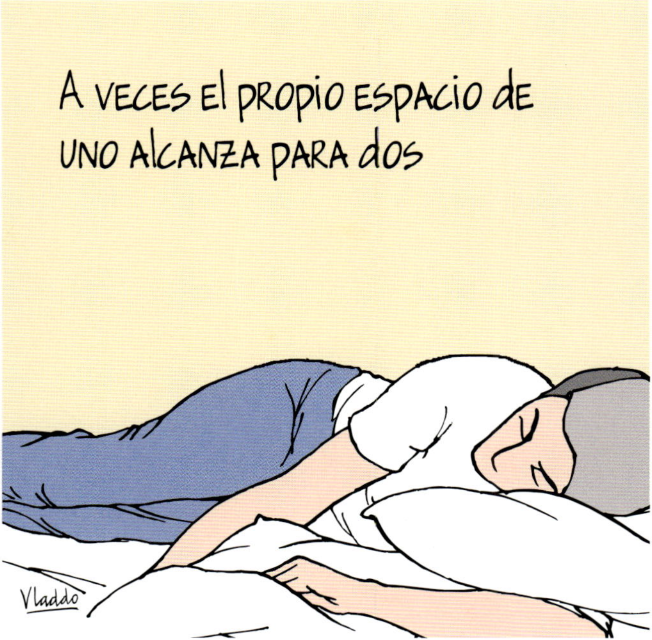
A VECES El PROPIO ESPACIO DE UNO AlCANZA PARA dOS
Vladdo

588

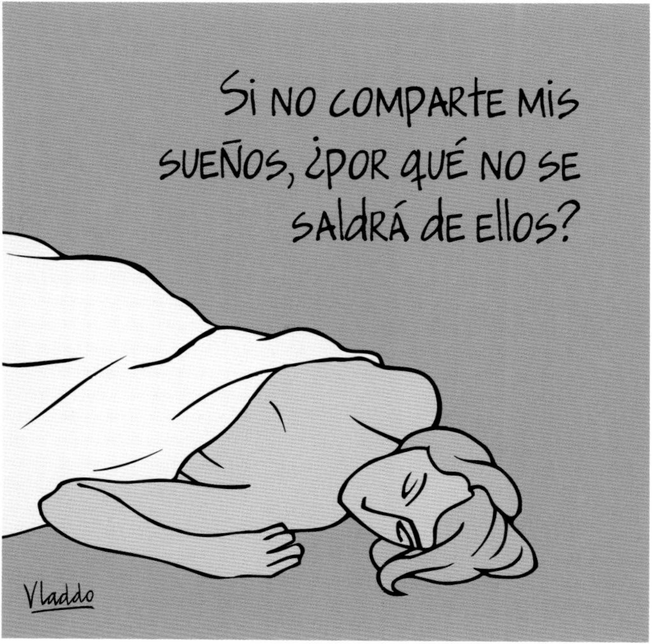
SI NO COMPARTE MIS SUEÑOS, ¿POR QUÉ NO SE SALDRÁ DE ELLOS?
Vladdo

590

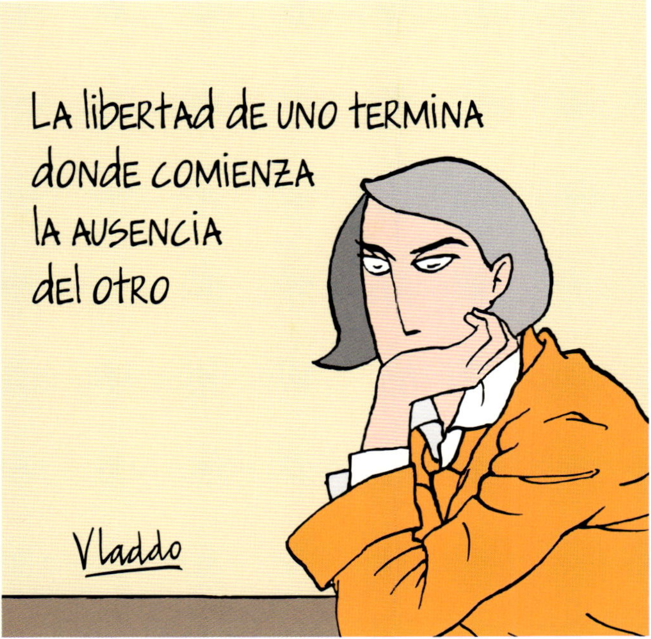
La libertad de uno termina
donde comienza
la ausencia
del otro
Vladdo

592

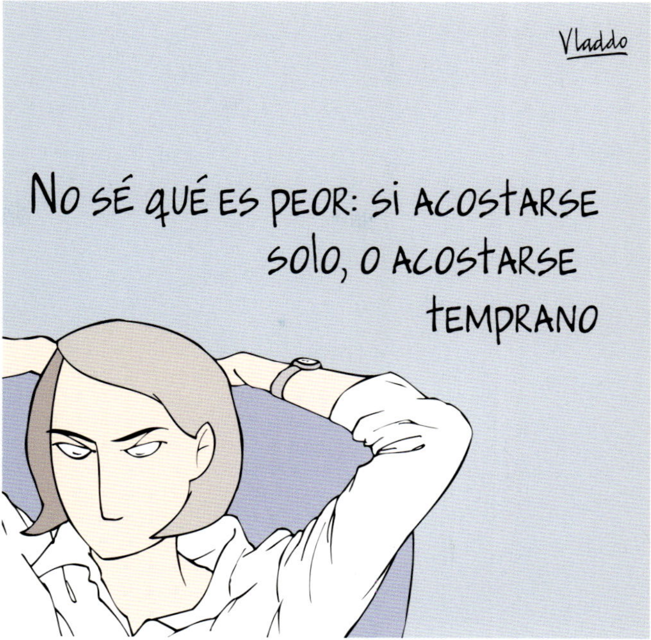
Vladdo
NO SÉ QUÉ ES PEOR: SI ACOSTARSE SOLO, O ACOSTARSE TEMPRANO

594

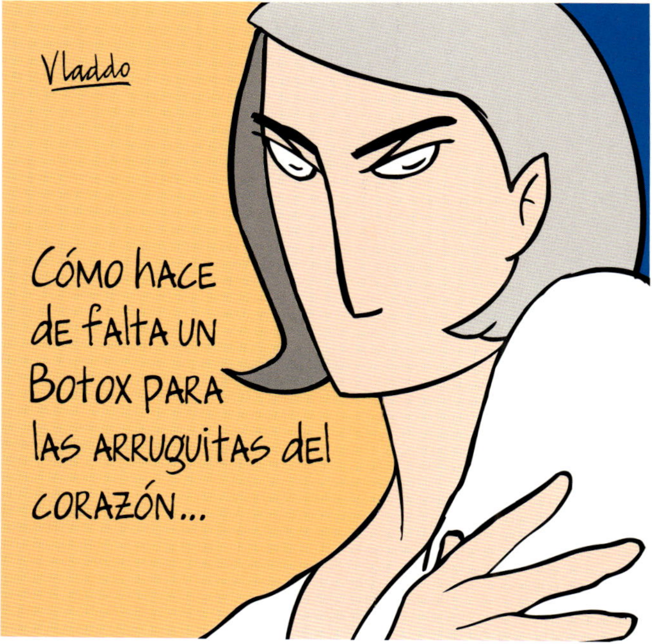
Vladdo
Cómo hace de falta un Botox para las arruguitas del corazón...

596

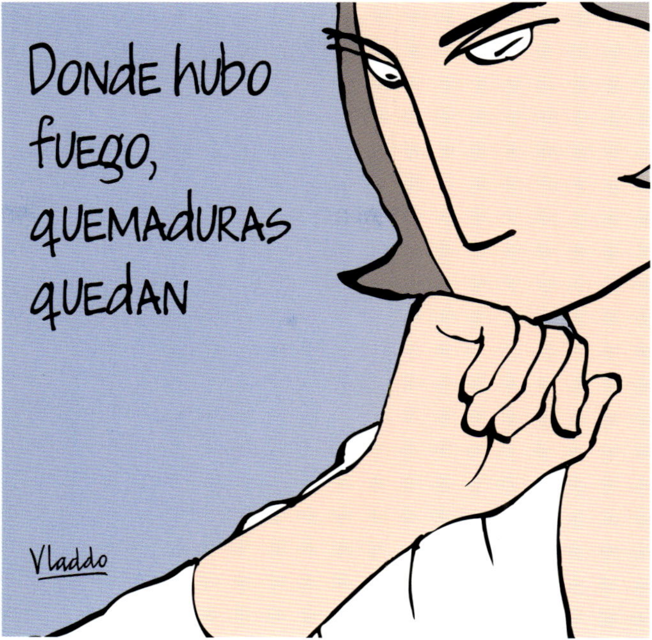
Donde hubo fuego, quemaduras quedan
Vladdo

598

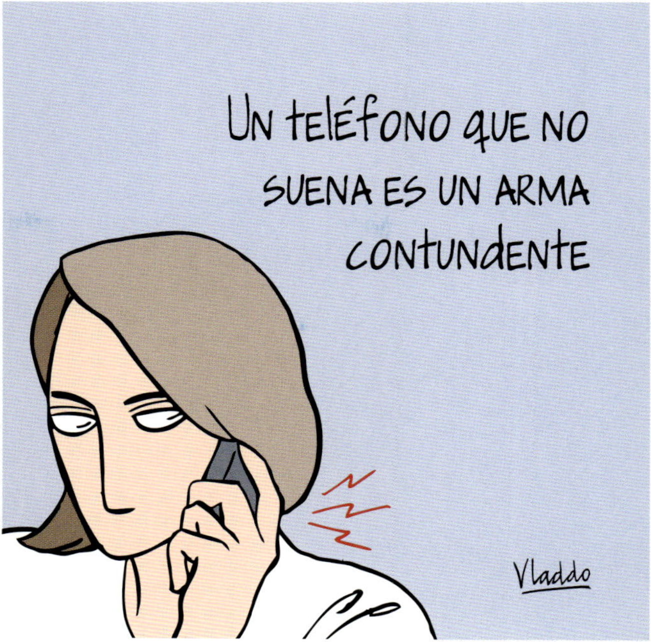
Un teléfono que no suena es un arma contundente
Vladdo

600

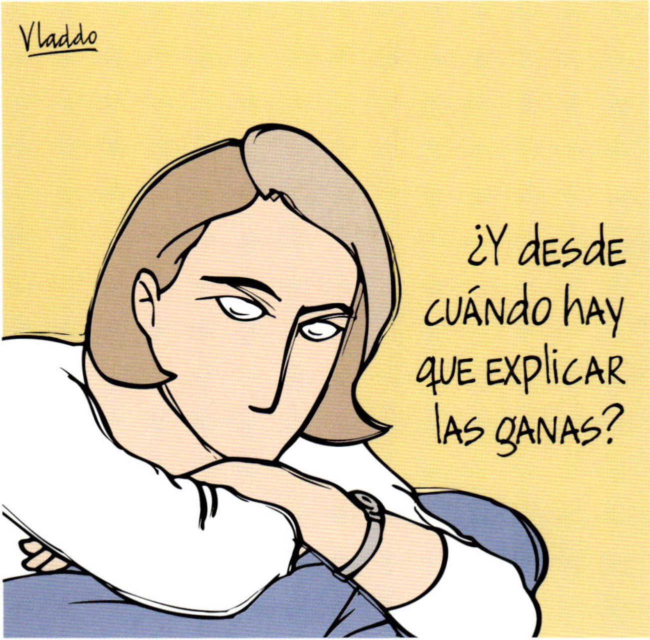
Vladdo
¿Y desde cuándo hay que explicar las ganas?

602

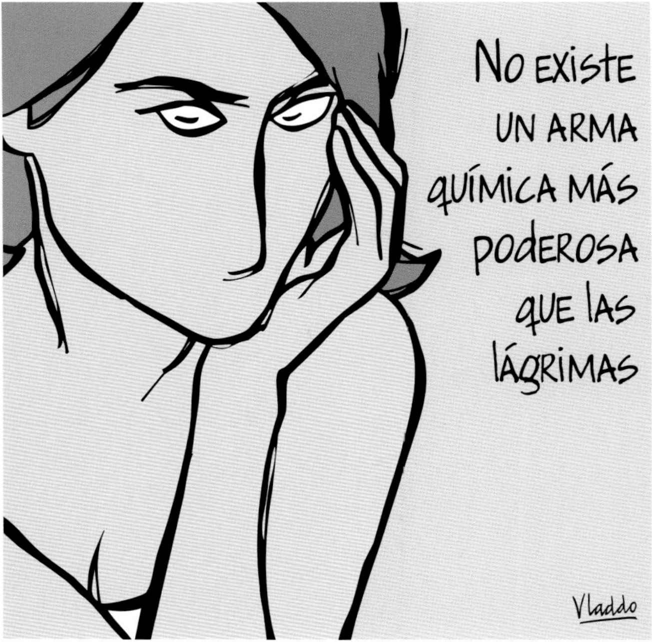
No existe un arma química más poderosa que las lágrimas
Vladdo

604

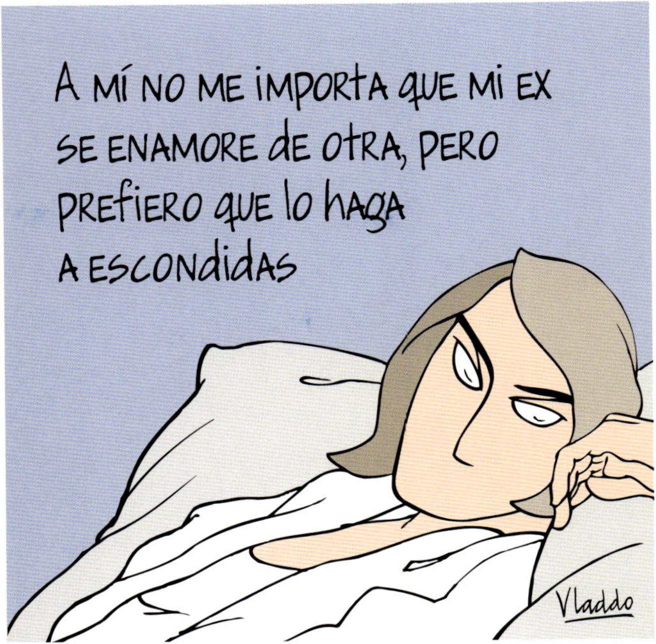
A MÍ NO ME IMPORTA QUE MI EX SE ENAMORE DE OTRA, PERO PREFIERO QUE LO HAGA A ESCONDIDAS
Vladdo

606

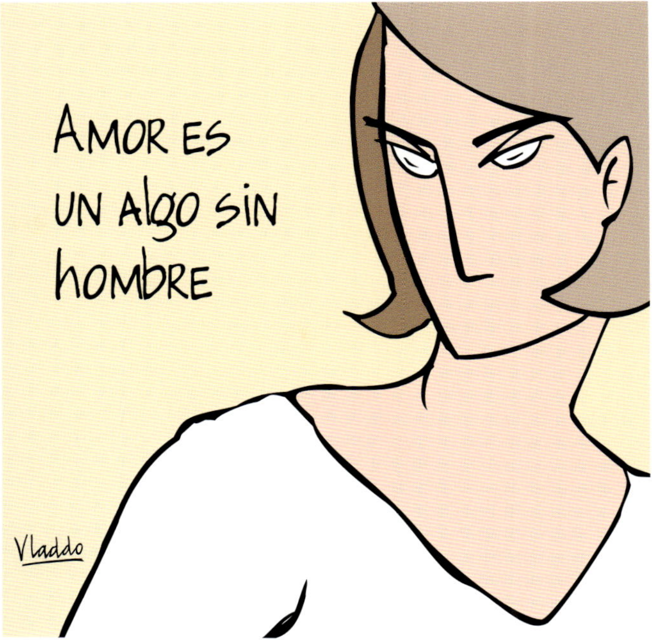
AMOR ES
UN ALGO SIN
HOMBRE
Vladdo

608

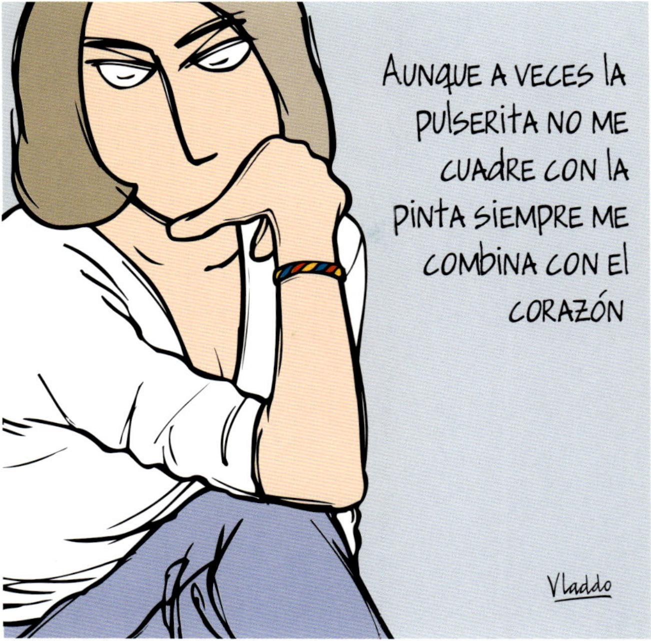
Aunque a veces la pulserita no me cuadre con la pinta siempre me combina con el corazón
Vladdo

610

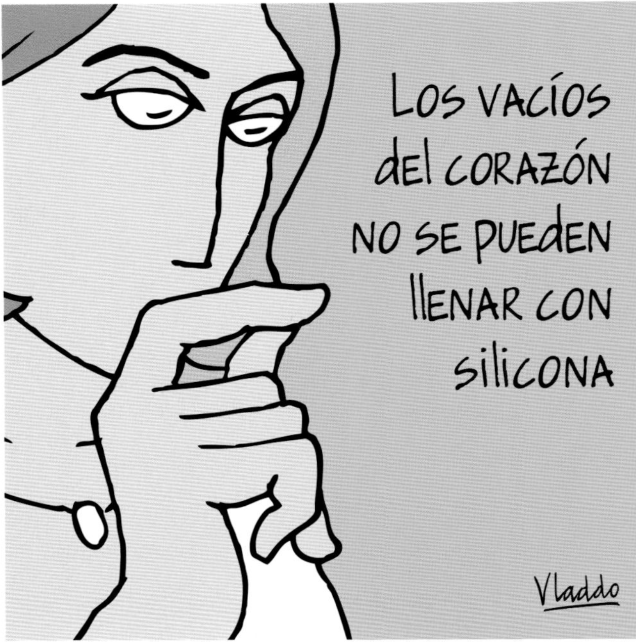
LOS VACIOS
del CORAZÓN
NO SE PUEdEN
llENAR CON
siliCONA
Vladdo

612

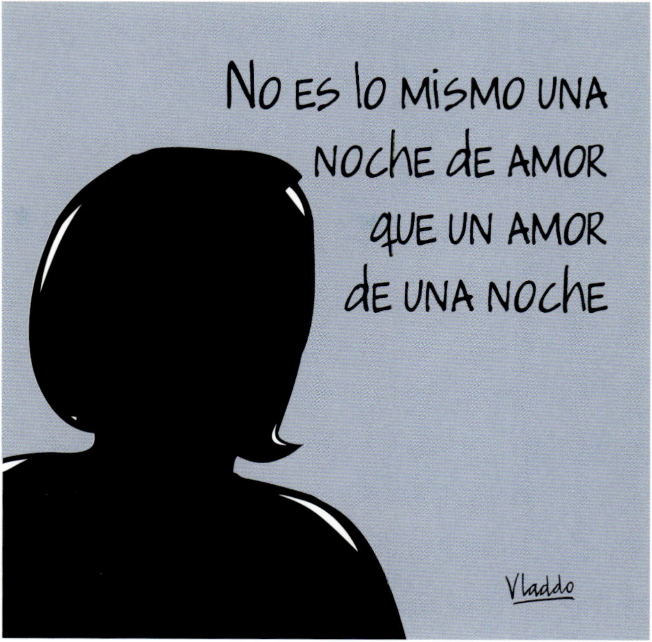
No es lo mismo una noche de amor que un amor de una noche
Vladdo

614

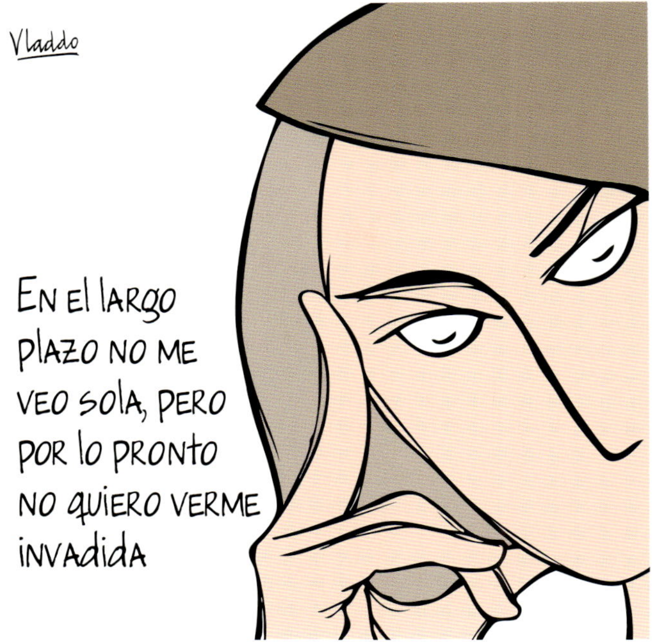
Vladdo
EN El lARgo plAZO NO ME VEO SOlA, PERO POR lo PRONto NO QUIERO VERME iNVAdidA

616

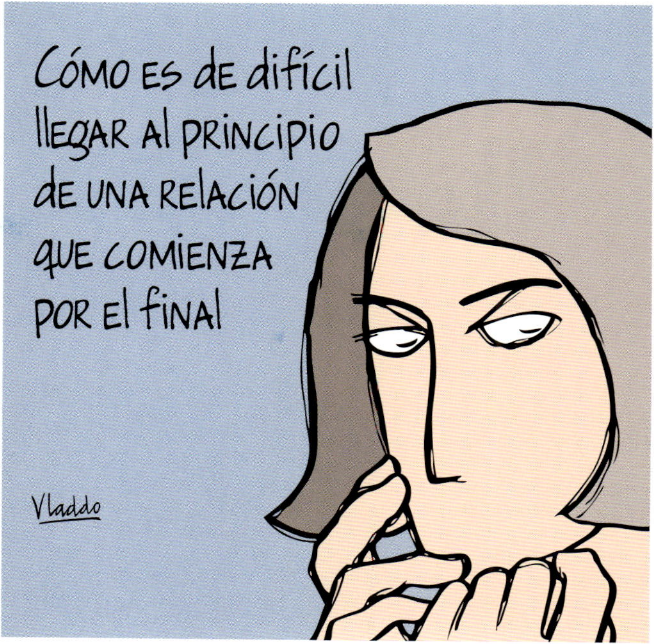
Cómo es de difícil llegar al principio de una relación que comienza por el final
Vladdo

618

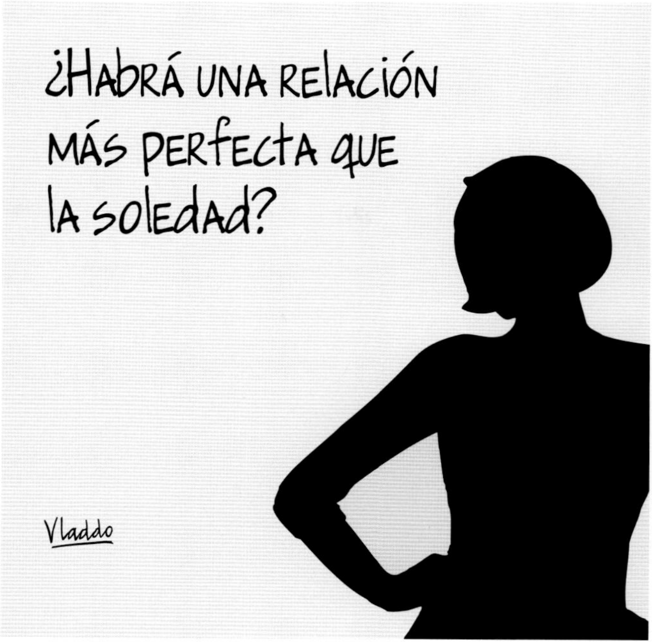
¿Habrá una relación más perfecta que la soledad?
Vladdo

620

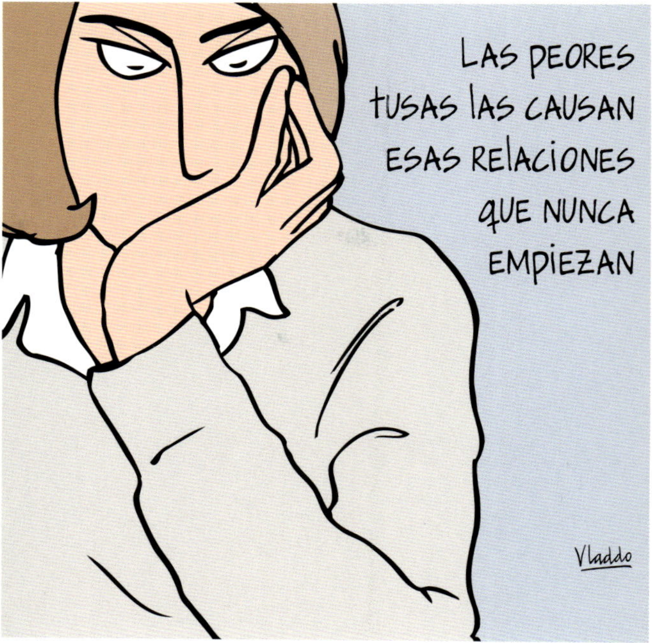
LAS PEORES TUSAS LAS CAUSAN ESAS RELACIONES QUE NUNCA EMPIEZAN
Vladdo

622

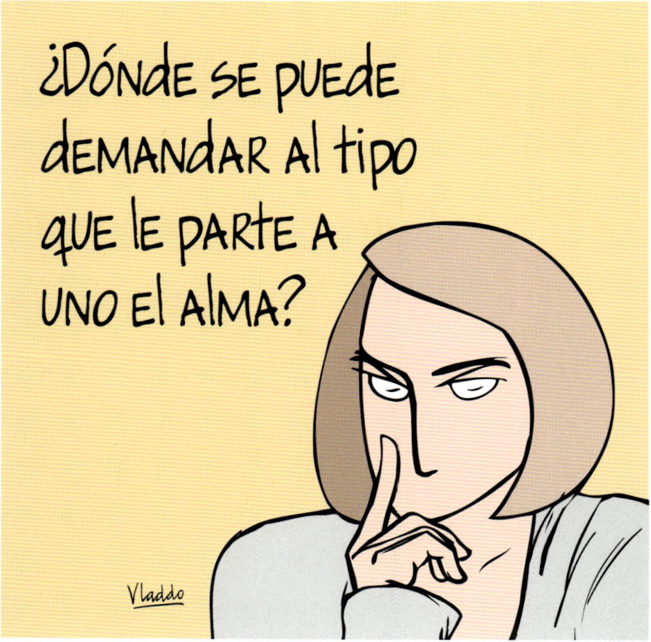
¿Dónde se puede demandar al tipo que le parte a uno el alma?
Vladdo

624

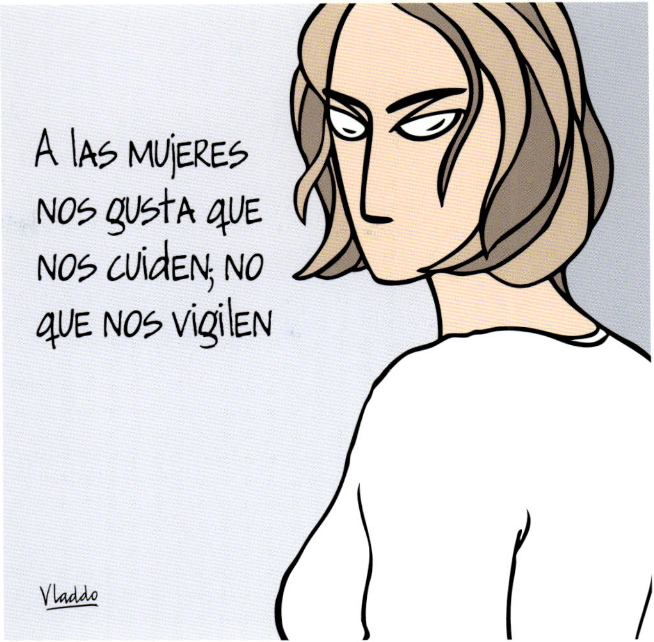
A LAS MUJERES NOS GUSTA QUE NOS CUIDEN; NO QUE NOS VIGILEN
Vladdo

626

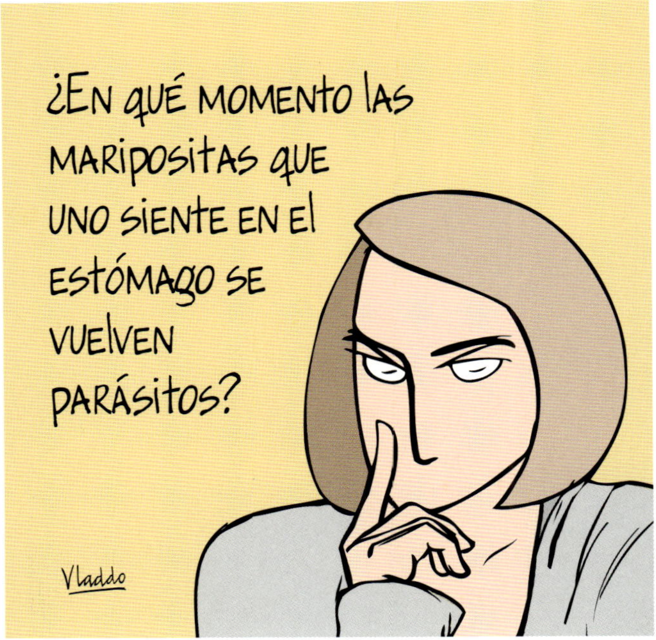
¿EN QUÉ MOMENTO LAS MARIPOSITAS QUE UNO SIENTE EN EL ESTÓMAGO SE VUELVEN PARÁSITOS?
Vladdo

628

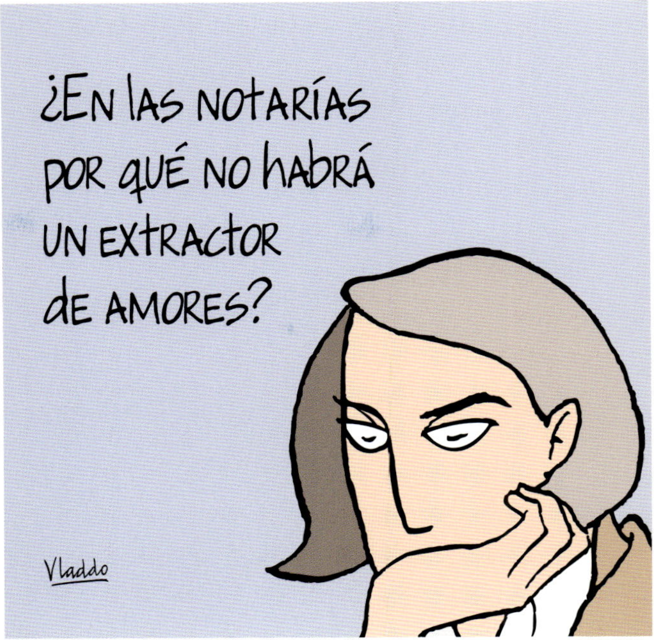
¿En las notarías por qué no habrá un extractor de amores?
Vladdo

630

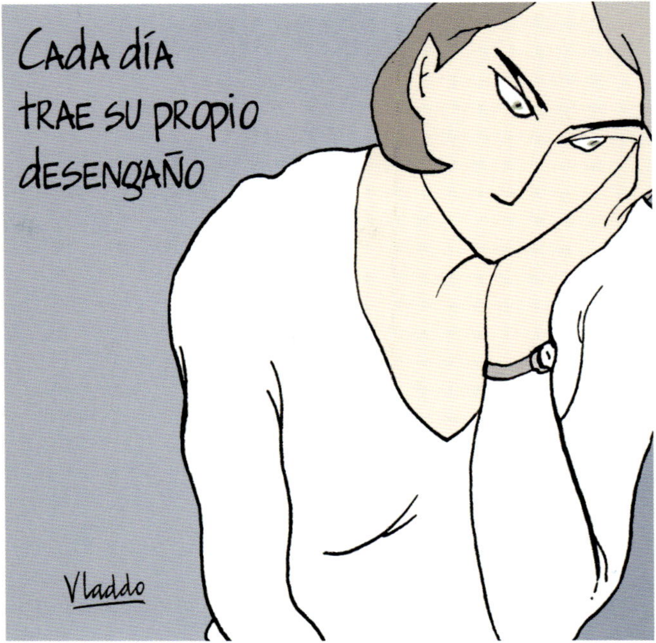
Cada día trae su propio desengaño
Vladdo

632

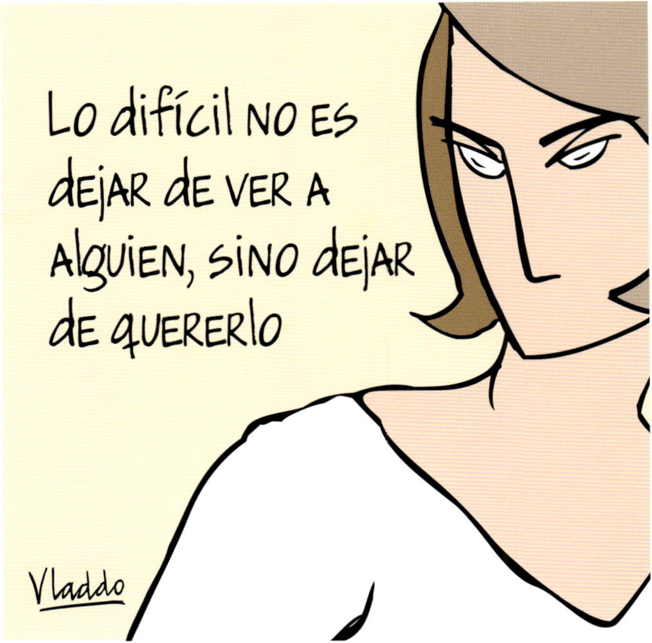
Lo difícil no es dejar de ver a alguien, sino dejar de quererlo
Vladdo

634

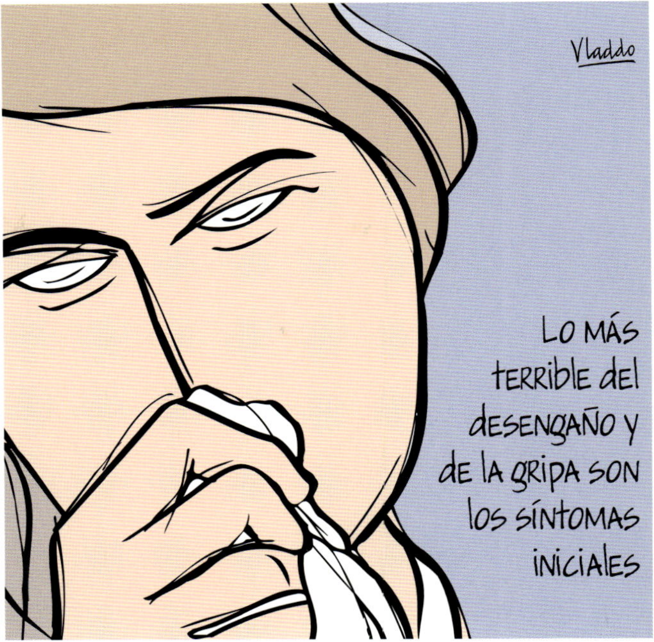
Vladdo
Lo más terrible del desengaño y de la gripa son los síntomas iniciales

636

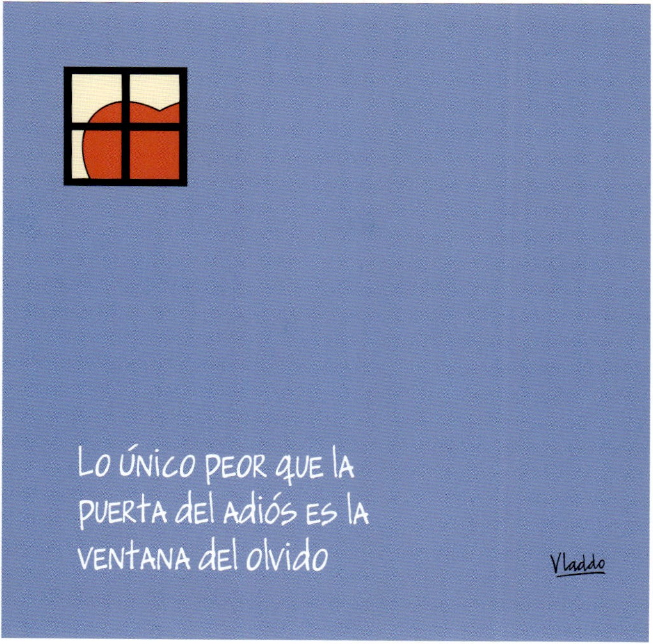
Lo único peor que la puerta del adiós es la ventana del olvido
Vladdo

638

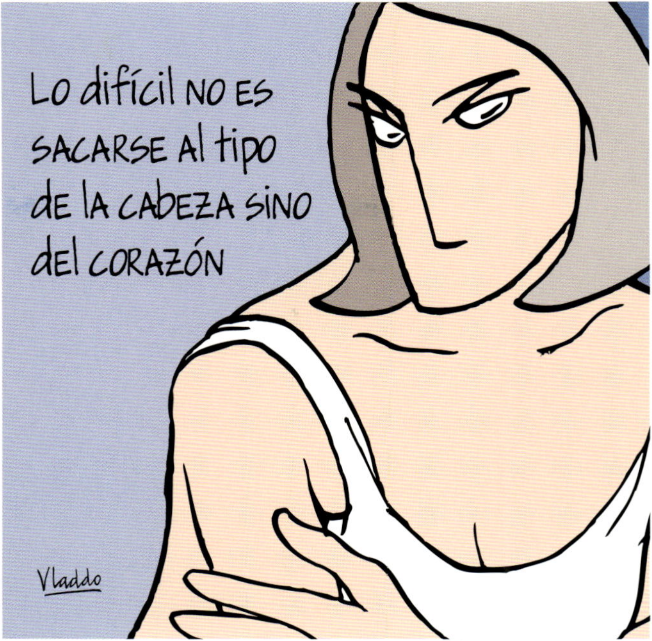
Lo difícil NO ES SACARSE Al tipo de lA CABEZA SINO del CORAZÓN
Vladdo

640

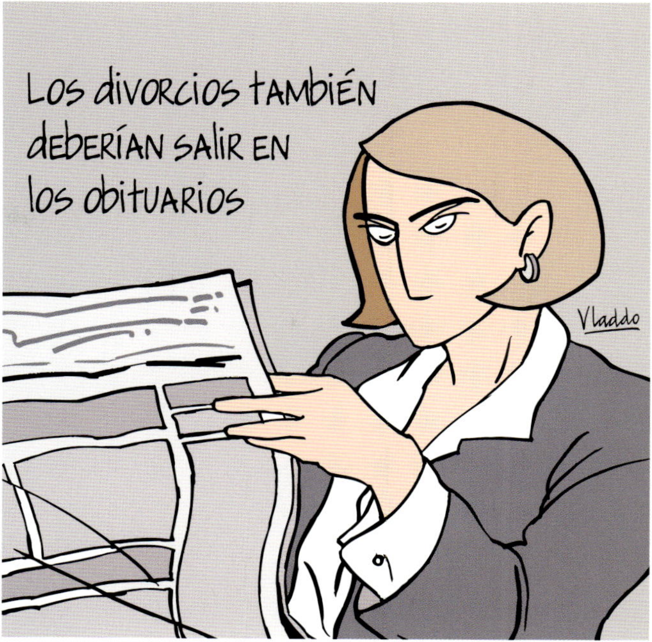
Los divorcios también deberían salir en los obituarios
Vladdo

642

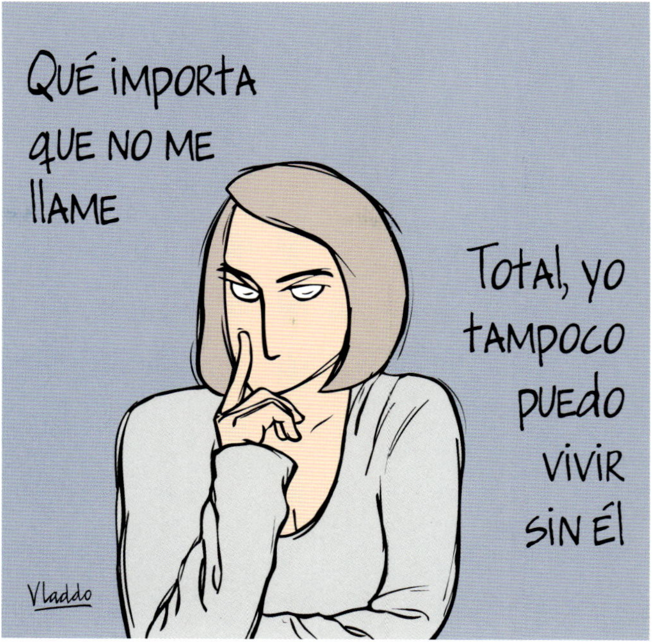
Qué importa que no me llame
Total, yo tampoco puedo vivir sin él
Vladdo

644

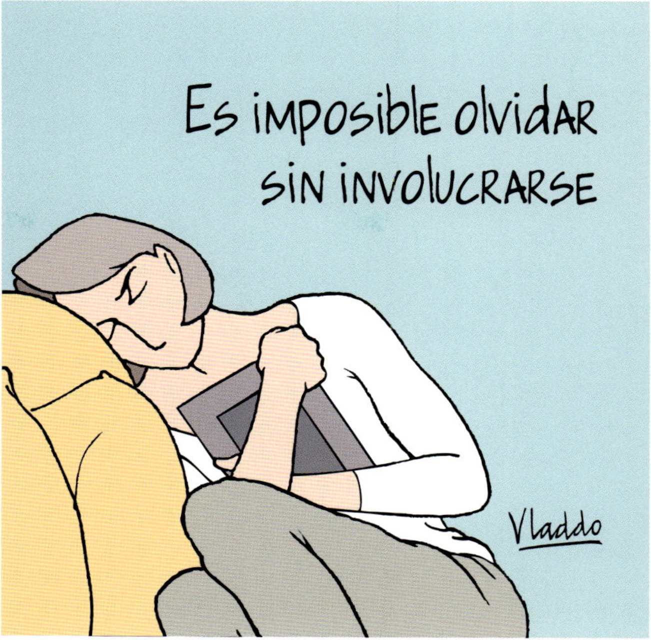
Es imposible olvidar sin involucrarse
Vladdo

646

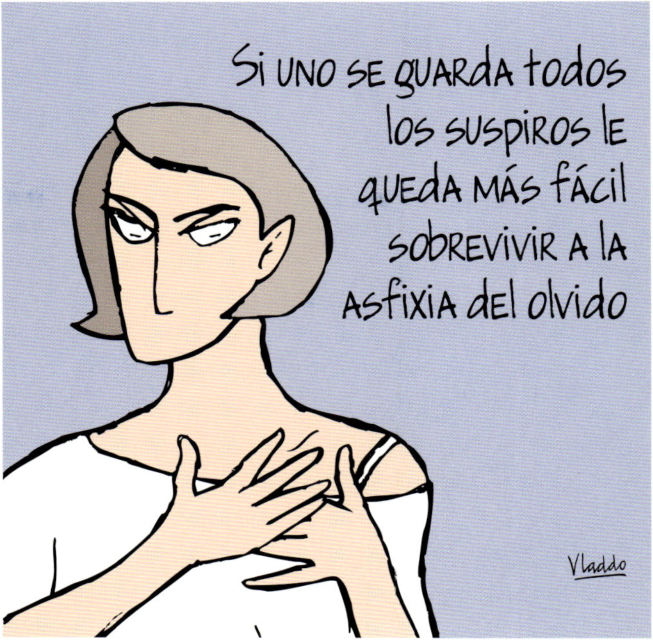
Si uno se guarda todos los suspiros le queda más fácil sobrevivir a la asfixia del olvido
Vladdo

648

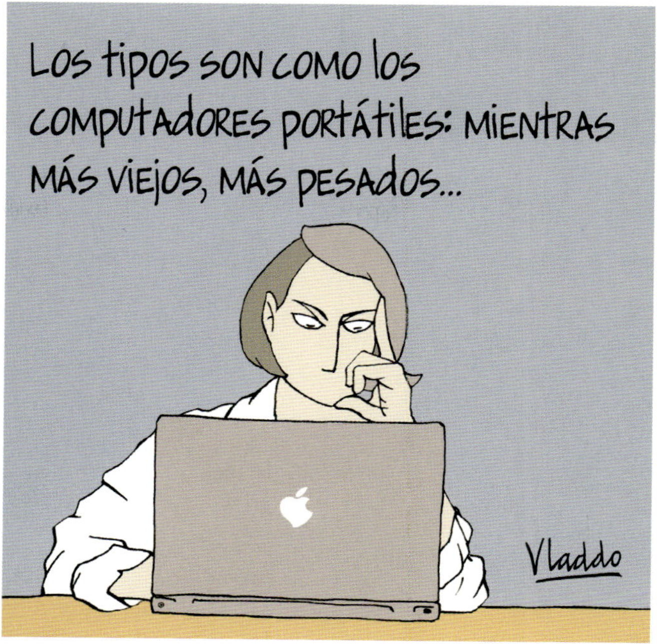
Los tipos son como los computadores portátiles: mientras más viejos, más pesados...
Vladdo

650

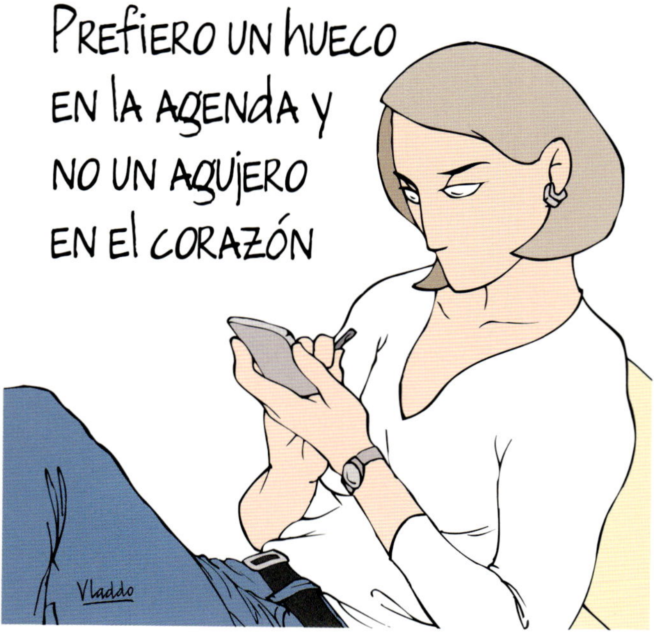
Prefiero un hueco en la agenda y no un agujero en el corazón
Vladdo

652

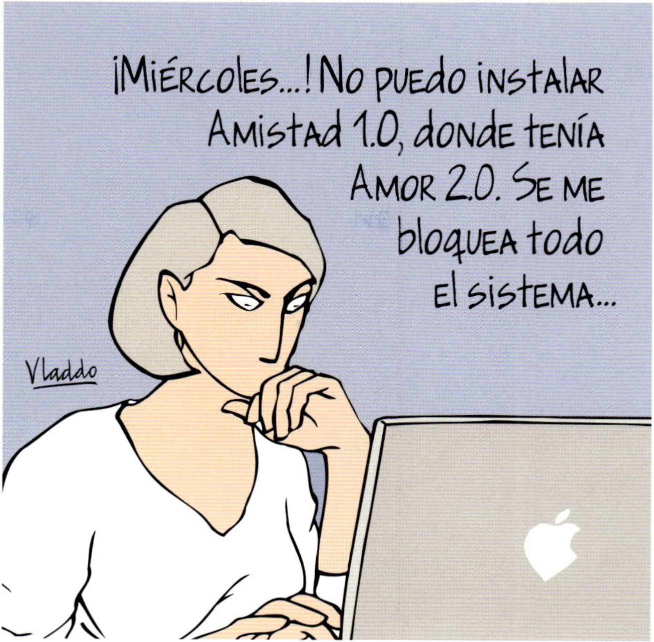
¡Miércoles...! No puedo instalar Amistad 1.0, donde tenía Amor 2.0. Se me bloquea todo el sistema...
Vladdo

654

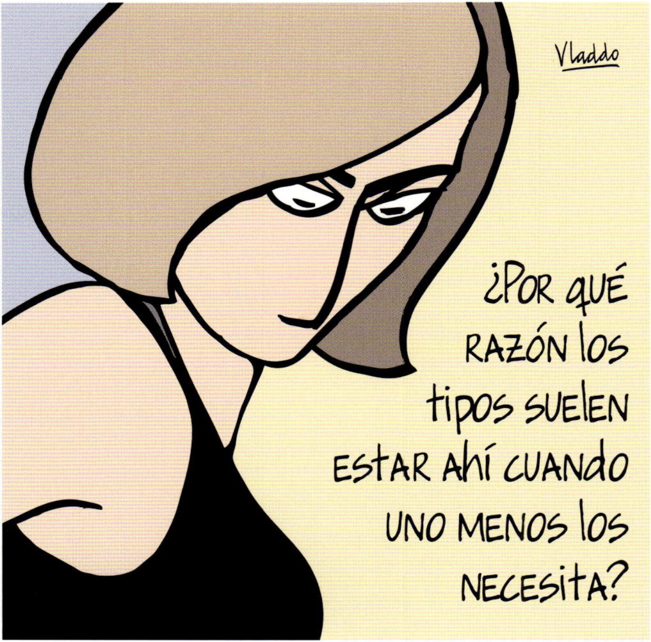
Vladdo
¿POR QUÉ RAZÓN los tipos SUElEN ESTAR AHÍ CUANDO UNO MENOS los NECESITA?

656

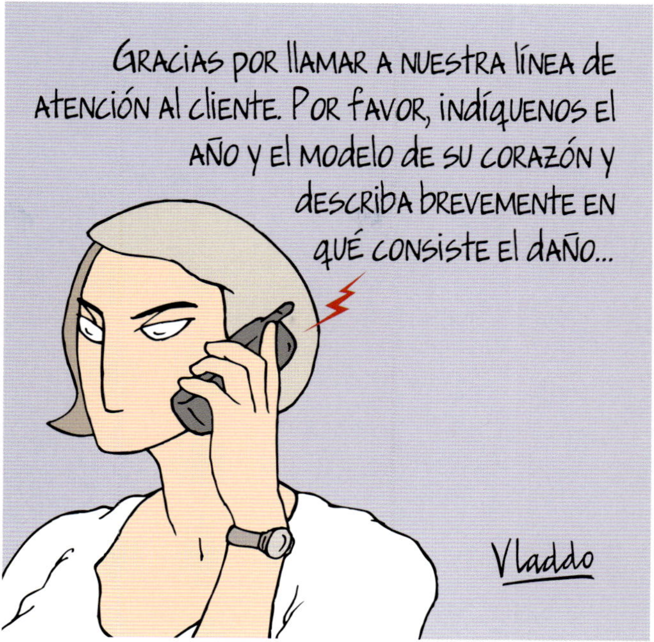
Gracias por llamar a nuestra línea de atención al cliente. Por favor, indíquenos el año y el modelo de su corazón y describa brevemente en qué consiste el daño...
Vladdo

658

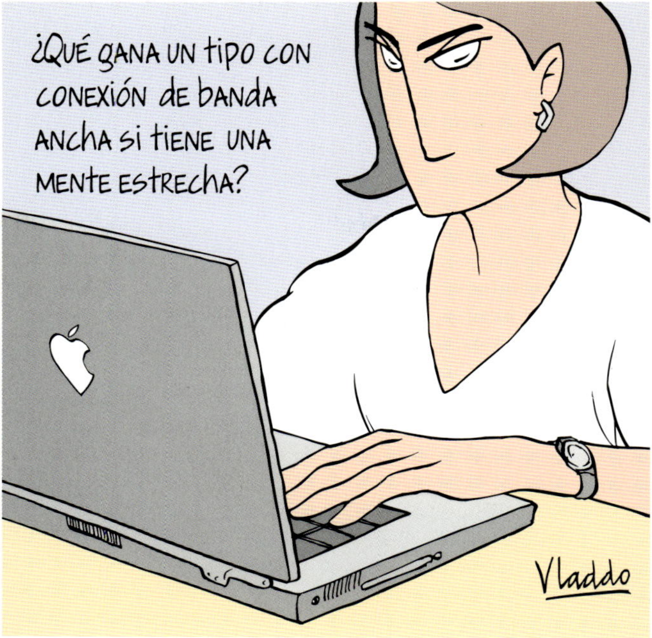
¿QUÉ GANA UN tipo CON CONEXIÓN dE bANdA ANChA Si TIENE UNA MENTE ESTRECHA?
Vladdo

660

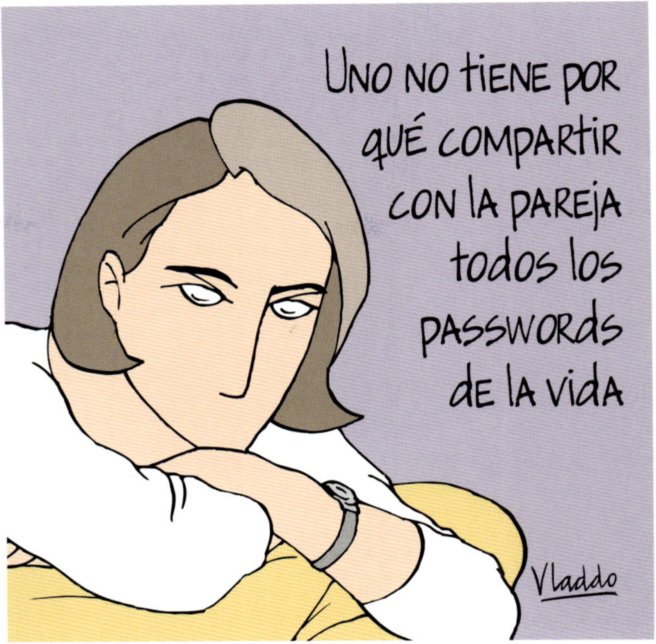
Uno no tiene por qué compartir con la pareja todos los passwords de la vida
Vladdo

662

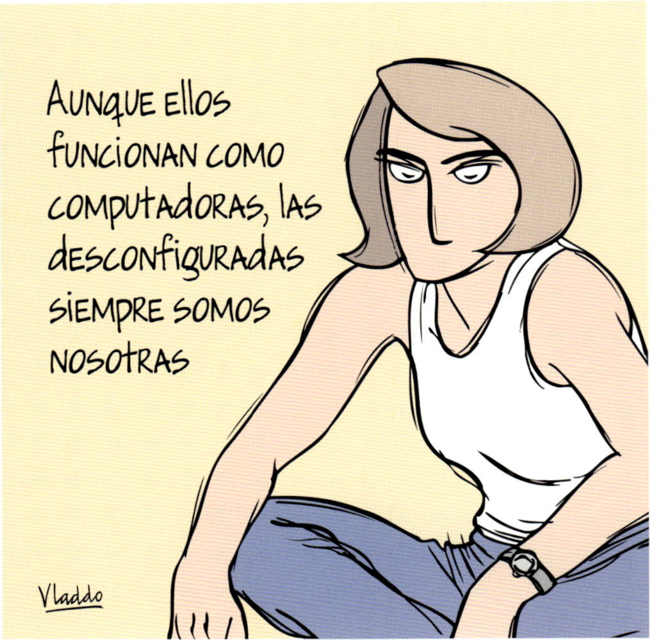
Aunque ellos funcionan como computadoras, las desconfiguradas siempre somos nosotras
Vladdo

664

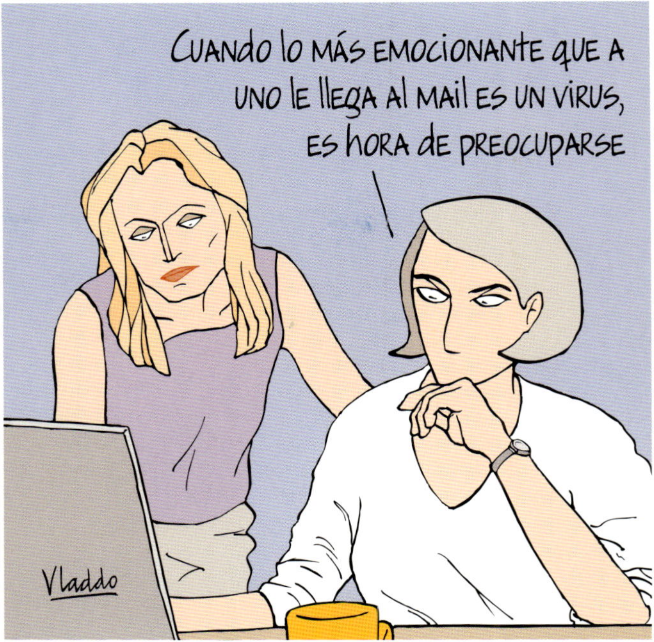
CUANDO LO MÁS EMOCIONANTE QUE A UNO LE LLEGA AL MAIL ES UN VIRUS, ES HORA DE PREOCUPARSE
Vladdo

666

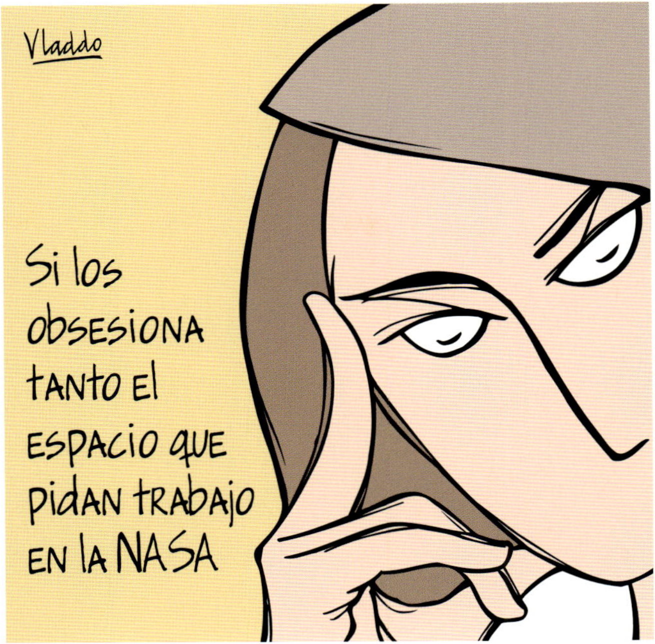
Vladdo
Si los obsesiona tanto el espacio que pidan trabajo en la NASA

668

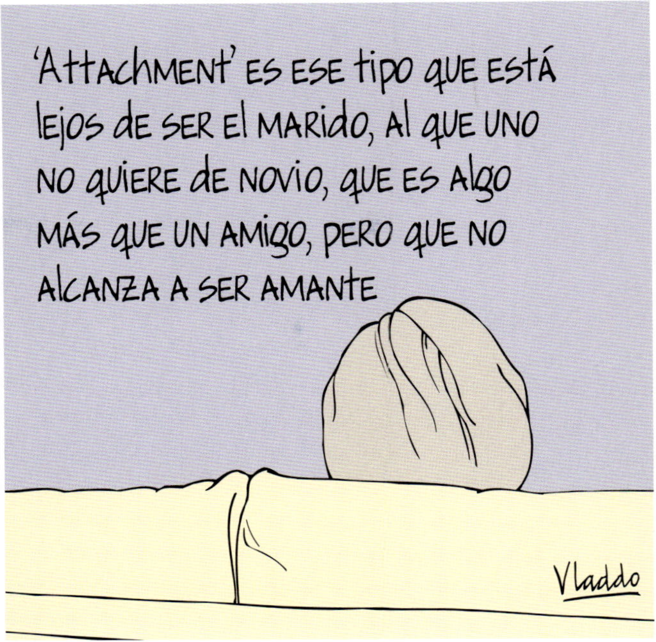
'Attachment' es ese tipo que está lejos de ser el marido, al que uno no quiere de novio, que es algo más que un amigo, pero que no alcanza a ser amante
Vladdo

670

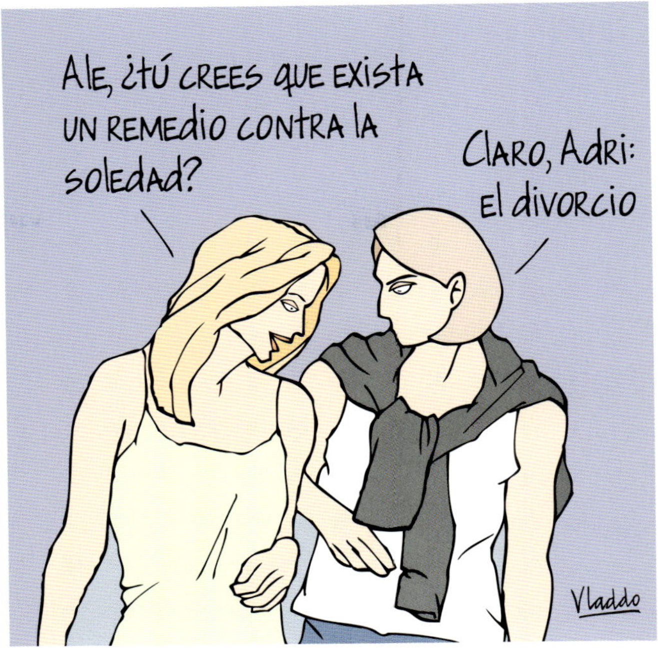
Ale, ¿tú crees que exista un remedio contra la soledad?
Claro, Adri: el divorcio
Vladdo

672

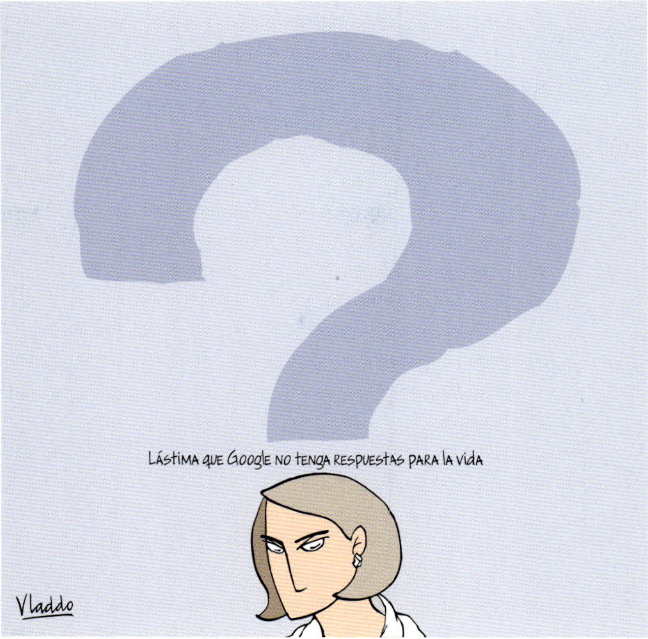
LÁSTIMA QUE GOOGLE NO TENGA RESPUESTAS PARA LA VIDA
Vladdo

674

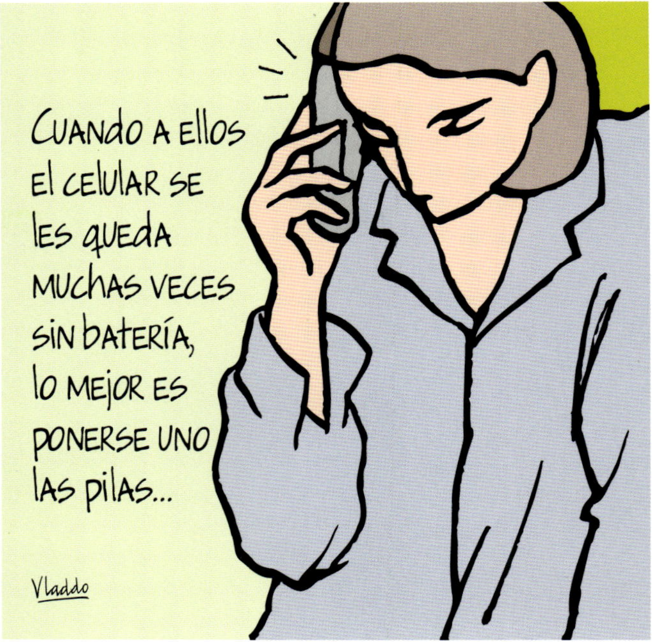
Cuando a ellos el celular se les queda muchas veces sin batería, lo mejor es ponerse uno las pilas...
Vladdo

676

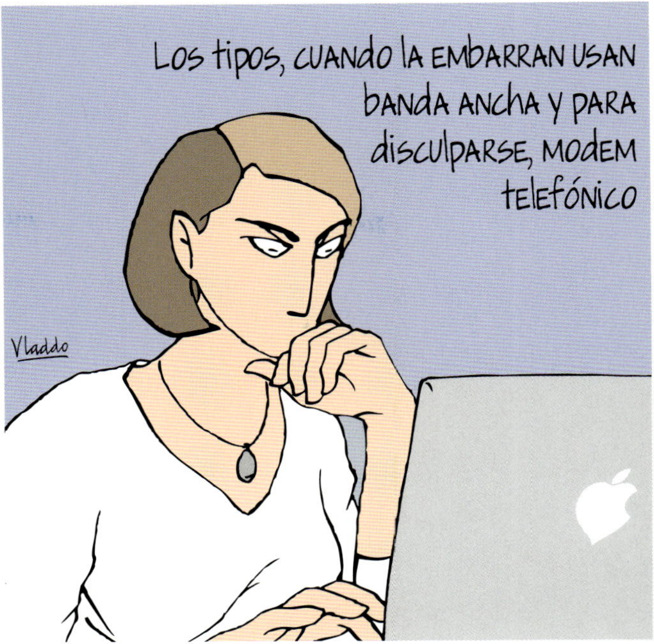
Los tipos, cuando la embarran usan banda ancha y para disculparse, modem telefónico
Vladdo

678

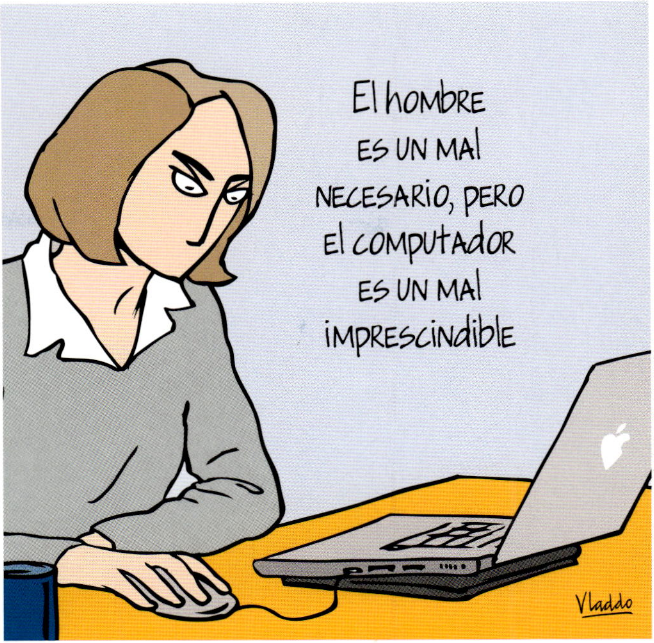
El hombre es un mal necesario, pero el computador es un mal imprescindible
Vladdo

680

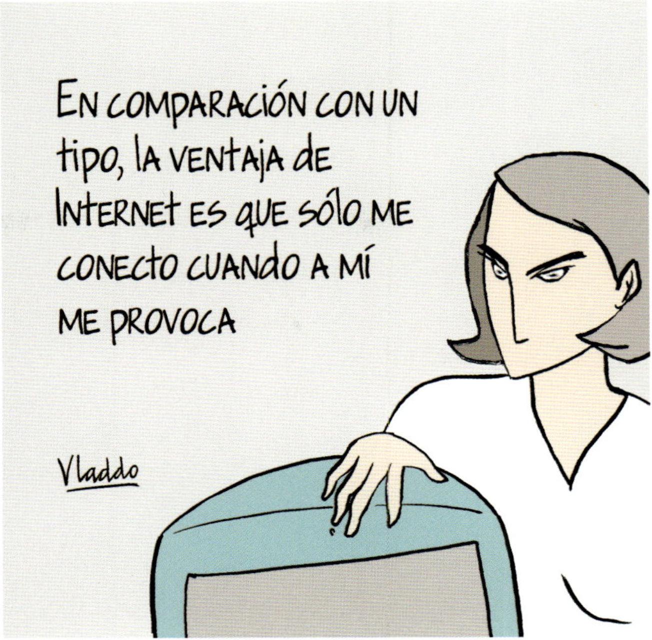
En comparación con un tipo, la ventaja de Internet es que sólo me conecto cuando a mí me provoca
Vladdo

682

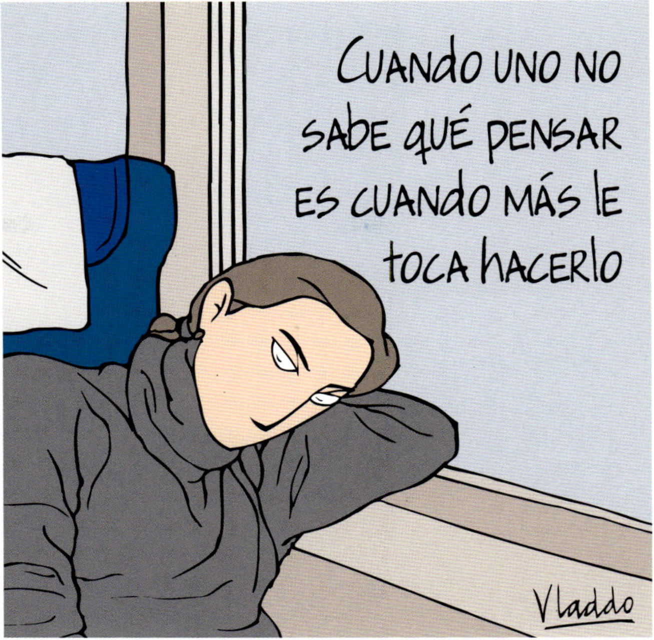
CUANDO UNO NO SABE QUÉ PENSAR ES CUANDO MÁS LE TOCA HACERLO
Vladdo

684

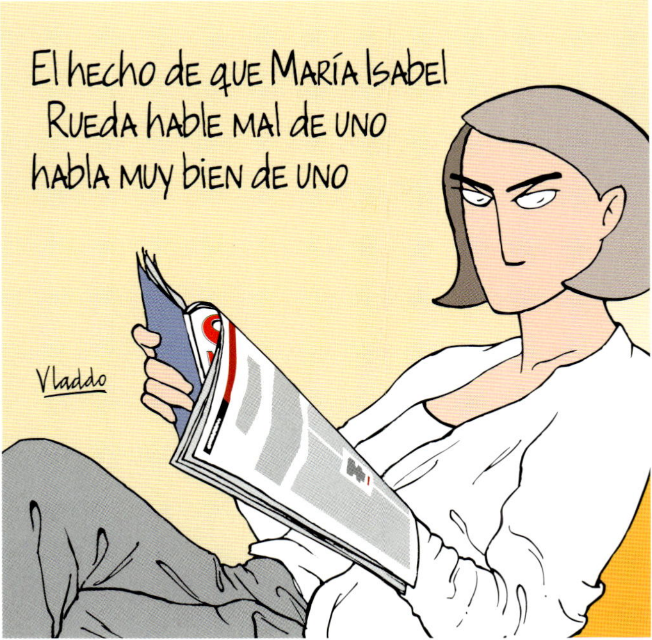
El hecho de que María Isabel Rueda hable mal de uno habla muy bien de uno
Vladdo

686

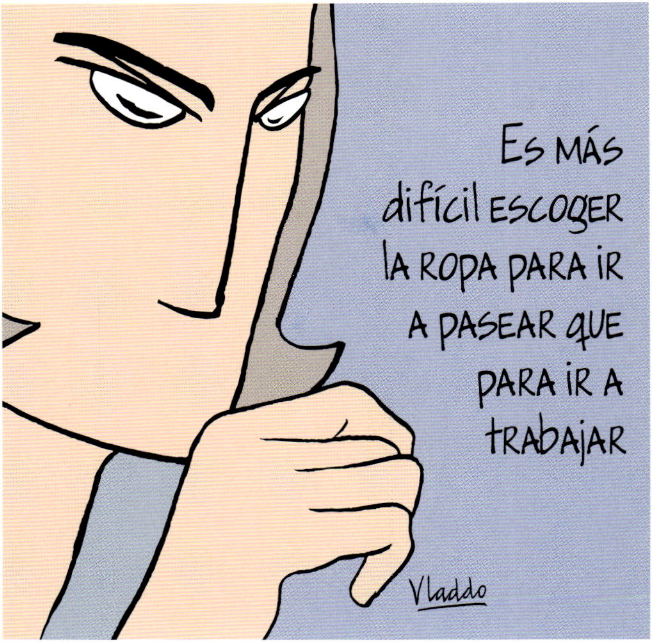
Es más difícil escoger la ropa para ir a pasear que para ir a trabajar
Vladdo

688

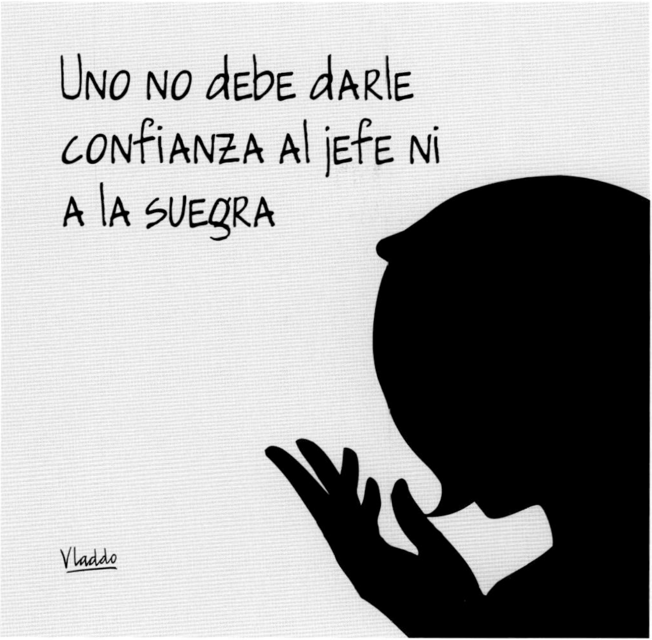
Uno no debe darle confianza al jefe ni a la suegra
Vladdo

690

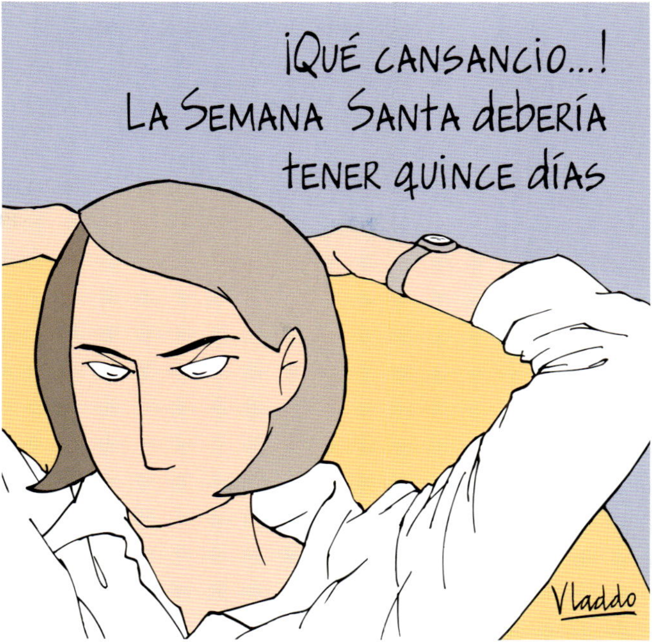
¡QUÉ CANSANCIO...!
LA SEMANA SANTA DEBERÍA
TENER QUINCE DÍAS
Vladdo

692

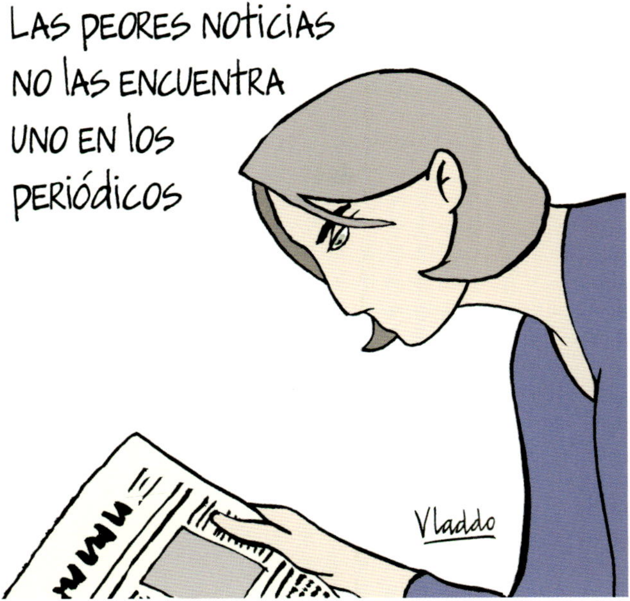
LAS PEORES NOTICIAS NO LAS ENCUENTRA UNO EN LOS PERIÓDICOS
Vladdo

694

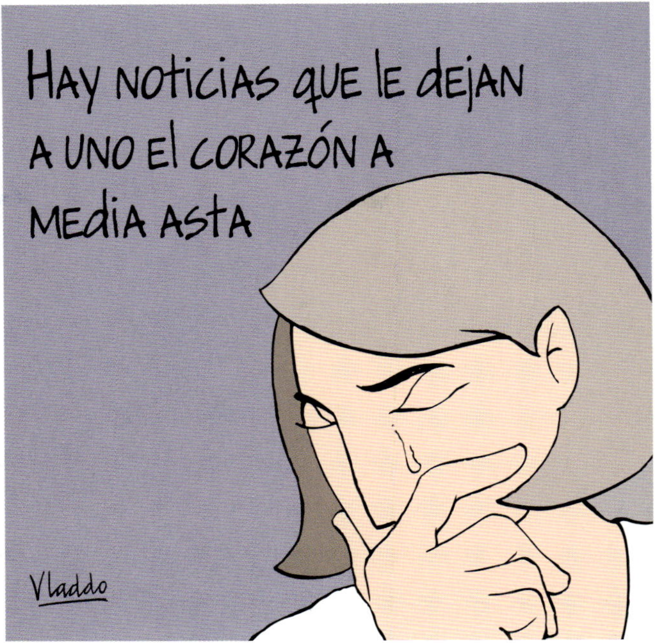
HAY NOTICIAS QUE LE DEJAN A UNO EL CORAZÓN A MEDIA ASTA
Vladdo

696

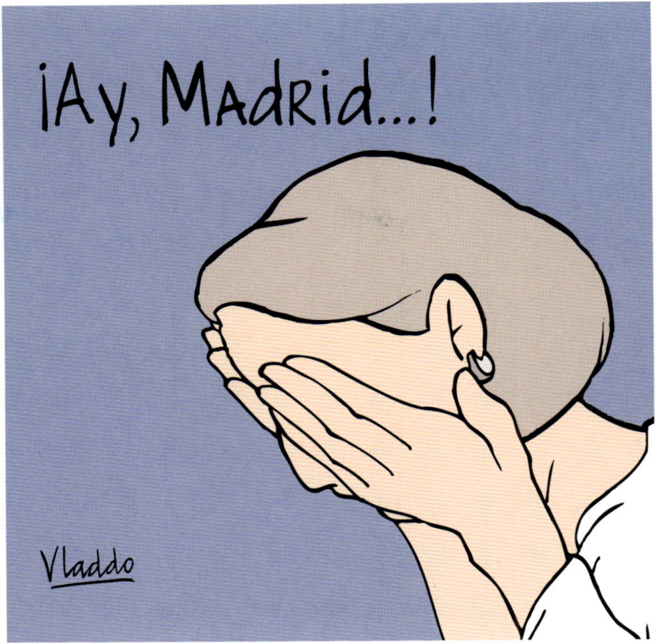
¡Ay, Madrid...!
Vladdo

698

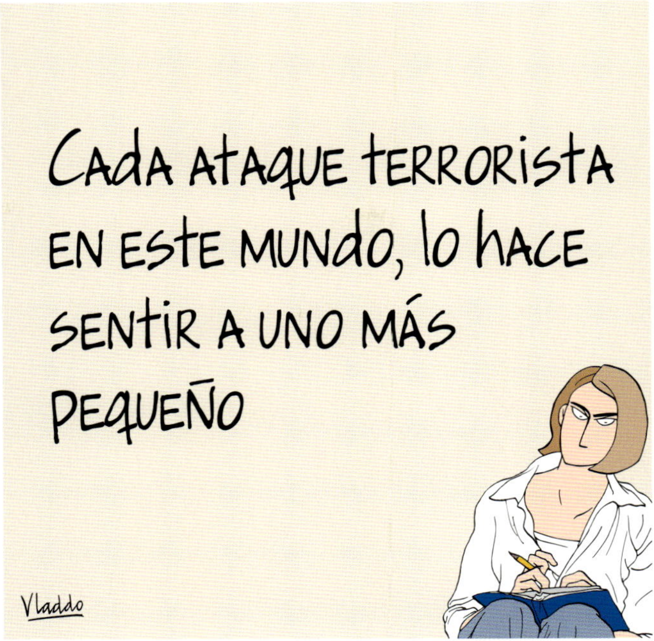
Cada ataque terrorista en este mundo, lo hace sentir a uno más pequeño
Vladdo

700

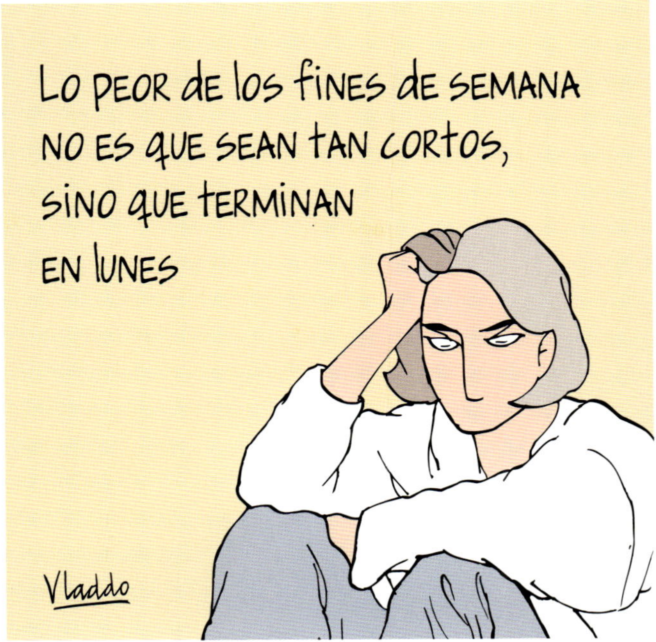
LO PEOR DE LOS FINES DE SEMANA
NO ES QUE SEAN TAN CORTOS,
SINO QUE TERMINAN
EN LUNES
Vladdo

702

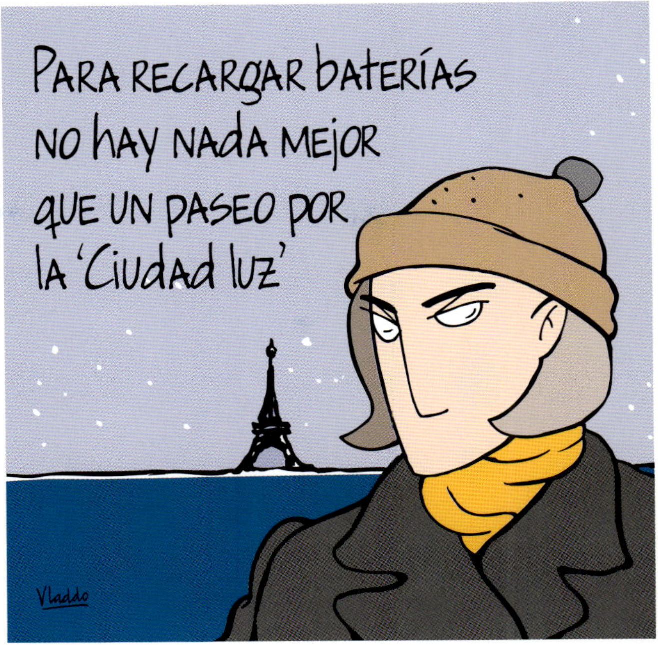
Para recargar baterías
no hay nada mejor
que un paseo por
la 'Ciudad luz'
Vladdo

704

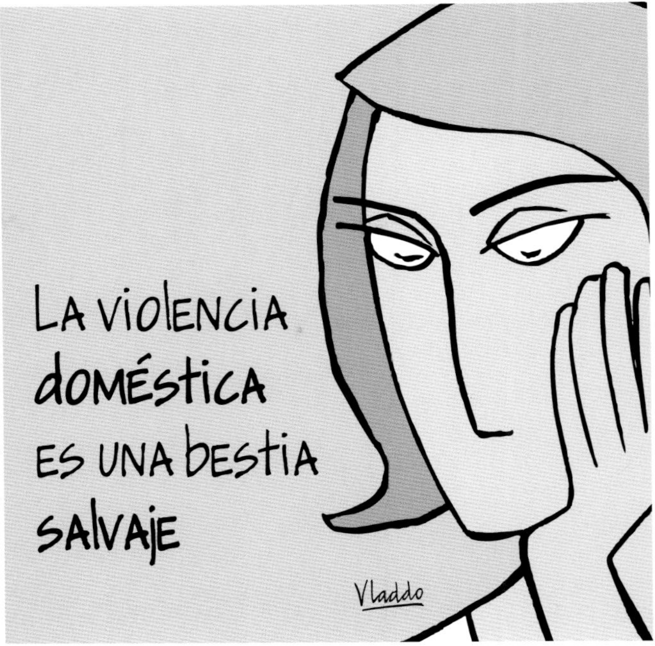
LA violencia
doméstica
es una bestia
salvaje
Vladdo

706

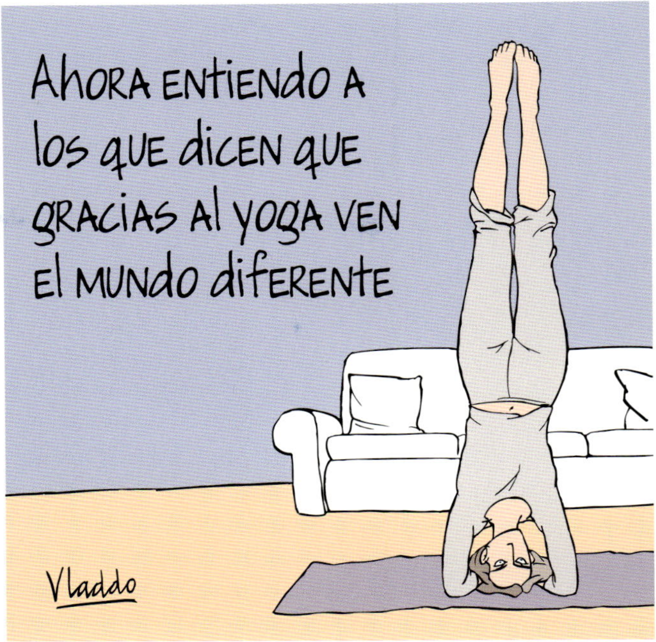
Ahora entiendo a los que dicen que gracias al yoga ven el mundo diferente
Vladdo

708

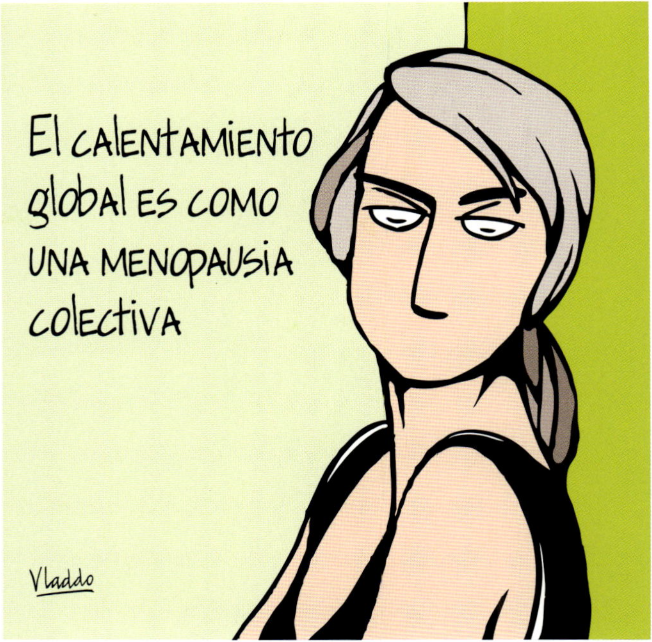
El calentamiento global es como una menopausia colectiva
Vladdo

710

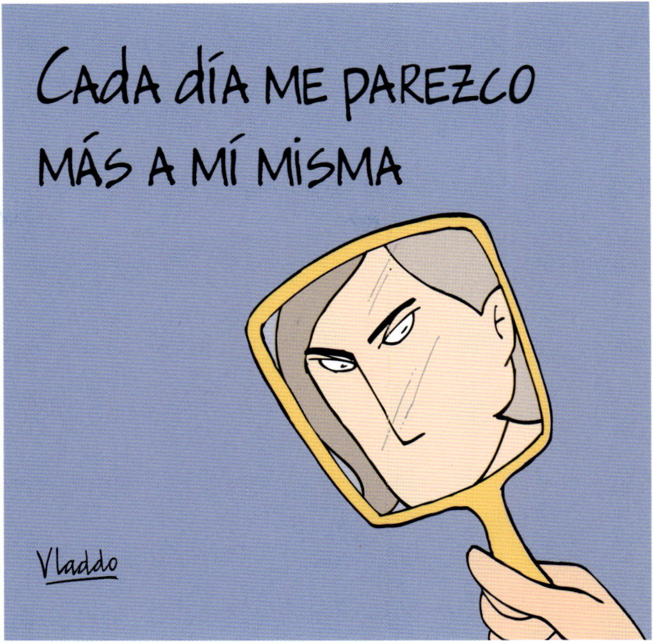
CADA DÍA ME PAREZCO
MÁS A MÍ MISMA
Vladdo

712

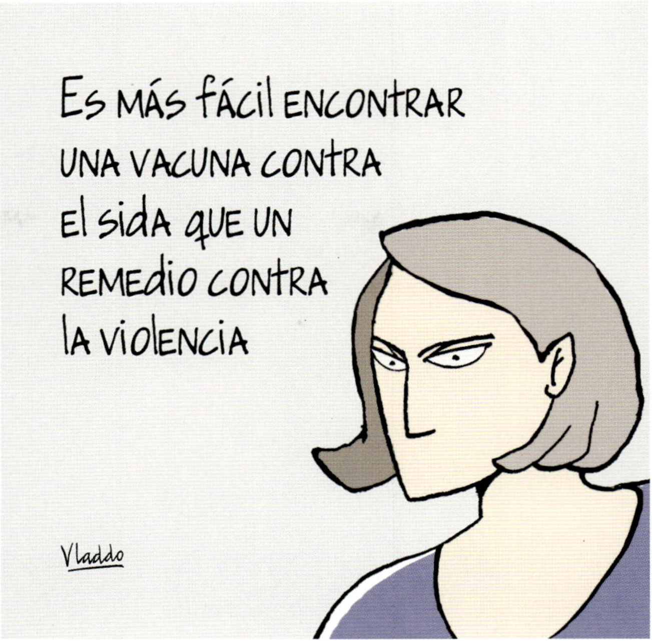
Es más fácil encontrar una vacuna contra el sida que un remedio contra la violencia
Vladdo

714

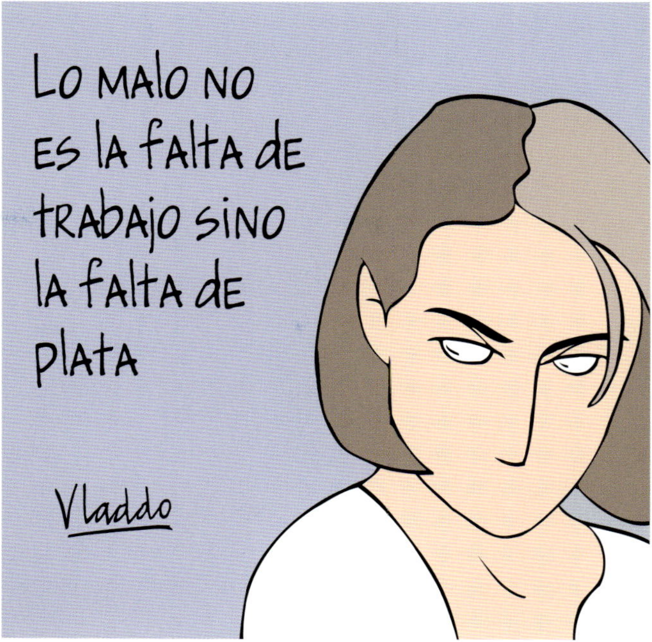
Lo malo no es la falta de trabajo sino la falta de plata
Vladdo

716

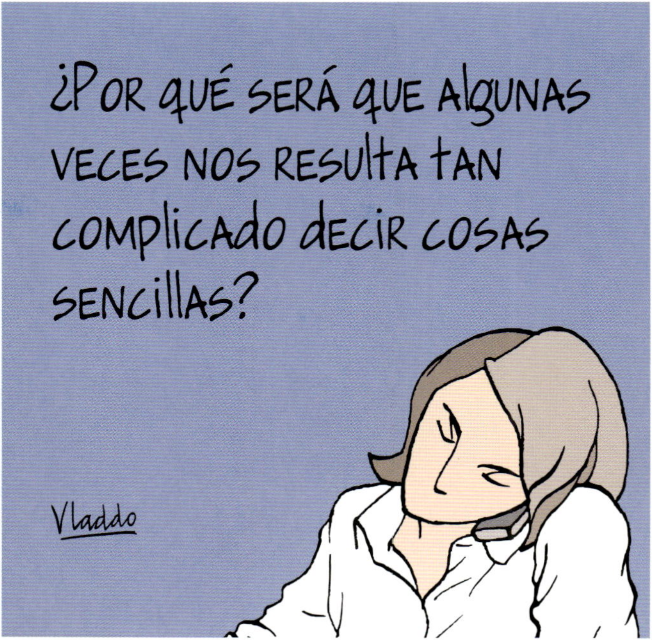
¿Por qué será que algunas veces nos resulta tan complicado decir cosas sencillas?
Vladdo

718

¿POR QUÉ SERÁ QUE LAS PALABRAS 'MALAS' SUELEN REFERIRSE A COSAS 'BUENAS'?

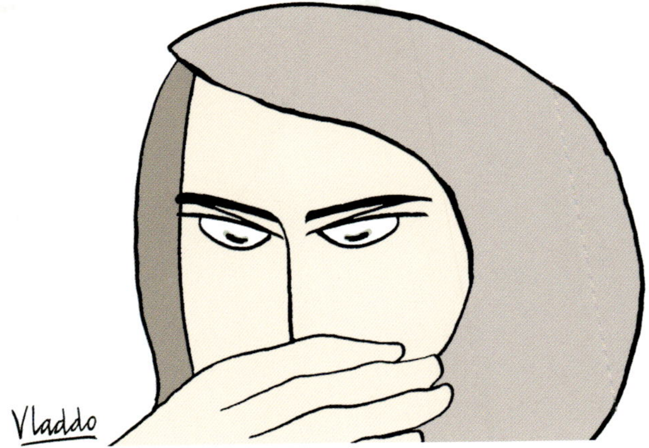
Vladdo

722

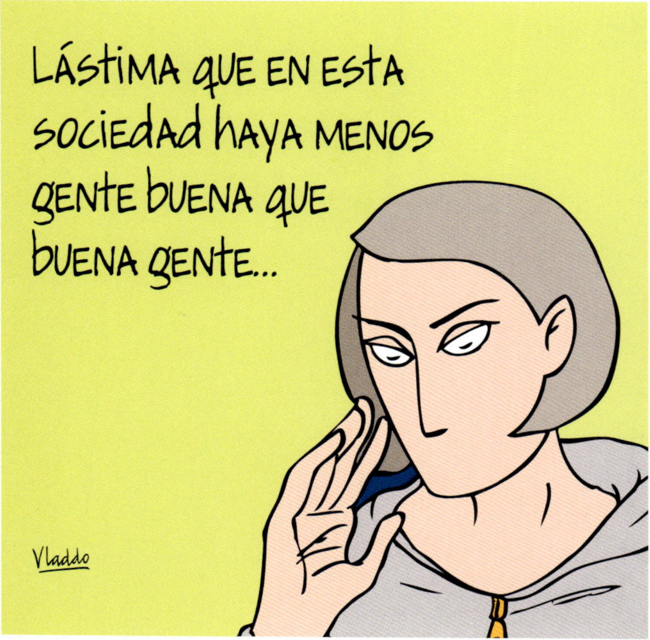

LÁSTIMA QUE EN ESTA SOCIEDAD HAYA MENOS GENTE BUENA QUE BUENA GENTE...
Vladdo

724

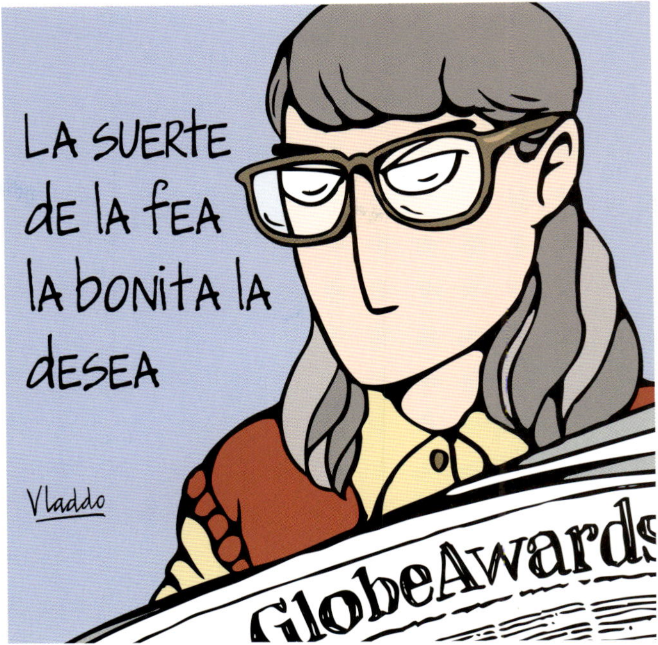
LA SUERTE
dE lA fEA
lA bONitA lA
dESEA
Vladdo
GlobeAwards

726

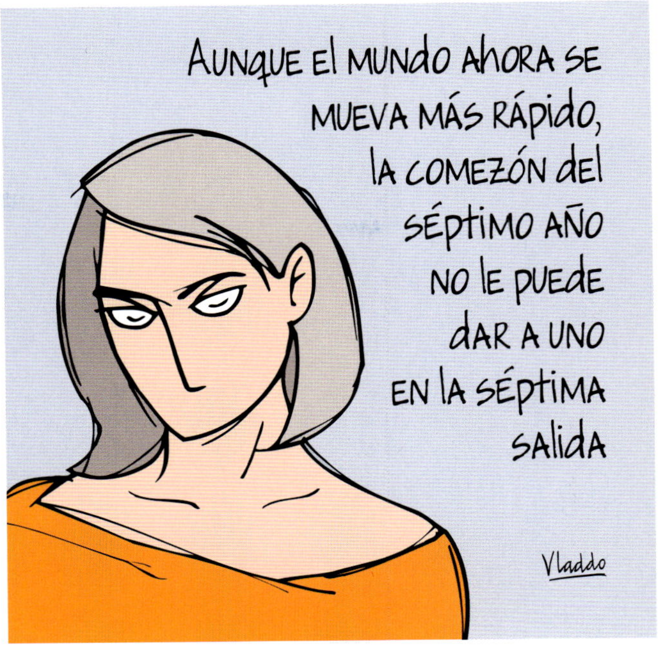
AUNQUE EL MUNDO AHORA SE MUEVA MÁS RÁPIDO, LA COMEZÓN DEL SÉPTIMO AÑO NO LE PUEDE DAR A UNO EN LA SÉPTIMA SALIDA
Vladdo

728

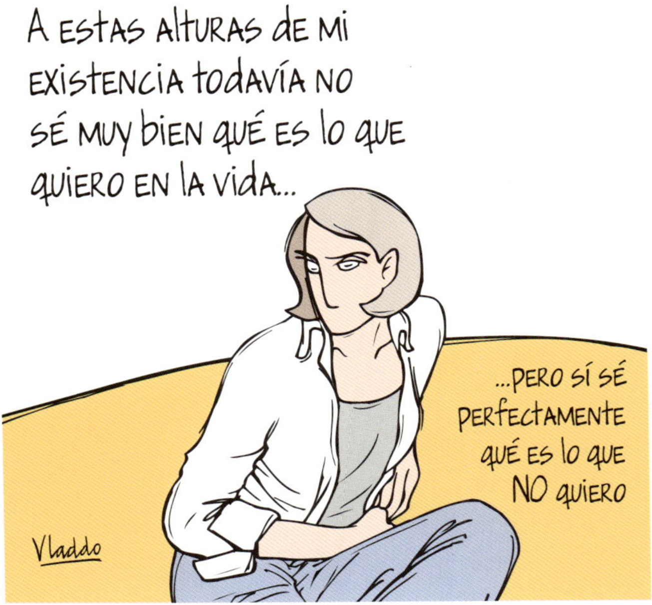
A ESTAS ALTURAS DE MI EXISTENCIA TODAVÍA NO SÉ MUY BIEN QUÉ ES LO QUE QUIERO EN LA VIDA...
...PERO SÍ SÉ PERFECTAMENTE QUÉ ES LO QUE NO QUIERO
Vladdo

730

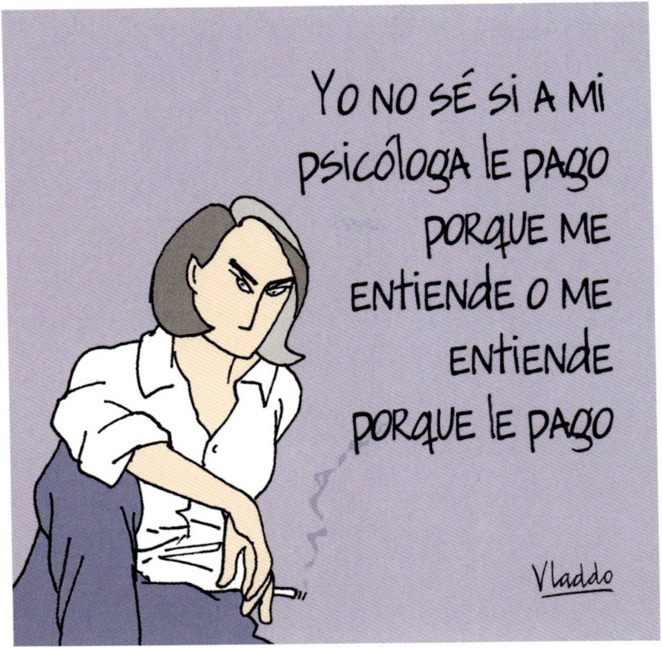
YO NO SÉ SI A MI PSICÓLOGA LE PAGO PORQUE ME ENTIENDE O ME ENTIENDE PORQUE LE PAGO
Vladdo

732

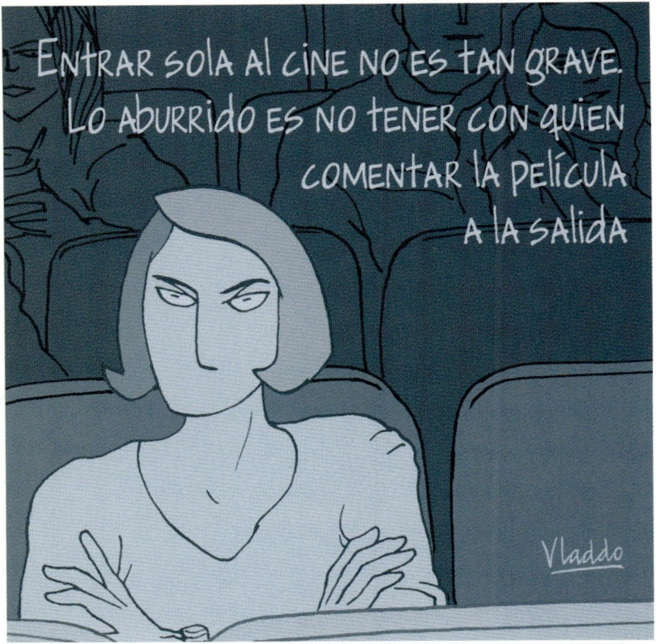
Entrar sola al cine no es tan grave.
Lo aburrido es no tener con quien comentar la película a la salida
Vladdo

734

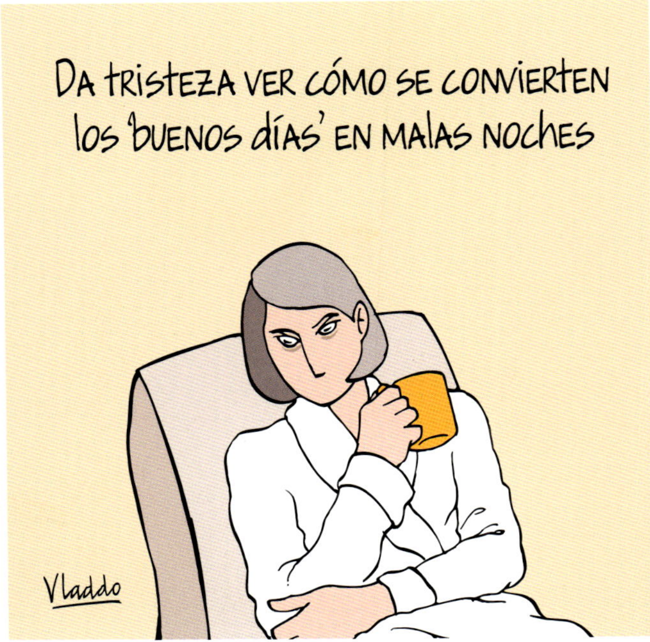
DA TRISTEZA VER CÓMO SE CONVIERTEN
LOS 'BUENOS DÍAS' EN MALAS NOCHES
Vladdo

736

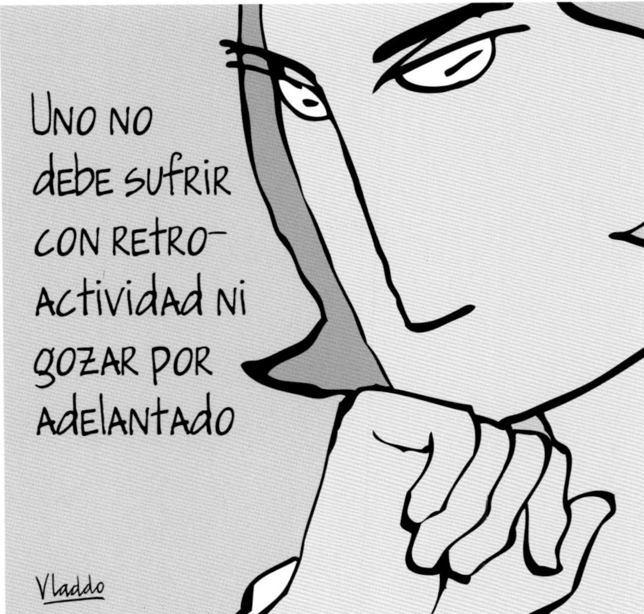
Uno no debe sufrir con retro-actividad ni gozar por adelantado
Vladdo

738

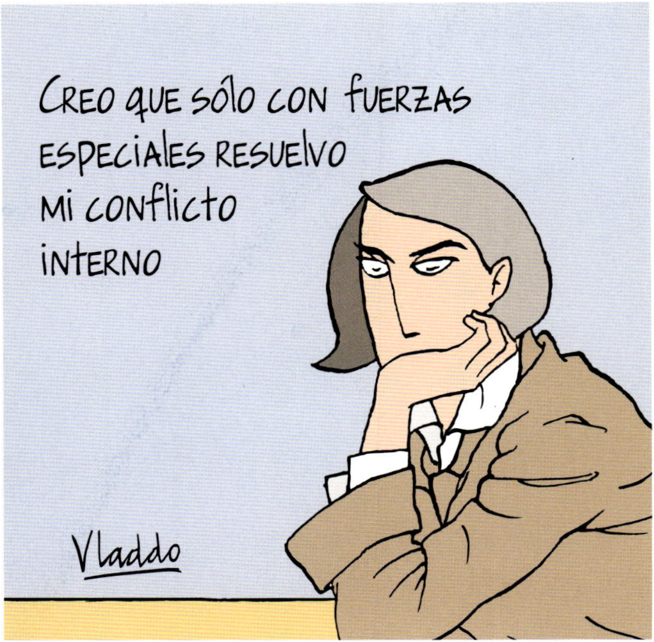
Creo que sólo con fuerzas especiales resuelvo mi conflicto interno
Vladdo

740

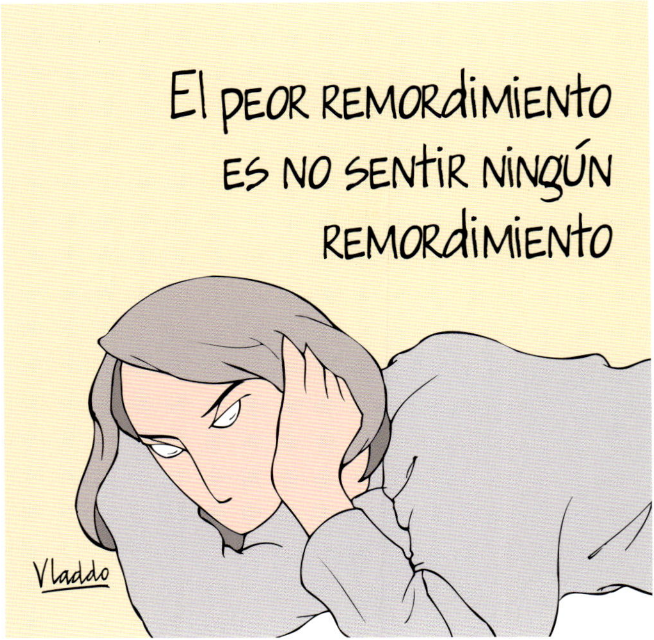
El peor remordimiento es no sentir ningún remordimiento
Vladdo

742

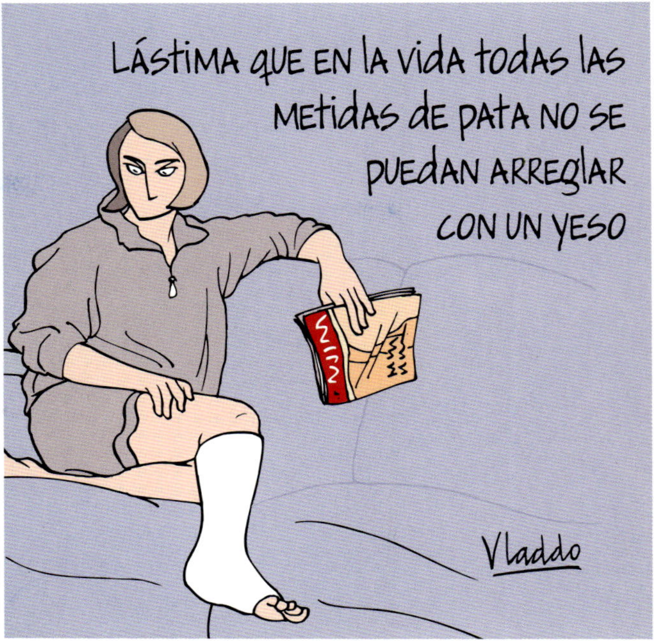
LÁSTIMA QUE EN LA VIDA TODAS LAS METIDAS DE PATA NO SE PUEDAN ARREGLAR CON UN YESO
Vladdo

744

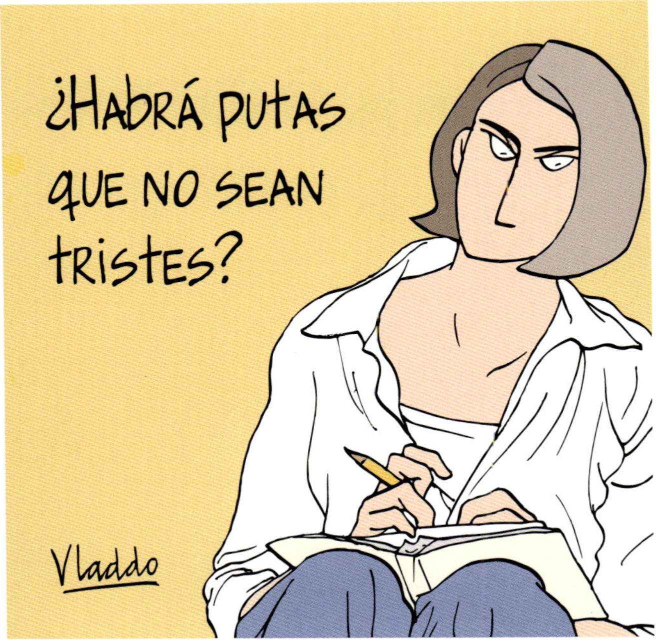
¿HABRÁ PUTAS QUE NO SEAN TRISTES?
Vladdo

746

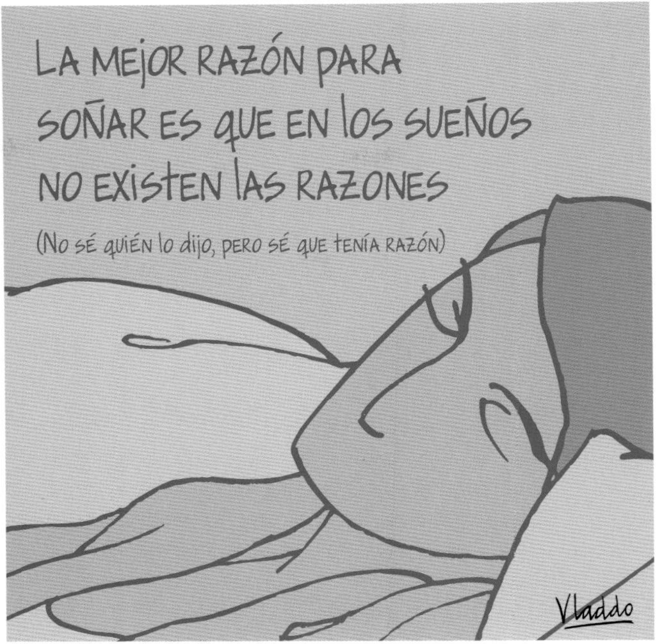
LA MEJOR RAZÓN PARA SOÑAR ES QUE EN LOS SUEÑOS NO EXISTEN LAS RAZONES
(No sé quién lo dijo, pero sé que tenía razón)
Vladdo

748

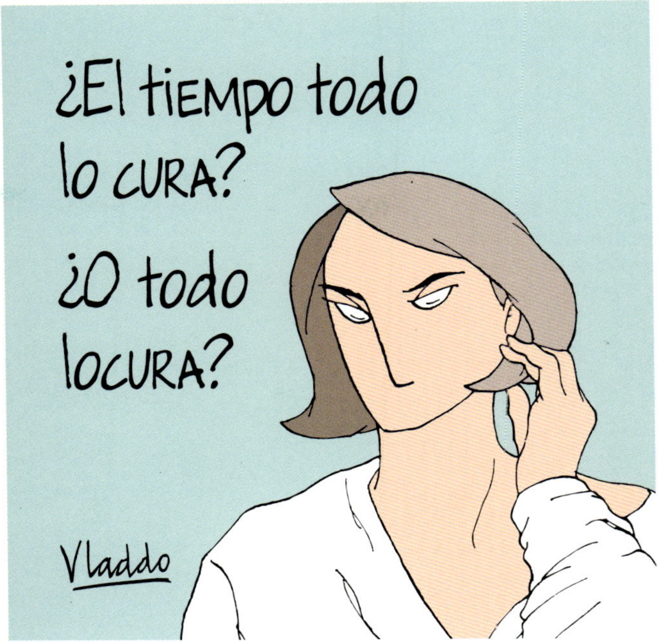
¿El tiempo todo lo cura?
¿O todo locura?
Vladdo

750

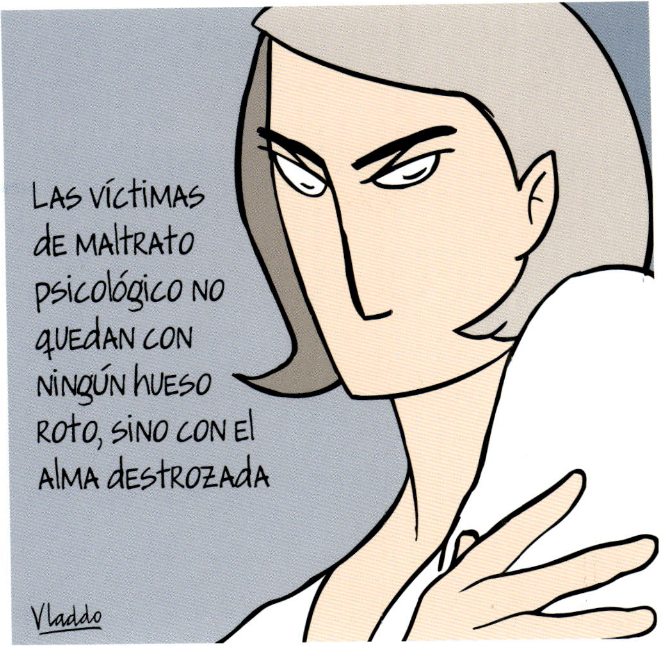
LAS VÍCTIMAS DE MALTRATO PSICOLÓGICO NO QUEDAN CON NINGÚN HUESO ROTO, SINO CON EL ALMA DESTROZADA
Vladdo

752

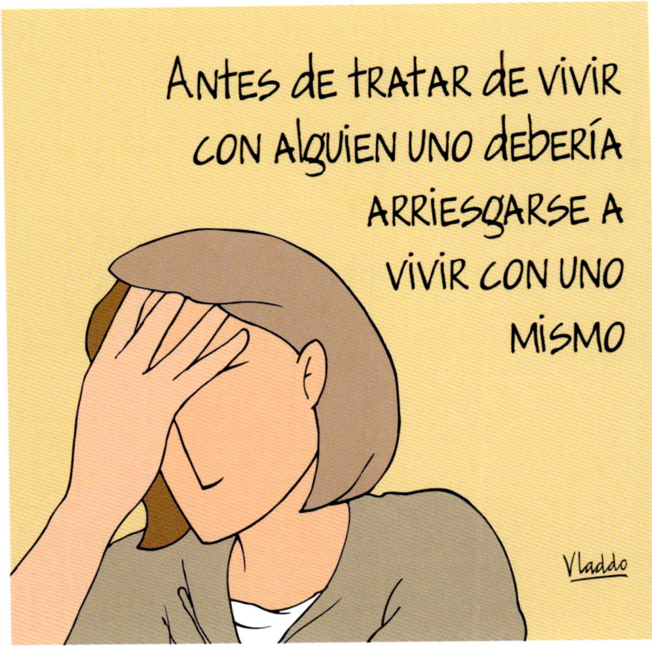
Antes de tratar de vivir con alguien uno debería arriesgarse a vivir con uno mismo
Vladdo

754

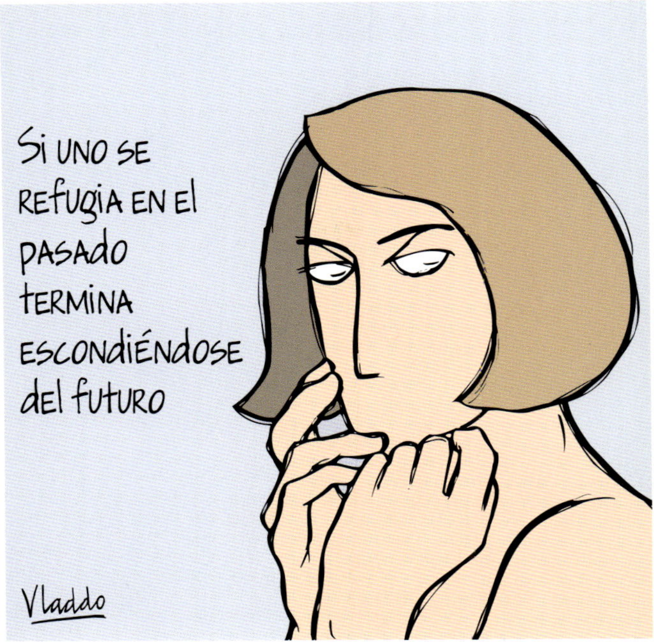
Si UNO SE refugiA EN el pASAdo tERMiNA ESCONdiÉNdOSE del futuRO
Vladdo

756

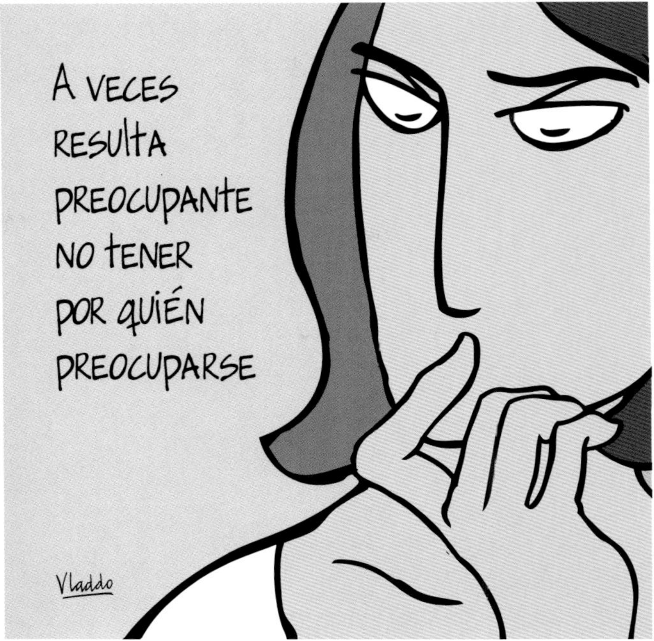
A VECES RESULTA PREOCUPANTE NO TENER POR QUIÉN PREOCUPARSE
Vladdo

758

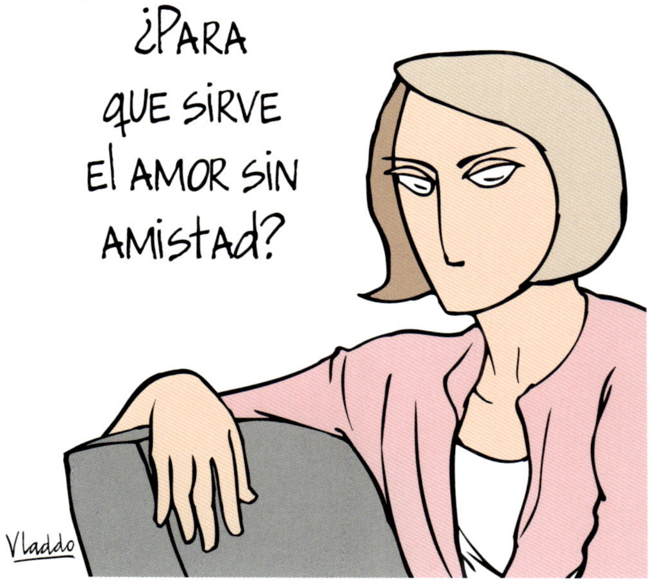
¿PARA
QUE SIRVE
EL AMOR SIN
AMISTAD?
Vladdo

760

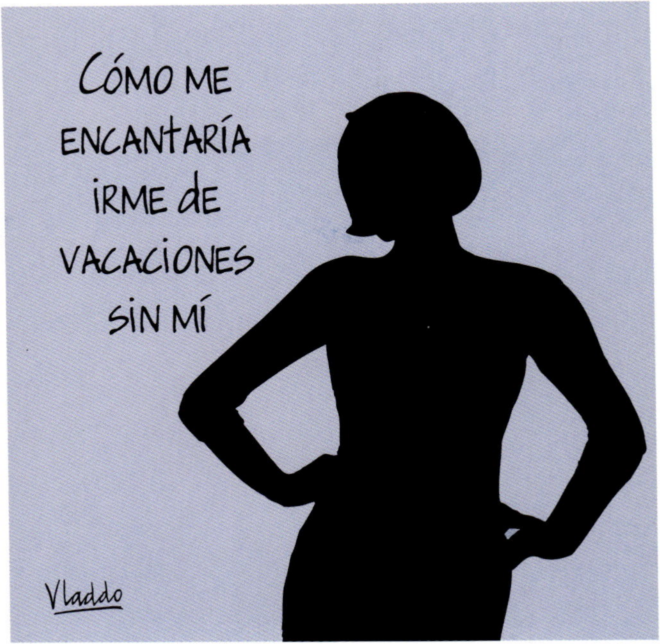
CÓMO ME ENCANTARÍA IRME DE VACACIONES SIN MÍ
Vladdo

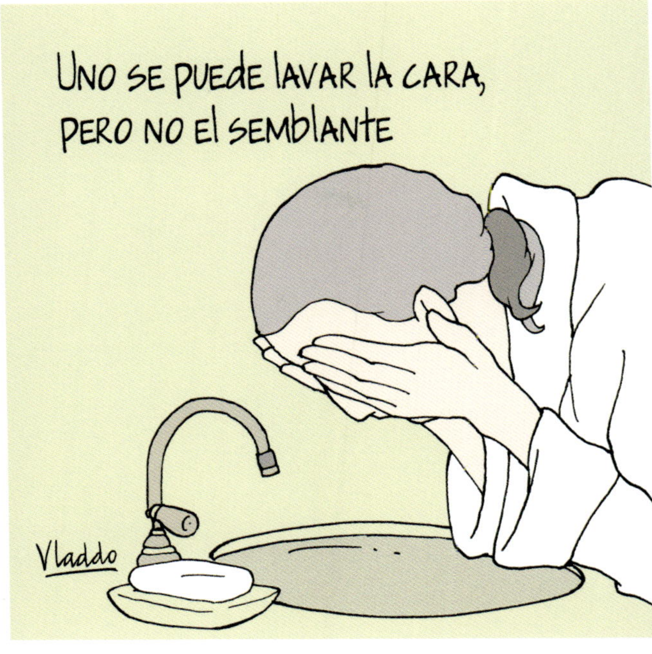
UNO SE PUEDE LAVAR LA CARA,
PERO NO EL SEMBLANTE
Vladdo

764

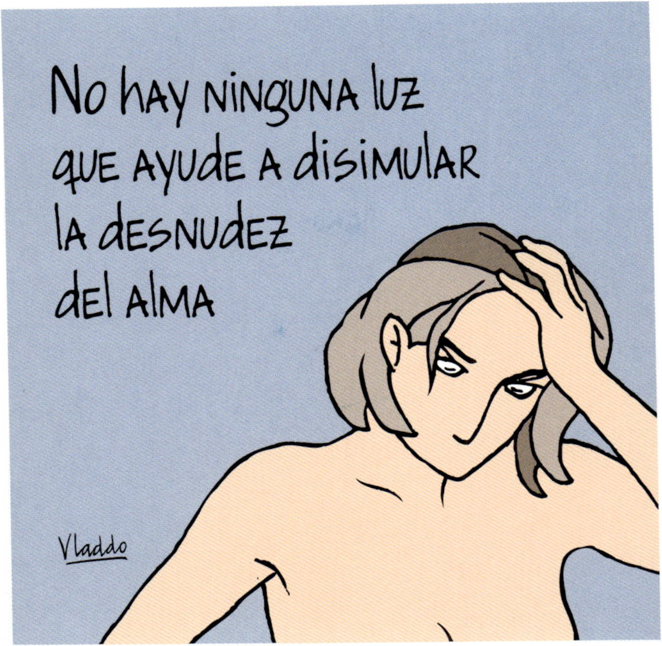
No hay ninguna luz
que ayude a disimular
la desnudez
del alma
Vladdo

766

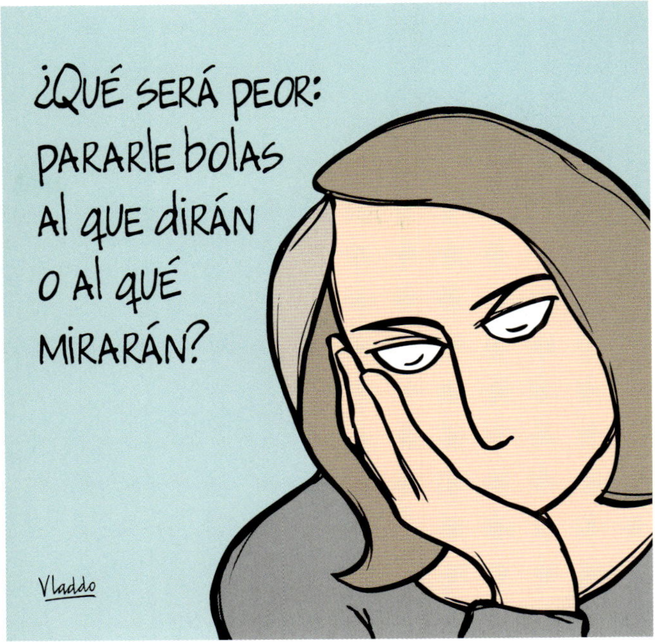
¿QUÉ SERÁ PEOR:
PARARLE BOLAS
AL QUE DIRÁN
O AL QUÉ
MIRARÁN?
Vladdo

768

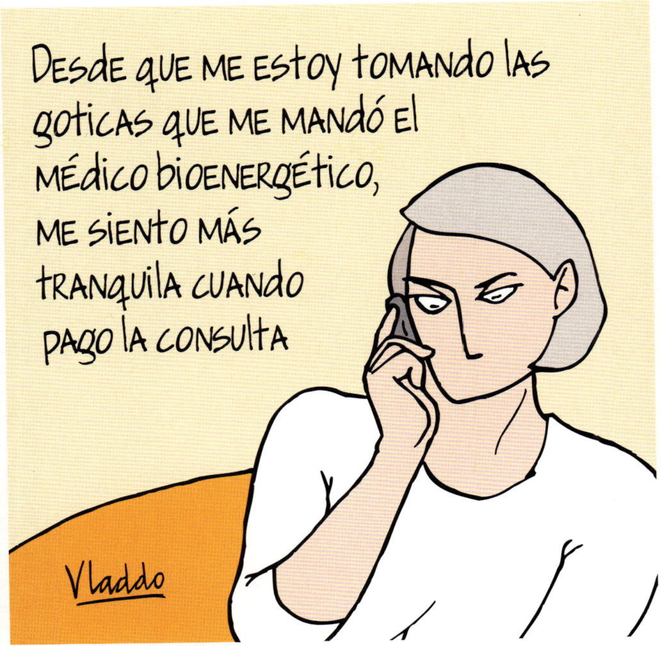
Desde que me estoy tomando las goticas que me mandó el médico bioenergético, me siento más tranquila cuando pago la consulta
Vladdo

772

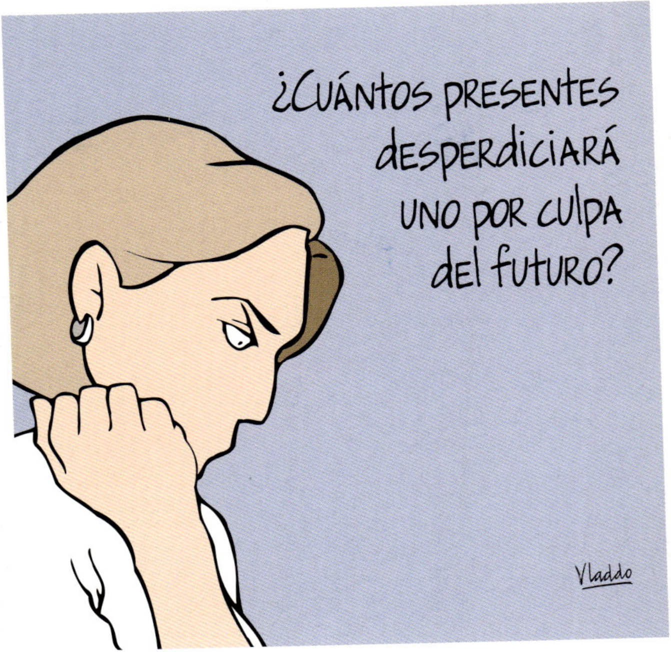
¿Cuántos presentes desperdiciará uno por culpa del futuro?
Vladdo

774

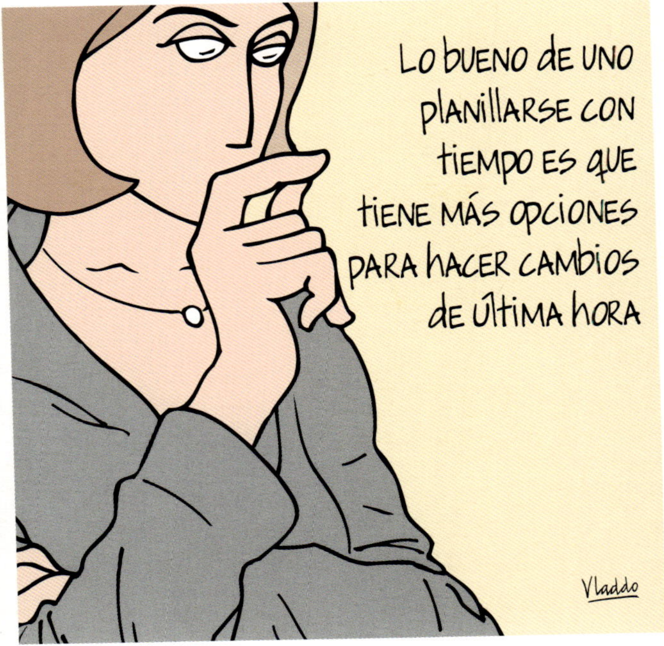
Lo bueno de uno planillarse con tiempo es que tiene más opciones para hacer cambios de última hora
Vladdo

776

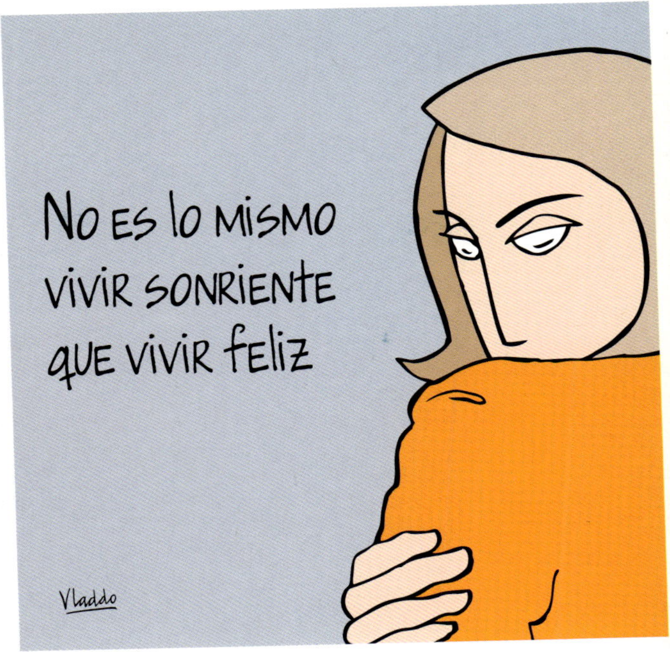
No es lo mismo
vivir sonriente
que vivir feliz
Vladdo

778

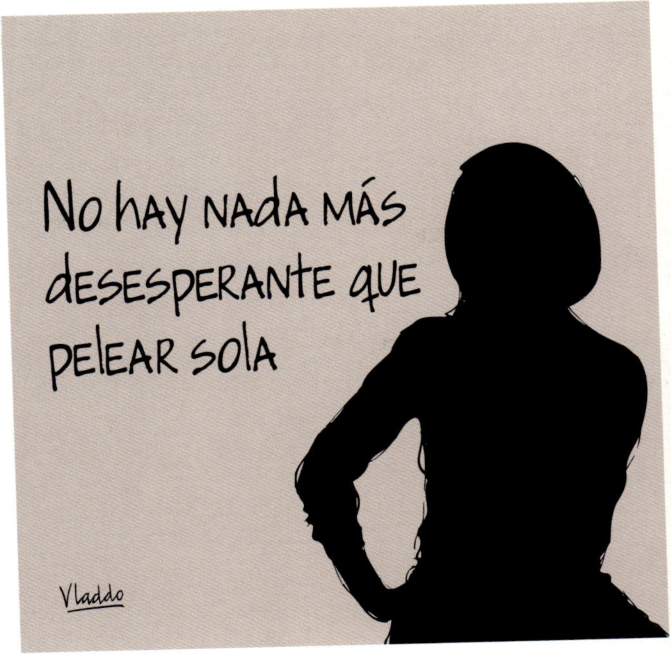
No hay nada más desesperante que pelear sola
Vladdo

780

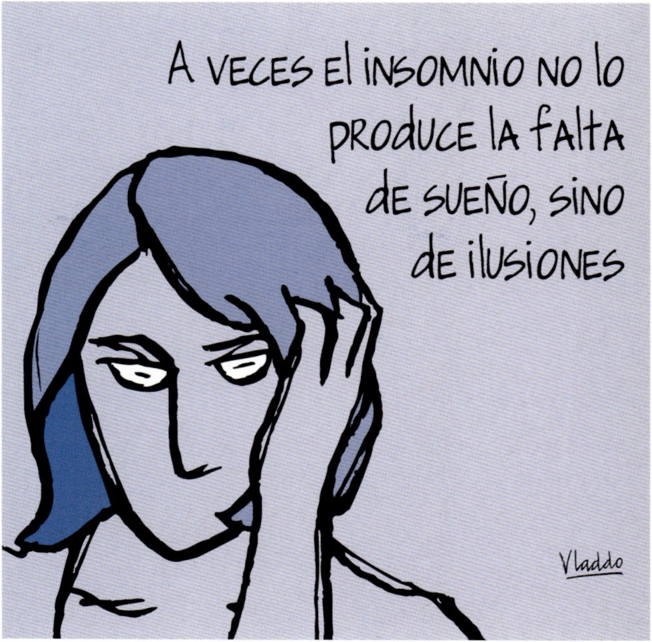
A VECES EL INSOMNIO NO LO PRODUCE LA FALTA DE SUEÑO, SINO DE ILUSIONES
Vladdo

782

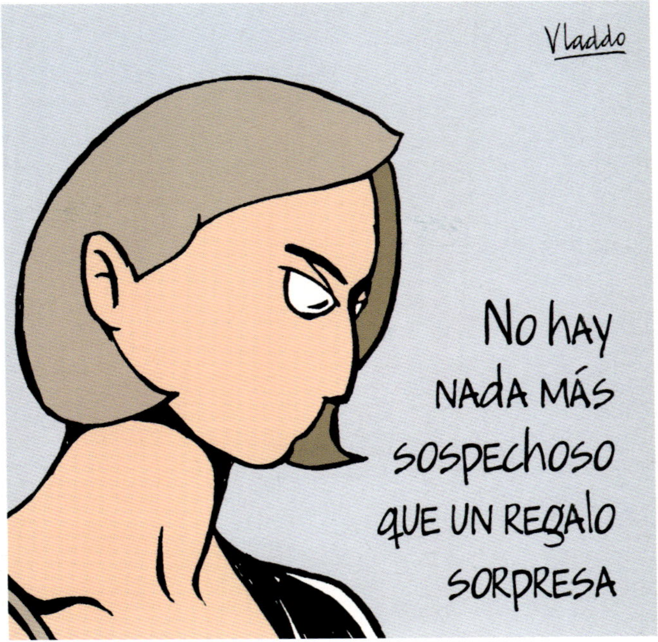
Vladdo
No hay nada más sospechoso que un regalo sorpresa

784

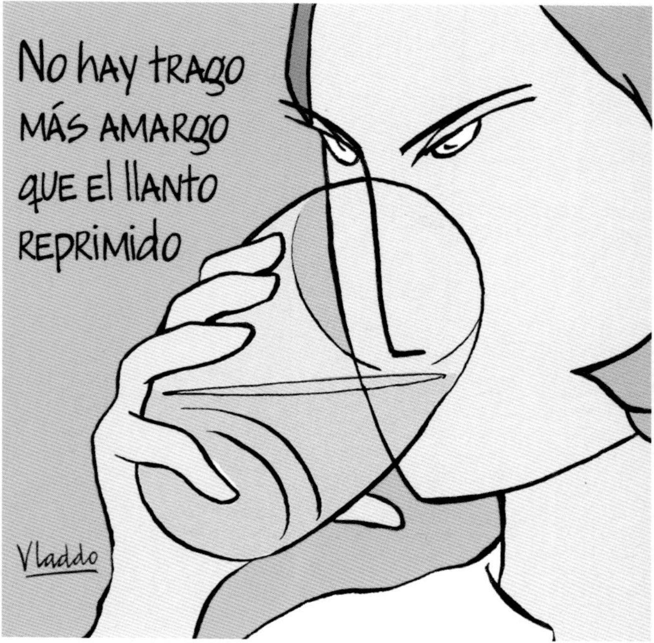
No hay trago
más amargo
que el llanto
reprimido
Vladdo

786

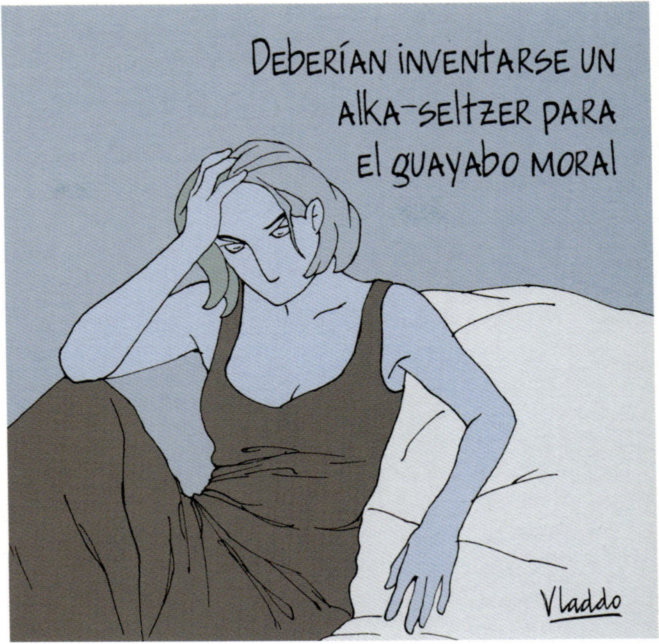
DEBERÍAN INVENTARSE UN
ALKA-SELTZER PARA
EL GUAYABO MORAL
Vladdo

788

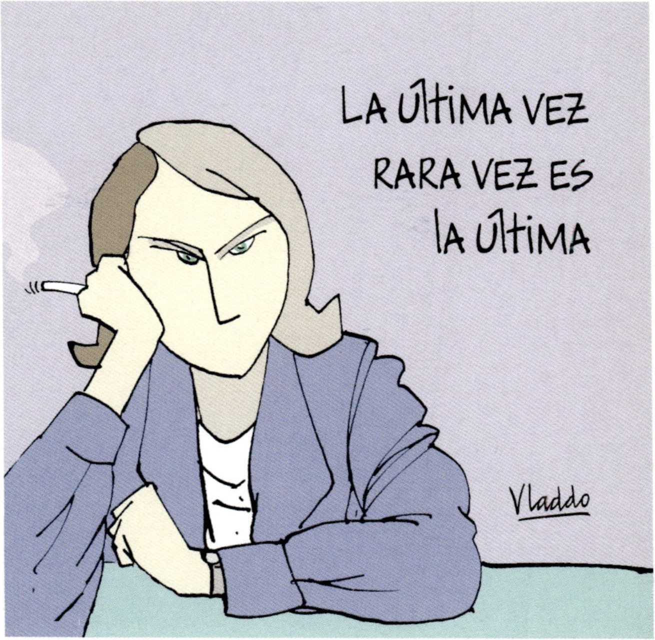
LA ÚLTIMA VEZ
RARA VEZ ES
LA ÚLTIMA
Vladdo

790

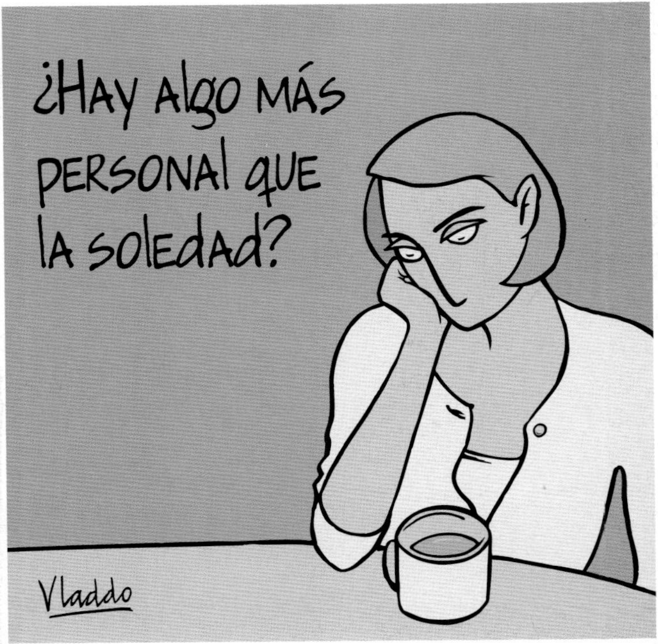
¿Hay algo más personal que la soledad?
Vladdo

Libro editado en Colombia por VILLEGAS ASOCIADOS S. A. | e-mail: informacion@VillegasEditores.com | © 2007 Vladimir Flórez –Vladdo– Aleida® es una marca registrada | Página de Internet: *www.aleida.com* | e-mail: *correo@aleida.com* | © Derechos de la edición: VILLEGAS EDITORES, 2007 | Editores: Benjamín Villegas, Carolina Jaramillo | Departamento de arte: Enrique Coronado | Revisión general: Stella Feferbaum | Primera edición: Noviembre de 2007 | ISBN 978 958 8306 13 1 | La tipografía de los dibujos es una fuente propia creada por Vladdo. Aleida aparece periódicamente en varias publicaciones de Colombia, Panamá y Ecuador |

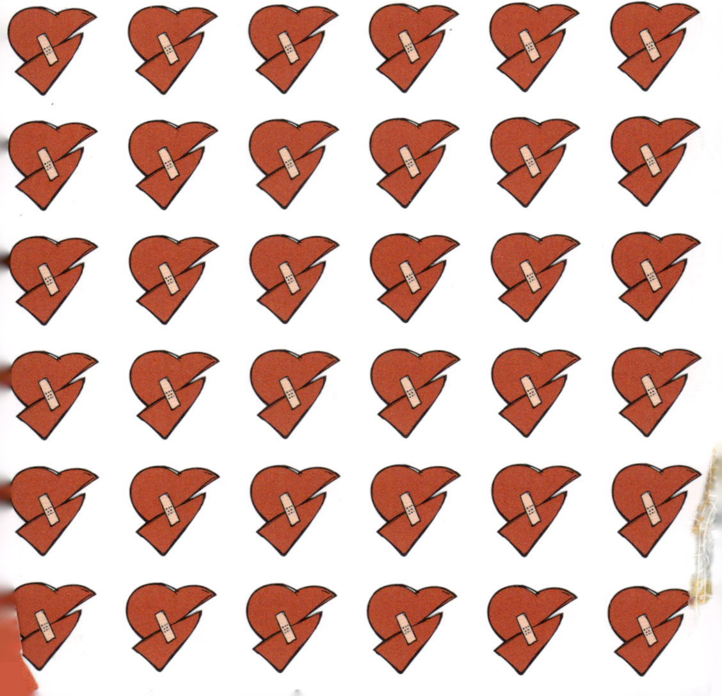